HEIDE RAU

Rosen

Das neue Standardwerk
mit über 200 beliebten
Rosen im Porträt

HEIDE RAU

Rosen

Das neue Standardwerk
mit über *200* beliebten
Rosen im Porträt

Mit Fotos von Marion Nickig, Ursel Borstell,
Wolfgang Redeleit und anderen Fotografen

Rosen

• • • Im Blumenreich sind die Rosen etwas ganz Besonderes. Rosenträume werden wahr mit einer Auswahl aus den schönsten Rosen, die Auge und Nase umschmeicheln, und nützlichen Tipps zur Pflege.

Mit Rosen gestalten

Vielseitige Symbole für Vollkommenheit

Lassen Sie sich verführen von der beliebtesten Blume der Welt! Rosen verzaubern mit ihrer unvergleichlichen Anmut, mit Duft und Blütenfülle. Schon in den alten Hochkulturen der Ägypter, Perser, Griechen und Römer spielten sie eine bedeutende Rolle.

Modern: eine Beetrose in kräftigem Apricot.

Seit Tausenden von Jahren gilt die Rose als Symbol für Schönheit und Vollkommenheit. Weltweit gibt es über 30 000 Sorten. Im Handel sind einige Tausend, viele weitere wachsen in »Rosenmuseen«: In Deutschland sind z. B. das Europa-Rosarium Sangerhausen und das Deutsche Rosarium Dortmund für Rosenliebhaber unbedingt eine Reise wert.

Rosen sind die Favoriten im Garten – nicht umsonst wird die Rose die Königin der Blumen genannt. Die Vielfalt ihrer Erscheinungsformen grenzt ans Wunderbare. Da gibt es die aristokratischen Edelrosen, romantische, dicht gefüllte Alte Rosen in delikaten Farben mit wundervollen schweren Düften, die wilden Heckenrosen und ihre Hybriden mit dem Charme einfacher Blütenschalen, die überreiche Blütenfülle der Beet- und Strauchrosen und das romantische Flair der Kletterrosen.

Rosen tragen genetische Merkmale aus aller Welt in sich. Unsere modernen Gartenrosen haben europäische, chinesische, orientalische und amerikanische Vorfahren. Der eigentliche »Rosen-Boom« begann im 19. Jahrhundert mit der Sammlung der Kaiserin Joséphine auf Schloss Malmaison in Frankreich. Das beflügelte die französische Züchtung und erklärt, warum so viele Alte Rosen französische Namen tragen. Und es geht weiter: In jedem Jahr werden unzählige Sorten auf den Markt gebracht. Züchtungsziele sind dabei Blütenfülle, Robustheit, Gesundheit und neuerdings auch wieder Duft. Aus der Fülle des Angebots finden Sie hier die Schönsten und Besten und praktische Anleitungen zu Gestaltung und Pflege. Für noch mehr Freude an Rosen!

Klassisch: die Kletterrose 'Coral Dawn' mit der Clematis 'Königskind'.

Kinder vieler Eltern: der Stammbaum der Rosen

Unsere Gartenrosen stammen aus dem Mittelmeerraum. Sie blieben lange unter sich, bis Arten aus China dazukamen.

Fast in Vergessenheit gerieten die historischen Rosen. Seit einigen Jahren jedoch erleben sie als Alte Rosen eine Renaissance. Ihre Schönheit, ihr Duft und ihre Pflegeleichtigkeit machen sie zu Gartenkostbarkeiten, die vor uns schon Generationen bewundert haben.

Am Anfang waren drei

Wenn Sie duftende Rosenfülle ohne viel Pflegeaufwand wollen, dann finden Sie die richtigen Sorten unter den drei ältesten Rosenklassen: den Gallica-, Alba- und Damaszenerrosen. Schon in der Antike wurden sie von Griechen und Römern kultiviert. Sie sind robust und frosthart und vor allem kaum krankheitsanfällig, blühen aber – bis auf die herbstblühenden Damaszenerrosen – nur einmal.

➤ In Europa können wir die Geschichte dieser altehrwürdigen Vertreter ihrer Gattung weit zurückverfolgen: Die älteste Abbildung einer Rose wurde im Palast von Knossos auf Kreta gefunden. Vermutlich zeigt sie eine Form der **Gallicarose,** *Rosa gallica,* die zur Urahnin zahlreicher europäischer Gartenrosen wurde. In vielen Gärten, Hecken und auf Friedhöfen haben Gallicarosen ohne Pflege die Zeiten überdauert. Sie bilden meist niedrige Sträucher von 1 bis 1,5 m Höhe und blühen in rosaroten und samtig violettroten Farbtönen, die heute wieder begehrt sind. Ihr Duft ist würzig-intensiv. Weil aus ihren Blüten Rosen-

1 *'MADAME ERNST CALVAT'*
Die wunderschöne Bourbonrose in hellem Rosa duftet intensiv und verströmend.

2 *'WILLIAM LOBB'*
Eine der beliebtesten Moosrosen mit karmesinpurpurnen bis violetten Blüten.

3 *'ULRICH BRUNNER FILS'*
Haltbare Schnittrose: die Remontantrose mit kirschroten Blüten duftet süß.

4 *'CELSIANA'*
Zartrosa Damaszenerrose mit wundervollem Duft.

essig für medizinische Zwecke hergestellt wurde, heißen sie auch Essigrosen.

➤ Kreuzritter im Mittelalter brachten **Damaszenerrosen** aus dem Orient nach Europa. Oder kamen sie doch schon mit den römischen Legionären zu uns? Wie auch immer – die syrische Stadt Damaskus war jedenfalls Namensgeber für diese Rosengruppe. Syrische und persische Rosengärten waren schon 2000 Jahre vor Christus berühmt. Typisch für *Rosa × damascena* ist ihr schwerer, intensiver Duft. Seit Hunderten von Jahren wird Rosenöl aus ihren Blüten gewonnen, Bestandteil vieler Parfüms. Aber seien Sie vorsichtig: Dieser Duft könnte die »Einstiegsdroge« für eine lebenslange Passion für Alte Rosen sein!

➤ **Albarosen** wachsen vermutlich auch schon seit der Römerzeit in unseren Gärten. Sie sind die Rosen unserer Märchen und Sagen, und in dörflichen Gegenden wächst eine ihrer Vertreterinnen, *Rosa × alba* 'Maxima', noch immer ohne viel Pflege an alten Häusern und Scheunen. Albarosen sind meist große, einmalblühende Sträucher mit graugrünem, weichem Laub, das auch nach der Blüte noch gut aussieht. Sie sind über und über bedeckt mit wundervoll duftenden Blüten in Weiß oder Zartrosa. Ihre Ursprünge liegen im Dunkeln, es wird aber vermutet, dass bei ihrer Entstehung die Damaszenerrose beteiligt war. Von ihr hat sie den wundervollen Duft geerbt.

Duft und Blütenfülle

➤ In Holland entstand dann im 17. Jahrhundert eine vierte Klasse: die **Zentifolien.** Ihr Stammbaum geht unter anderem auf *Rosa × alba* und *Rosa × damascena* zurück. Der Name *Rosa × centifolia* bedeutet »hundertblättrige Rose«. Das ist eher übertrieben, aber 60 Blütenblätter, dicht an dicht gefältelt, können es in einer Blüte schon sein. Zentifolien waren ein beliebtes Malermodell und auf vielen flämischen Blumenstillleben zu bewundern. Ihr Duft ist intensiv und köstlich. Selbst die Stiele direkt unter der Blüte, die sich drüsig-klebrig anfühlen, duften.

➤ Diese Eigenschaft führte weiter zu den **Moosrosen:** Hier sind Knospen und Stiele mit filigranen duftenden Anhängseln besetzt, dem so genannten Moos. Es verstärkt den Duft mit einer harzigen Komponente.

Blütenhecke aus historischen Rosen in herrlichen Lila- und Rosatönen.

Die Rosen-Revolution

Noch zu Goethes Zeiten waren alle Gartenrosen rosa, weiß oder purpurfarben. Die Farben Gelb und ein reines Rot gab es nicht, und sie blühen nur einmal. Erst Rosen aus China brachten Mitte des 18. Jahrhunderts lebhafte Farbtöne und andauernde Blüte mit ins Spiel – allerdings auch mangelnde Frosthärte.

Vor ungefähr 200 Jahren begann dann die planmäßige Züchtung hin zu Rosenklassen, die öfter blühen: die frostharten und sehr gesunden Portlandrosen, die eher frostempfindlichen, in ihrer Zartheit aber wunderschönen Noisette- und Teerosen, Bourbonrosen und schließlich die Remontantrosen, die als Bindeglied zwischen Alten und modernen Rosen gelten. Zwei Arten, *Rosa wichuraiana* (Wichuras Rose) und *Rosa multiflora*, die Vielblütige Rose, aus dem fernen Osten im späten 19. Jahrhundert eingeführt, sorgten wie u. a. die europäische Wildrose *Rosa arvensis* (Kriechende Rose) für die Fähigkeit zu klettern. Die nach Moschus duftende Moschusrose, *Rosa moschata*, und *Rosa foetida* in leuchtendem Gelb, das damals einzigartig war, waren schon im 16. Jahrhundert aus Persien eingewandert. Aus diesem »Gen-Pool« von nur wenigen Rosengruppen entstanden die modernen Rosen in ihrer unglaublichen Vielfalt.

Moderne Rosenvielfalt: Alles, was das Herz begehrt

Von der zierlichen Zwergrose bis zu den himmelsstürmenden Ramblern: Rosen erfüllen heute alle Wünsche.

MIT DER TAUFE der ersten Teehybride, 'La France', brach 1867 das neue Rosenzeitalter an. Die Teehybriden entwickelten sich zu den beliebtesten Rosen und sind es noch heute – als Edelrosen. Alle modernen Rosen tragen Gene der Chinarosen in sich, denen wir den Farbenreichtum verdanken und die Fähigkeit, öfter zu blühen. Leider sorgen diese Erbanlagen aber auch für geringere Frosthärte und verstärkte Krankheitsanfälligkeit.

Moderne Beetrose mit Charme: 'Brautzauber' blüht überreich und ist sehr gesund, duftet aber nicht.

Rosen gehen mit der Mode

Rosen kamen in Mode und gerieten wieder in Vergessenheit – so wie es den Alten Rosen erging. Ihre dicht gefüllten Blüten wirkten gegenüber der neuen eleganten Form der Teehybriden fast plump und waren deshalb lange Zeit nicht mehr gefragt. Heute sind diese Blütenformen wieder beliebt und gelten als Inbegriff der Romantik. Auch die Wildrosen mit dem Charme der »Heckenrosen«, die so gut in naturnahe Bereiche des Gartens passen und wie die Alten Rosen mit wenig Pflege zufrieden sind, werden wieder häufiger gepflanzt. Rosenzüchter arbeiten fast wie Modeschöpfer: Sie passen das genetische Material der Rose dem Zeitgeist an. Der fordert heute die Hinwendung zu den Romantik- oder Nostalgierosen. Begonnen hat diese Züchtungswelle in den Siebzigerjahren des 20. Jahrhunderts, als David Austin die so genannten »Englischen Rosen« kreierte. Sie verbinden Blütenform und Duft der Alten Rosen mit dem Farbspektrum und der Öfterblütigkeit der modernen Sorten. Romantikzüchtungen aus Frankreich von Delbard, Meilland und Guillot holen an Beliebtheit auf. Die Rosenschule Guillot brachte übrigens die berühmte 'La France' auf den Markt. Ihre neue Serie »Rosa Générosa« ähnelt den Englischen Rosen und damit den Alten Rosen, die heute wieder im Trend liegen. In Deutschland sind es Kordes, Tantau und Noack, die mit nostalgischen Sorten großen Erfolg haben. Neue Züchtungsziele sind dabei nicht nur Blütenreichtum, Duft und lange Blütezeit, sondern auch wieder eine bessere Gesundheit.

Rosen für jeden Platz

Moderne Rosen sind so komplex in der Zusammensetzung, dass wir sie kaum mehr eindeutig einer Systematik zuordnen können wie die Alten Rosen. Um die fast unübersehbare

Duft und Farbe in Harmonie: die »Malerrosen« von Delbard.

Vielfalt sinnvoll zu ordnen, hat sich eine Einteilung in Gruppen (→ Porträtteil ab Seite 84) bewährt, die sich hauptsächlich an der Wuchsform orientiert. Auch die Rosenschulen verwenden sie für ihre Kataloge.

➤ **Edelrosen** sind Teehybriden mit großen, edel geformten Blüten. Wegen ihrer langen Stiele und der guten Haltbarkeit der Blüten eignen sie sich gut als Schnittblumen.

➤ **Beetrosen** werden wie die Edelrosen nur etwa einen Meter hoch, haben aber büschelförmige Blütenstände mit zahlreichen Blüten.

➤ **Bodendeckerrosen,** oft auch **Flächenrosen** genannt, bleiben oft deutlich niedriger. Sie sind ideal für eine flächige Beetbepflanzung.

➤ **Zwergrosen oder Miniaturrosen** werden kaum höher als 30 Zentimeter. Sie haben zierliches Blattwerk und kleine, meist gefüllte Blüten, die in Büscheln angeordnet sind.

➤ **Strauchrosen** sind größer und breitwüchsiger als Beetrosen. Auch die meisten Vertreter der Alten Rosen und die sehr empfehlenswerten, üppig blühenden **Moschata-Hybriden** gehören in diese Rosengruppe.

➤ **Kletterrosen** werden in Rambler und Climber unterteilt. **Climber** haben dicke, etwas starre Triebe, sie wachsen eher aufrecht und erreichen eine Höhe von 2 bis 4 Metern. Die Blüten sind mittelgroß bis groß. **Rambler** haben dünne, biegsame Triebe, einen überhängenden Wuchs und kleine Blüten. Mit 4 bis 10 Metern erreichen sie eine stattliche Höhe und machen als Baumrosen (→ Seite 26) Karriere.

➤ **Wildrosen** und **Wildrosen-Hybriden** sind meist einmalblühende, natürlich wirkende Sträucher mit einfachen, schalenförmigen Blüten. Hybriden können auch gefüllte Blüten haben. Sie werden hier eingeordnet, wenn ihre Abstammung noch deutlich zu erkennen ist.

➤ **Stamm-** und **Kaskadenrosen** (→ Seite 29) sind auf dem Stamm einer Wildrose veredelt. Für Stammrosen werden oft großblumige oder büschelblütige Beetrosen verwendet, für Kaskadenrosen Kletterrosen und Bodendecker.

Rundum schön anzusehen – nicht nur die Blüten

Rosen haben nicht nur attraktive Blüten: Setzen Sie Frühlingslaub, Herbstfarben und leuchtende Hagebutten effektvoll ein.

Im Garten soll es auch gut aussehen, wenn nicht gerade alles in voller Blüte steht. Berücksichtigen Sie deshalb bei der Auswahl alle Eigenschaften und Vorzüge der Rosen. Der Wechsel der Jahreszeiten, von der Frische des Blattaustriebs über die Blüte bis hin zur Reife der Früchte, gehört zu den schönsten Erlebnissen, die das Gartenjahr bietet.

Die Eigenschaften des Laubs nutzen

Das Laub einer Rose soll natürlich nach der Blüte noch schön aussehen. Geschwächte und zerzauste Blätter sind kein schöner Anblick, erst recht nicht, wenn die Gartenschönheit nach der erschöpfenden Blütenfülle im Spätsommer fast ganz ohne Blätter dasteht. Achten Sie daher auf eine schöne Wuchsform und gesundes, dichtes Laub, wenn Rosen im Vordergrund eines Beetes stehen sollen. Das graugrüne Laub der Albarosen beispielsweise sieht auch nach der Blüte noch gut aus. Ein besonderer Blickfang sind die farnartigen Blätter der asiatischen Wildrose *Rosa hugonis*, und *Rosa glauca* mit rötlichen Trieben und bläulichem Laub kann sich fast ganzjährig sehen lassen. Es gibt aber Lieblingsrosen, wie z. B. 'Cardinal de

Im Herbst verfärbt sich das Laub einiger Wildrosen goldgelb bis rostrot.

Von der Sonne angestrahlt: Das filigrane Laub und die rubinroten Stacheln der Stacheldrahtrose sind besonders attraktiv.

Richelieu', die nach der Blüte keine gute Figur mehr machen: Solche Sorten pflanze ich in den Hintergrund einer Rabatte oder setze höhere, später blühende Stauden und öfterblühende niedrige Rosen davor.
Die herbstliche Blattfärbung einiger Wildrosen und Wildrosen-Hybriden ist ein weiterer Pluspunkt. Von goldgelb über rost- und orangerot bis feuerrot reicht die Farbenpalette. Manche Sorten haben abblätternde Rinde oder gefärbte Triebe, die erst im Winter richtig auffallen (→ Porträts ab Seite 84). Pflanzen Sie diese Rosen möglichst sonnig, dann ist die Färbung ausgeprägter. Wunderschön ist übrigens auch der zarte, rötlich- bis mahagonifarbene Austrieb mancher Rosen im Frühjahr. Ich freue mich über dieses »Extra-Bonbon« in meinem Garten, z. B. bei den Moschata-Hybriden 'Buff Beauty' und 'Cornelia' und bei den Kletterrosen 'Albertine' und 'Alchymist'.

Schön und gefährlich: Stacheln

Sogar Stacheln können ein Schmuckelement sein, wie z. B. bei der Stacheldrahtrose, *Rosa sericea* fo. *pteracantha* (→ Abb. oben). An jungen Zweigen schimmern die auffälligen Stacheln rubinrot, bei älteren werden sie jedoch undurchsichtig und grau. Lichten Sie sie deshalb häufiger aus, damit immer neue Triebe nachwachsen können.
So interessant diese Rose ist – sie hat als einzige nur vier Blütenblätter, alle anderen Wildrosen dagegen haben fünf –, werde ich sie wohl niemals in meinen Garten pflanzen. Denn ich bevorzuge stachellose Rosen. Das ist besonders wichtig, wenn sie dicht an einem Durchgang stehen, wo niemand gerne jedes Mal beim Vorbeigehen »festgehalten« werden will. Die reine Erholung gegenüber manchen »Stachelmonstern« sind in meinem Garten die Ramblerrosen 'Lykkefund', 'Veilchenblau' und 'Ghislaine de Féligonde'. Es gibt auch einige schöne Strauchrosen mit diesem Vorzug (→ Porträts ab Seite 84).

Hagebutten – überraschend vielfältig

Einmalblühende Wildrosen entschädigen uns im Herbst für die kurze Blütezeit: Von weitem sehen die mit Hagebutten dicht behangenen Rosen aus, als blühten sie ein zweites Mal. Hagebutten gibt es in allen Größen und Formen und vielen Farben: leuchtend rot, orange, bräunlich, mahagonifarben oder fast schwarz; kugelrund, birnen- oder flaschenförmig. Einmalblühende Ramblerrosen schmücken sich mit Dolden von erbsenförmigen roten Mini-Hagebutten. Bis in den Winter hinein haltbar sind die eiförmigen lackroten Früchte der Hundsrose, *Rosa canina*.
Wenn Sie Hagebutten zu Tee oder Mus verarbeiten wollen, ist *Rosa villosa*, die Apfelrose, eine gute Wahl. Ihre apfelförmigen, scharlachroten Früchte enthalten besonders viel Vitamin C. Für kulinarische Zwecke verwende ich auch sehr gerne die großen, weichschaligen Hagebutten der Kartoffelrose, *Rosa rugosa*, die übrigens wunderbar mit ihrem goldgelben Herbstlaub harmonieren.

➤ *Checkliste*

FRÜCHTE, LAUB UND STACHELN

✔ **Schöne Hagebutten:** *Rosa pendulina* 'Bourgogne', *Rosa sweginzowii* 'Macrocarpa', *Rosa rugosa, Rosa villosa, Rosa moyesii* 'Geranium', *Rosa woodsii* var. *fendleri, Rosa roxburghii*; 'Zigeunerknabe', 'Fenja'

✔ **Schönes Herbstlaub:** *Rosa rugosa, Rosa nitida, Rosa pimpinellifolia, Rosa virginiana* 'Plena';'Inermis Morlettii'

✔ **Stachellose Rosen:** *Rosa multiflora;* 'Maria Lisa', 'Madame Alfred Carriere', 'Ghislaine de Féligonde', 'Veilchenblau', 'Lykkefund'

Genuss für Augen und Nase: Rosenduft und Farbspiele

Rosen betören alle Sinne. Genießen Sie die vielfältigen Düfte, wunderschöne Farben und Blüten wie aus Samt und Seide.

Mit schönem Farbspiel, intensivem Duft und lange andauernder Blütenfülle bezaubert die beliebte Strauchrose 'Westerland'.

DUFT UND FARBE sind die Eigenschaften, die wir bei Rosen als Erstes wahrnehmen. Suchen Sie also Rosen mit Auge und Nase aus, um Ihre persönlichen Favoriten zu finden. Am besten »live« – auf Gartenmessen, in Rosengärten und gut sortierten Gartencentern.

Duft ist nicht gleich Duft

Rosen duften zart oder kräftig, lieblich, fruchtig oder würzig – auf jeden Fall immer angenehm und belebend. Das ätherische Öl, das wir als Rosenduft wahrnehmen, setzt sich ganz individuell aus über 400 Komponenten zusammen. Aus dieser komplexen Mixtur können Sie je nach Zusammensetzung verschiedene Nuancen herausschnuppern. Wie bei einem Parfüm kann man dabei Basis-, Kopf- und Herznote unterscheiden. Aber wussten Sie schon, dass es einen Zusammenhang zwischen Duft und Farbe gibt? So duften gelbe und orangefarbene Rosen fruchtig-würzig, rote Rosen warm und stark, rosafarbene frisch und rosentypisch, weiße zart blumig, oft mit einer zitronigen Note. Das können Sie bei einem »Riechtest« leicht selbst nachprüfen.

Düfte setzen Emotionen frei, wecken Kindheitserinnerungen und berühren unsere Seele. So können Sie sich zum Beispiel durch den Duft einer Zentifolie in den Garten der Großmutter zurückversetzen oder durch Heckenrosenduft an den Schulweg erinnern. Doch jede Nase nimmt anders wahr, und jeder Mensch ist durch andere Dufterinnerungen geprägt. Das erklärt, warum Düfte von verschiedenen Menschen manchmal völlig unterschiedlich beurteilt werden – und deshalb müssen Sie sich bei der Auswahl ganz auf Ihre eigenen Vorstellungen verlassen.

➤ Wenn Sie starken Duft lieben, wählen Sie am besten Alte Rosen. Damaszenerrosen haben den stärksten und reinsten Rosenduft, Zentifolien riechen würzig erfrischend, Moosrosen balsamisch-harzig, Albarosen lieblich und Gallicarosen würzig intensiv.

➤ *Checkliste*

VERSTRÖMENDER DUFT

Diese Sorten verströmen ihren Duft schon von weitem:

- ✔ **Ramblerrosen:** 'Albertine', 'Alexandre Girault', 'Bobby James', 'Lykkefund', 'Paul's Himalayan Musk Rambler', 'Pax', 'Veilchenblau'
- ✔ **Strauchrosen:** 'Madame Ernest Calvat', 'Madame Lauriol de Barney', *Rosa alba* 'Suaveolens', 'Rose de Resht', 'Rosenresli', 'Stanwell Perpetual'

➤ Moderne Rosen besitzen eine neue Duftverbindung, die durch eine feucht-grüne Note mit würzig-pudrigem Duft gekennzeichnet ist. Ihr Duft ist weicher und nicht so betörend schwer wie bei vielen Alten Rosen.
Zu meinen Duftfavoriten gehören Damaszenerrosen, die herb-süßen Aromen der Moosrosen, aber auch die fruchtigen Nuancen gelber und apricotfarbener Rosen, die nach den betörenden Düften die Nase wieder erfrischen.

Geschickt platzieren

Eine Faustregel sollten Sie bei der Auswahl beachten: Dunkle Rosen mit dicken, samtigen Blütenblättern duften in der Regel stärker als helle, und dicht gefüllte duften mehr als einfache oder halb gefüllte Blüten.Wie viel die Rose letztendlich von ihrem Parfüm hergibt, hängt von der Temperatur und der Luftfeuchtigkeit ab. Duft und Farbe sind auch von Standort, Boden und Düngung abhängig, auch das Blühstadium spielt eine Rolle. Von dem noch verschlossenen Duft einer Knospe bis zum müden, morbiden Hauch der verblühten Rose: Rosenduft ist sehr wandelbar und selten konstant. Am intensivsten ist der Duft morgens an warmen, windstillen Tagen, wenn der Tau gerade getrocknet ist, und bei voll erblühten Rosen. Pflanzen Sie Duftrosen direkt in Terrassennähe oder dicht unter Fenstern und Türen, sodass der Duft bei geöffneten Türen ins Haus hineinwehen kann. Wählen Sie dazu bevorzugt Rosen mit verströmendem Duft (→ Checkliste und Porträts ab Seite 84), der wie ein Schleier in der Luft liegt – Sie riechen ihn nicht erst, wenn Sie die Nase direkt in die Blüte stecken wie bei anderen Sorten.

Farbspiele im Rosenbeet

Neben den dunklen Purpur-und Violetttönen vieler Alter Rosen bereichern die lebhaften Gelb-, Orange-, Rosa- und Apricottöne moderner Rosen die Farb- und Duftpalette. Besonders Rosen mit changierenden Farben wirken sehr reizvoll mit ihren ineinanderfließenden Farben, die an ein Aquarell erinnern. Dieses Wechselspiel der Farben ist von der Temperatur und von chemischen Veränderungen der Farbstoffe beim Verblühen abhängig. Weil sich von der Knospe über die gerade frisch aufgeblühte bis zu fast verblühten Rosen alle Blühstadien an einem Strauch befinden, führt das zu einem lebhaften Farbspiel. Auch das typische Verblauen roter Rosen beim Verblühen lässt sich so erklären. Die kühleren Temperaturen im Frühsommer und Herbst färben die Blüten oft intensiver als im Sommer. Wie Düfte sind auch Farben nicht konstant. Bei den »Malerrosen« des Züchters Delbard gleicht keine Blüte der anderen. Pate standen die impressionistischen Maler, wie Matisse, Monet und Cézanne. Wie mit einem kühnen Pinselstrich marmoriert und gestreift sehen die Blüten aus. Die hellen Sprenkel und Flecken werden durch ein Scheckungsgen verursacht, das an verschiedenen Stellen die Farbbildung hemmt. Dieses Phänomen finden Sie auch bei bei einigen Alten Rosen und weiteren neueren Züchtungen. Kombinieren Sie die farbenfrohen Rosen mit ein wenig Fingerspitzengefühl, damit der Gesamteindruck nicht zu unruhig wird.
Auch bei den »bunten« Rosen ist der Zusammenhang zwischen Farbe und Duft auffällig. Je nach Farbkombination können Sie Zitrusaromen als Kopfnote, als Herznote Rose, Himbeere oder Pfirsich und als würzige Grundnoten Nelken, Zimt und Vanille erschnuppern.

Moosrosen duften würzig: Das harzige Moos gibt dem süßen Duft der Zentifolien-Abkömmlinge eine neue Note.

TIPP

ROSEN MIT DUFTENDEM LAUB

Auch die Blätter mancher Rosensorten können duften: Sie sind mit drüsigen Härchen besetzt, die durch Wind oder hohe Luftfeuchtigkeit aromatische Düfte freisetzen. Das Laub von *Rosa rubiginosa* z. B. riecht wunderbar nach Äpfeln mit weinartigen Untertönen, das der Weihrauchrose *Rosa primula* nach Weihrauch.

Kalt und warm: Kühles Blau verleiht warmen Farben mehr Tiefe.

Ton in Ton: Nebeneinander liegende Farbtöne wirken harmonisch.

Farben schaffen Stimmung und Atmosphäre

Farben können fröhlich oder besinnlich stimmen. Immer aber prägen sie entscheidend die Atmosphäre des Gartens.

KOMBINIEREEN SIE die Farben im Garten wie ein Komponist die Musik: mit sanften und »lauten« Tönen im Wechsel, nach beruhigenden harmonischen Gesetzen oder anregend mit neuen Trendfarben wie Apricot und Violett. Die reichhaltige Farbpalette der Rosen macht alles mit. Ob Purpurkarmesin, Fuchsienrot oder Samtrot, Bernstein- oder Zitronengelb, verschiedene Rosétöne oder Weiß in allen Abstufungen: Für jede Farbstimmung finden sich die passenden Nuancen.

Wie Farben wirken

Farben sind die für uns sichtbaren elektromagnetischen Wellen des Lichts. Sie wirken auf Körper und Seele, meist ohne dass es uns bewusst wird. Das Spektrum besteht aus Rot, Orange, Gelb, Grün, Blau und Violett. Als Hilfsmittel werden diese sechs Farben und ihre Abstufungen zu einem Farbkreis verbunden. Eine gedachte Mittellinie teilt sie in warme und kalte Farben. Achten Sie bei der Farbwahl auf die subtile Wirkung:

Rot wirkt anregend, zu viel davon erregend. Rote Blüten verkürzen optisch die Entfernung und erscheinen nah.

Rosa ist ein mit Weiß aufgehelltes Rot. Es ist romantischer Natur und die am häufigsten vorkommende typische Rosenfarbe.

Orange signalisiert Lebensfreude. Die helleren Lachs- und Apricottöne vermitteln auch gut zwischen anderen Farben.

Gelb wirkt licht, heiter und anregend. Es frischt langweilige Pflanzungen auf, ein Zuviel davon kann aber aufdringlich sein.
Grün ist als Blattgrün immer vorhanden. Es steht in der Mitte des Spektrums und beruhigt, ohne zu ermüden.
Blau wirkt sanft und still und weitet den Raum. Reine blaue Töne fehlen bei Rosen, deshalb sind blau blühende Stauden immer eine gute Ergänzung.
Violett hat eine extravagante und mystische Ausstrahlung, in helleren Abstufungen wirkt es ausgesprochen romantisch.
Weiß und Silbergrau sind leicht und festlich. Sie mildern zu starke Kontraste.

Nach dem Farbkreis pflanzen

Wenn Sie sich beim Gestalten Ihres Rosengartens an den Farbkreis-Regeln orientieren, können Sie gar nichts falsch machen:

➤ **Ton-in-Ton-Kompositionen** gelingen im Rosenbeet leicht. Auf dem Farbkreis benachbarte Farben, die Pigmentanteile der jeweils anderen in sich haben, wirken immer harmonisch. Beispiele dafür sind Rosa mit Lila oder Gelb mit Orange. Kombinieren Sie warme und kalte Töne für diesen Effekt jeweils nur untereinander!

➤ **Kontraste** sind anregender als Ton in Ton. Dafür werden Komplementärfarben miteinander kombiniert; das sind die Farben, die sich im Farbkreis gegenüberliegen. Beispiele sind Grün und Rot (→ Abb. Seite 21), Gelb und Violett, Blau und Orange. Warme und kalte Farben können Sie dabei zusammen verwenden.

➤ **Farbklänge** entstehen durch Kombinationen aus mehreren Farben, die die gleiche Helligkeit und Farbqualität haben. Um sie zu finden, drehen Sie ein Dreick im Farbkreis (→ Abbildung rechts), indem Sie es aus Papier ausschneiden und auflegen. Die Eckpunkte zeigen die Farben an, die zusammen einen Farbklang bilden. Sie wirken harmonisch und doch lebhaft, wie z. B. Violett, Gelb und Apricot.

Frisch und mutig kombinieren

Ob Rosen miteinander oder mit blühenden Gehölzen und Stauden (→ Seiten 38 – 41) kombiniert werden: Mischen Sie die Farben wie ein Künstler, der ein Bild malt. Je nachdem, wie dieses Bild aussehen soll, ergibt sich die Farbmischung: Leuchtende Bauerngartenfarben stimmen heiter, zarte Pastelltöne wirken sanft und ausgleichend, eine Prise Disharmonie wie Orangerot mit Violett oder Rosa mit Gelb wirkt frech und erfrischend. Warme Farben verkürzen optisch den Garten, kalte Farben lassen ihn größer erscheinen.
Mir gefallen besonders die Muntermacher, die »bunten« Rosen. Sie sind gestreift, marmoriert und zweifarbig oder haben aquarellartig ineinander fließende Farben wie die »Malerrosen« (→ Abb. Seite 13). Allerdings sind sie etwas schwieriger zu integrieren. Eine harmonische Farbstimmung erreichen Sie, wenn Sie alle Farben einer Rose, auch die der Knospen und Staubgefäße bei den benachbarten Rosen und Begleitpflanzen, wieder aufgreifen. Doch Vorsicht: Blütenfarben sind nicht beständig, sie wandeln sich mit dem Lichteinfall. Auch Temperatur, Jahreszeit, Standort und Düngung haben Einfluss auf die Farbe.

TIPP

FARBWIRKUNG TESTEN

Um Farbmelodien in Ruhe auszuprobieren, können Sie aus Katalogen und Zeitschriften Fotos von Rosen ausschneiden und arrangieren, bis Ihnen der Gesamteindruck gefällt. Oder Sie stellen eine blühende Containerrose samt Topf ins Beet, um die Farbwirkung zu testen, bevor sie endgültig eingepflanzt wird.

Die Dreiecke zeigen Farbklänge an, die Mittellinie Kontraste (Komplementärfarben). Nebeneinander liegende Farben ergeben Ton-in-Ton-Effekte.

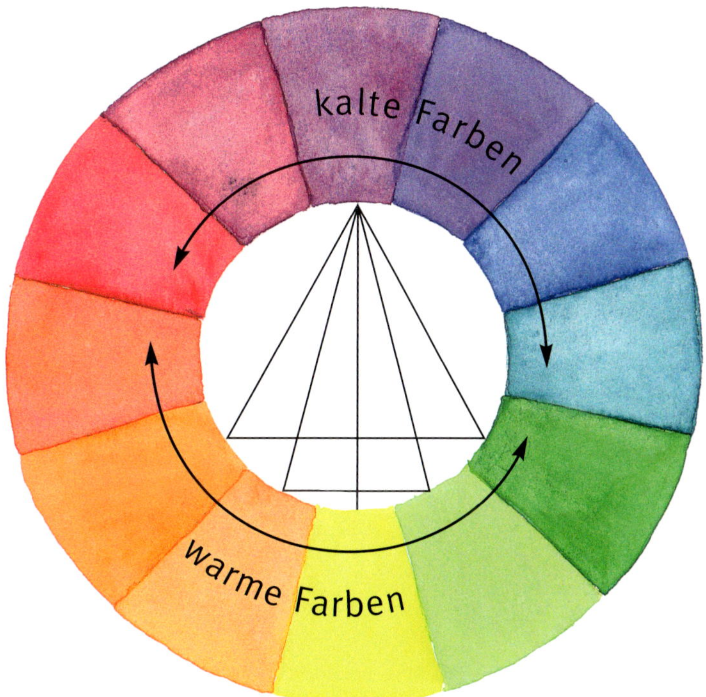

Farben wirken wie Musik

Farben sind »visualisierte Gefühle« (Lüscher), die wie Musik die Stimmung beeinflussen. Sie stimmen heiter und fröhlich, wirken anregend, aber auch aufwühlend oder beruhigend.

SANFTES ROSA
wirkt so romantisch wie eine einschmeichelnde Melodie. Eine Prise Blau würde den Effekt verstärken.

FRISCHES APRICOT
stimmt optimistisch und lebensfroh. Die Mischfarbe vermittelt zwischen Rosa und Gelb.

DOMINANT
und erregend ist ein klares Rot. Durch Begleitpflanzen in milderen Farben wirkt es fröhlich.

DRAMATISCH
und feurig klingen Gelb und Rot. Verwenden Sie diese Kombination nur als kleinere Akkorde.

LICHTES WEISS
wirkt wie eine Pause in der Musik. Im Beet vermittelt es zwischen den Farben. Kleine Farbtupfer beleben.

LEUCHTENDES GELB
stimmt heiter wie die Sonne selbst, auch an trüben Tagen.

LEBHAFT
sind Kontraste wie das spritzige Chartreusegelb zu hellem Lila.

Gestalten Sie Ihr Rosenparadies

Gartenparadiese zum Wohlfühlen gelingen mit Rosen leicht. Mit Hecken und Rankhilfen entsteht in kurzer Zeit ein Raumgefühl. Oder benötigen Sie Sichtschutz für einen Sitzplatz? Strauchrosen und Kletterrosen schaffen das schnell.

Aus einem Guss wirkt ein Garten dann, wenn sich ein Thema wie eine »Grundmelodie« durch den Garten zieht. Die »Begleitmelodie« dazu spielen sich wiederholende Gestaltungselemente wie Bögen, Hecken, beschnittene Eiben, Buchs- und Rosenkugeln, je nach Ihrem Geschmack. Eine Wiederholung ähnlicher Formen und Farben wirkt immer ausgleichend und beruhigend und ist ein Kontrapunkt zu überschwänglichem Blütenflor. Jede Planung sollte sich in erster Linie auf den Stil und die Farbe Ihres Hauses und auf den Charakter der Umgebung beziehen, um die Wirkung zu steigern. Dann fügen sich alle Elemente zu einem harmonischen Gartenbild.

Räume schaffen und Kontraste bilden

Mit festen Gartenelementen wie Pergola, Rosenbogen und Sitzplätzen schaffen Sie Räume, die jeweils ein individuelles Farbthema haben können. Auf diese Weise lassen sich auch Farben, die sich optisch »beißen«, leicht auseinander halten. Wie wäre es beispielsweise mit einem Gartenteil ganz in Weiß, Blau oder Rosa, oder mit einer blauen Gartenbank, umgeben von Rosen und blauen Begleitpflanzen?

Rosige Romantik mit Lavendel und Rittersporn: Ein Windlicht wiederholt die Vertikale des Rosenstämmchens und des aufstrebenden Ritterspors.

Am schönsten wirkt es, wenn Räume sich auffallend voneinander unterscheiden: Wenn Sie etwa beim Hindurchgehen durch einen Rosenbogen von einem schattigen Bereich in einen sonnigen wechseln oder von einem ruhig gehaltenen in einen lebhaft blühenden. Spielen Sie mit Überraschungseffekten wie Springbrunnen oder anderen Wasserspielen, die den Garten lebendig machen. Je näher sich die Bepflanzung am Haus befindet, umso klassischer und geformter darf sie wirken. Auf diese Weise schaffen Sie eine Einheit zwischen Architektur, Umgebung, Pflanzen und Objekten. Hier ist der Platz für Rosenbögen, Rosenstämmchen, Obelisken und Rankgitter an Wänden und Topfrosen.
Je weiter Sie sich vom Haus entfernen, umso natürlicher können die Bereiche sein.Vielleicht haben Sie am Ende des Gartens sogar Platz für eine kleine Obstwiese mit Bäumen, in die Rambler hineinwachsen, für eine Blumenwiese und eine gemischte Rosenhecke als Abschluss? Oder für einen Pavillon oder – sehr viel preiswerter und fast genauso schön – für eine Laube, die ein romantisches Versteck inmitten von duftenden Rosen bildet ...
Ein kleiner Weg, der direkt an einer Rosenpflanzung vorbei oder gar durch sie hindurchführt, ist zur Zeit der Rosenblüte einer der schönsten Orte zum Entspannen und um Blüten und Duft zu genießen.
Zum Charme der Rosen passen Skulpturen, Rosenkugeln, Laternen und Windlichter für laue Abende und Feste. Kissen und Tischdecken in abgestimmten Farben machen Terrasse, Balkon und Sitzplätze zum gemütlichen Wohnzimmer im Freien.

Die Ramblerrose 'Maria Lisa' blüht überreich. Die rosaroten Blüten dieser Multiflora-Hybride sind lange haltbar.

Kompakt wächst die nostalgische Beetrose 'Leonardo da Vinci', schön begleitet vom Salbei (*Salvia nemorosa*) 'Blaukugel'.

Immer ein Blickfang: Rosen in Beeten und Hecken

Bei den vielfältigen Rollen, die Rosen im Garten spielen, gilt es besonders auf die unterschiedlichen Wuchsformen zu achten.

WUCHSFORM UND HÖHE sind wichtig bei der Gestaltung. Straff aufrechte Rosen nehmen weniger Platz ein als breitbuschige mit bogig überhängenden Zweigen. Generell sollten Sie den Abstand zwischen den Rosen so wählen, dass die Schönheit der einzelnen vorteilhaft zur Geltung kommt. Achten Sie deshalb auf ausreichend große Abstände zu anderen Rosen, Gehölzen oder Stauden. Dabei sind Beetrosen der neuen Generation als dauerhafte Farbgeber für Beete unverzichtbar. Zwar duften einige davon leider wenig oder gar nicht – aber sie sind robust, resistent gegen Krankheiten, und sie blühen unermüdlich.

Beete und Rabatten anlegen

Ganz gleich, ob Beete geradlinig oder schwungvoll gerundet sind: Wichtig ist eine harmonische Höhenstaffelung. Die höchste Pflanze sollte nicht viel höher sein als die Breite des Beetes. Pflanzen Sie bei niedrigen Beetrosen und Edelrosen mindestens drei Stück von einer Sorte, besser fünf oder sieben, um einen flächigen Farbeffekt zu erzielen. **Höhere Beetrosen** mit bogig überhängendem Wuchs, die manchmal bis zu 1,20 Meter hoch werden, bringen auch als Solitär (= einzeln stehende Pflanze) genügend Farbwirkung. Früher wurden vor allem **Edelrosen** in Extrabeeten gezogen, oft mit einer Buchseinfassung umrahmt. Diese Monokultur fördert aber Pilzbefall und Schädlinge. Ich pflanze sie deshalb lieber in gemischte Beete, das verringert die Krankheitsanfälligkeit – und ohnehin wirken Rosen mit den passenden Begleitern am schönsten (→ Seite 34 ff.). Damit die oft staksig herauswachsenden einzelnen Zweige der Edelrosen nicht das Gartenbild stören, schneide ich sie regelmäßig jedes Frühjahr zurück. **Höhere Strauchrosen** passen

gut in Gehölzrabatten, natürlich in gebührendem Abstand (→ Seite 40).
Vorsicht ist geboten bei Rosen, die in Beeten vor Thuja- oder Eibenhecken wachsen sollen. Hier brauchen Sie eine Wurzelsperre (→ Seite 183), um zu verhindern, dass die Rosen durch die Wurzeln der Hecke »ausgehungert« werden. Auch Buchshecken dürfen Rosen nicht zu nahe kommen: Halten Sie mindestens 30 cm Abstand zu den Rosen.

Romantische Rosenhecken

Mit Hecken aus blühenden Rosen schaffen Sie besonders reizvolle Gartengrenzen.
➤ Niedrige und mittelhohe Hecken trennen Bereiche innerhalb des Gartens. Wählen Sie für lang andauernde Blütenpracht dauerblühende höhere Beetrosen. Aus der Gruppe der Strauchrosen sind die im Herbst noch einmal üppig blühenden Moschatarosen (→ Porträts ab Seite 116) in pastelligen Tönen besonders dankbar. Sie lassen sich durch Schnitt gut auf einer Höhe von 1,20 bis 1,50 Meter halten.
➤ Hohe Hecken, die zwei Meter und mehr erreichen, geben Sichtschutz zum Nachbarn oder bilden einen natürlichen Übergang zur freien Landschaft. Dort dürfen sie ruhig ineinander wachsen und sich gegenseitig stützen. Ausläufer treibende Rosen, die in anderen Gartenbereichen stören können, machen die Hecke dicht und undurchdringlich. Besonders reizvoll: Setzen Sie eine zweite Reihe aus niedrigen Rosen auf Lücke davor, wie die wundervoll duftenden Rugosa-Hybriden 'Baum's Rokoko' oder 'Schneekoppe'.
Pflanzen Sie alle Rosen für Hecken möglichst tief, damit sie sich von der Veredelungs-Unterlage befreien können und dann auf eigener Wurzel stehen (→ Seite 183). Dann gibt es keine Wildtriebe mehr, die in dem stacheligen Gewirr schwer zu entfernen sind.

Beeindruckend ist eine Hecke, die nur aus einer Rosensorte besteht: Die moderne Strauchrose 'Bantry Bay' türmt üppige Blütenberge auf.

Kletterrosen – Blütenfülle in der Vertikalen

Kletterrosen brauchen nicht viel Platz, um mit ihrer üppigen Blütenpracht den Garten zu verzaubern.

Kletterrosen verzaubern jeden Eingang mit einer romantischen Note: Ihr warmer Duft heißt den Gast willkommen.

MÄRCHENHAFTE GARTENBILDER lassen sich mit allen Rosen gestalten, die in die Höhe wachsen. Kletterrosen sind eigentlich groß geratene Strauchrosen, die angebunden werden müssen oder eine Möglichkeit zum Emporranken brauchen. Erst dann können sie klettern. Die **Climber** unter ihnen sind meist großblumig und öfterblühend und haben etwas steife, später verholzende Triebe. Sie müssen frühzeitig gelenkt werden, solange sie noch biegsam sind, und eignen sich am besten für Hauswände und Pergolen. Auch viele Strauchrosen, die nicht als Kletterrosen geführt werden, können klettern, wenn man ihnen eine Stütze anbietet – wie beispielsweise 'Westerland', die ganze Hauswände beranken kann. Achten Sie auf diesen Hinweis in den Porträts (→ ab Seite 116).
Mit den bis zu zehn Meter hoch werdenden, einmalblühenden **Ramblern** zieht »Dornröschen-Romantik« in den Garten ein. Eine mehrere Wochen lang blühende Ramblerrose wie 'Bobby James' bezaubert mit wildromantischer Üppigkeit und starkem Duft. Rambler haben viele kleine bis mittelgroße Blüten in großen, dichten Büscheln und ranken – mit ein bisschen Nachhilfe – von alleine. Ihre langen Triebe verholzen nicht, sondern bleiben weich und biegsam. Sie stehen den Wildrosen noch sehr nah und sind deshalb meist sehr gesund und krankheitsresistent. Deshalb setze ich sie bevorzugt ein. Sie eignen sich für eine naturhafte, »verwunschene« Gestaltung und beeindrucken mit viel Blütenfülle bei wenig Pflege. Für kleine Gärten wählen Sie besser die weniger hoch wachsenden Climber oder öfterblühende Rambler, die niedriger bleiben.

Welche Kletterrose wohin?

Kletterrosen können also ganz unterschiedliche Eigenschaften haben. Gemeinsam ist ihnen nur, dass sie nach oben streben. So setzen Sie die Wuchsformen am besten ein:

Mit Hilfe nach oben

Climber brauchen stets eine Kletterhilfe. Im Fachhandel gibt es schöne und dekorative Formen. Sie trennen und betonen Räume:

➤ Obelisken aus lackiertem Stahl oder Eisen eignen sich für buschig wachsende Kletterrosen, die für Rosenbögen und Pergolen zu niedrig bleiben.

➤ Pyramiden aus Holz können Sie auch leicht selbst anfertigen. Mit einem rauchblauen Anstrich ergänzen sie Rosen in allen Farben aufs Schönste.

➤ Pergolen aus dem Baumarkt oder auch selbst gebaut aus Rundhölzern, einzeln oder als Laubengang, sind sogar im Vorgarten eine originelle Idee, die gleichzeitig Sichtschutz bietet. Hierfür eignen sich Kletterrosen, die deutlich höher als 2,5 Meter werden, wie die beliebte 'New Dawn'.

➤ Spaliere gibt es fertig im Holzhandel. Dübeln Sie sie möglichst mit einem Abstand von 30 cm an die zu berankende Wand, damit kein Luftstau entsteht, der Krankheiten fördert (→ Seite 79 ff.).

Selbstständige Kletterer leiten

Rambler, die nur einmal blühen, können ihre überschüssige Kraft in meterlange Triebe stecken. Sie werden zwischen vier und zehn Meter hoch und schmücken sich im Herbst mit kleinen orangeroten Hagebutten. Öfterblühende Rambler bleiben mit 2,5 bis 3 Metern Höhe deutlich niedriger und eignen sich daher auch für alle oben genannten Kletterhilfen. So kommen Rambler am besten zur Geltung:

➤ Bäume, in die Rambler hineinwachsen, müssen kräftig genug sein, um das Gewicht auch zu tragen.

➤ Girlanden aus Rosenblüten bekommen Sie, wenn Sie bogig durchhängende Seile und Ketten zwischen Pfosten oder Bäume ziehen.

➤ Niedrige Mauern aus Naturstein wirken besonders schön, wenn öfterblühende Rambler wie ein Wasserfall über sie hinabfallen dürfen.

➤ Gebäude wie Gartenhaus, Pavillon oder Carport lassen sich durch die Blütenfülle von Kletterrosen gut in den Garten einbinden. Kombinieren Sie am besten einmalblühende und öfterblühende Sorten.

➤ Hangbegrünung durch Rambler ist nicht nur in öffentlichen Anlagen eine gute Idee. Sie lassen sich wie Bodendeckerrosen einsetzen.

➤ Rosenbögen können einzeln stehen oder zu Bogengängen hintereinander gesetzt werden. Sie wirken luftiger als Pergolen. Mit Ramblern bewachsen, sind sie besonders anmutig.

➤ Zäune aller Art blühen durch Rosenblüten förmlich auf. Binden Sie die Triebe locker an, dabei möglichst waagerecht führen: Dadurch entsteht mehr Blütenfülle. Kleinere Rambler legen sich aber auch über Hecken und Sträucher an der Grundstücksgrenze und wachsen malerisch durch sie hindurch.

Die Ramblerrose wird an Holzstäben nach oben geleitet. Bald umhüllen ihre Blütenwolken vollständig die Krone des Baums.

Blühende Rosen sind der Star jedes Topf-Ensembles. Sie werden mit passenden Begleitpflanzen in Töpfen umgeben, die das Farbthema unterstützen.

Die Guten ins Töpfchen: Topfrosen und Rosenstämmchen

Lassen Sie Ihren Balkon und Ihre Terrasse auf allen Ebenen erblühen: mit dauerblühenden Rosen als Leitthema.

Rosen in Töpfen sollten öfter blühen, nicht zu groß werden und duften, damit Sie auf Balkon und Terrasse möglichst viel davon haben. Beetrosen und Zwergrosen sind ideal: kompakt, blühfreudig und nicht zu hoch. Auch unter Strauch- und Kletterrosen können Sie wählen, wenn sie nicht zu starkwüchsig sind. Begrenzt wird Ihre Wahl hauptsächlich durch die Größe der Töpfe. Rosen sind Tiefwurzler und brauchen daher tiefe Töpfe (→ Praxisinfo). Nur die Zwergrosen, die ein flacheres Wurzelwerk haben, da sie stecklingsvermehrt sind, halten es in Balkonkästen aus. In geschützter Lage können Sie es sogar mit den zum Teil frostempfindlichen, eleganten China- und Teerosen versuchen, deren zarte Blütenschönheit fasziniert. Sie eignen sich gut für die Topfkultur, wenn sie im Winter im Kalthaus oder an einem geschützten Platz mit Winterschutz überwintern können (→ Seite 64).

Der beste Platz für besondere Schönheiten

Lieben Sie das Besondere? Nachdem die Alten Rosen so an Beliebtheit gewonnen haben, wenden sich Rosenliebhaber jetzt anderen, »vergessenen« Gruppen zu. Der Reiz des Neuen kann dabei oft der des Alten sein: Es werden gerade einige wunderbare Rosen wiederentdeckt. Wählen Sie unter vielen spannenden Möglichkeiten:

➤ **China- und Teerosen** erfreuten sich großer Beliebtheit, bis sie von den Tee-Hybriden verdrängt wurden. Einige sind vermutlich winterhärter als bisher angenommen, sie können an etwas geschützten Plätzen auch im Garten überwintern. Eine der Ur-Chinarosen, *Rosa chinensis* 'Old Blush', ist immer noch in den Katalogen zu finden, gilt allerdings als frostempfindlich und ist eher von historischem Interesse. Berühmt sind auch 'Mutabilis' mit ihren vielfarbigen Schmetterlingsblüten und die grüne Rose 'Viridiflora'. **Teerosen** sind Kreuzungen zweier Chinarosen mit Bourbon- und Noisetterosen. Sie haben einen zarten, verzweigten Wuchs mit lebhaft rotem Austrieb und glänzende Blätter – eine Mitgift, die sie vielen modernen Rosen mit auf den Weg gaben. Sie eignen sich bestens für die Topfkultur und für Wintergärten. Der berühmte »Teerosenduft« wurde vermutlich nach den Teeschiffen benannt, mit denen die Rosen nach Europa reisten. Oder riechen Teerosen doch wie eine frisch geöffnete Packung Tee? Wie auch immer: Dieser spezielle Duft wurde an viele Nachkommen vererbt. Besonders typisch duften 'Francis Dubreuil' und 'La Sylphide'.

➤ Auch die älteren **Polyantharosen** mit ihrem nostalgischen Charme sind wieder gefragt. Polyantharosen sind Dauerblüher mit reicher Blütenfülle. Die erste war 'Paquerette', die von Guillot gezüchtet wurde. Diese Kreuzung mit einer unbekannten Chinarose und *Rosa multiflora* ist die Grundlage für die modernen vielblütigen Rosenformen. Bis Mitte des 20. Jahrhunderts waren die älteren Polyantharosen sehr beliebt. Sie zeigen eine Zartheit, die ihre Nachfahren verloren haben. Die Zeiten überdauert haben z. B. 'The Fairy', 'Katharina Zeimet' und 'Yvonne Rabier'.

➤ Die neuen »**Malerrosen**« von Delbard mit mit ihren fröhlichen Farben sind manchmal schwierig im Garten zu kombinieren und zum Teil auch frostempfindlich. Daher sind sie ideale »Topfkandidaten«, auch wegen ihrer wunderbaren Duftvielfalt.

➤ **Zwergrosen**, auch Miniaturrosen genannt, sind schwachwüchsig und werden nur bis zu 30 cm hoch. Sie waren im 19. Jahrhundert schon einmal in Mode und sind für kleine Gärten und Topfkultur wie geschaffen. Es gibt auch kletternde Formen, z. B. 'Climbing Alberich'. Die neuen »Partyrosen« sind eher kurzlebig und als Dekoration für drinnen gedacht.

Einladend umrahmen die Rosenstämmchen den Sitzplatz.

Blüten auf Augenhöhe

Stammrosen schenken Blütenpracht und Duft direkt auf Augen- und Nasenhöhe. Im Topfgarten betonen sie die Vertikale, darunter bleibt Platz für andere Kübelpflanzen. Angeboten werden Stamm- und Kaskadenrosen, Letztere werden allerdings sehr ausladend. Für die Veredelung von Stammrosen werden Beetrosen, Zwergrosen, Strauchrosen, Kletterrosen und Bodendecker verwendet. Wenn Sie absolut frostharte Rosen wie 'Rose de Resht' wählen, müssen Sie keinen Winterschutz anbringen.

➤ *Praxisinfo*

KULTURTIPPS FÜR TOPFROSEN

Größe:
- ✗ Optimal für Rosentöpfe ist eine Größe von 70 x 70 cm.

Material:
- ✗ Geeignet sind Plastikcontainer, Palmentöpfe aus Holz und Rosentöpfe aus frosthartem Terracotta.

Pflege:
- ✗ Kübel auf Terracotta-Füße stellen, damit das Wasser besser abziehen kann.
- ✗ Wichtig ist eine gute Drainage aus Tonscherben und/oder Kiesel und Granulat.
- ✗ Regelmäßig gießen und düngen (→ Seite 62).

Bereichern Sie Ihre Lieblingsplätze mit Rosen

Rosen, die sich im Wasser spiegeln oder gemütliche Sitzplätze umranken: Verschönern Sie den Garten mit originellen Ideen.

BRÜCKEN UND WASSER sind romantische Elemente, die dem Garten noch eine andere Dimension hinzufügen. In Holland habe ich traumhafte mit Ramblern berankte Brücken gesehen, die sich über Grachten und Wassergräben spannten. In kleineren Formaten ist dies auch im Hausgarten möglich. Üppig blühende Rosen können z. B. im trockenen Randbereich am Teich stehen, sodass sie sich im Wasser spiegeln und die Blütenmenge scheinbar verdoppelt wird.

Ein Ort der Besinnung durch die Farbgebung in Weiß und Gelb.

Rosen und Wasser

In Schlossgärten sieht man oft Rosenbeete um einen Springbrunnen gruppiert. Wie erfrischend ist der Anblick des sprudelnden Wassers, das auch die Farben der Rosen frischer erscheinen lässt! Vielleicht haben Sie dafür keinen Platz – sicher aber für einen Mini-Teich im alten Sandsteintrog oder in einem halbierten Holzfass. Füllen Sie einfach Wasser ein und hängen Sie eine Springbrunnenpumpe hinein. Dazu passt eine Rose mit natürlichem Wuchs und zierlichem Blattwerk wie 'Stanwell Perpetual', die wundervoll duftet. Gut eignen sich alle Rosen mit einfachen bis halb gefüllten Blüten, wie Wildrosen und Wildrosen-Hybriden, Rambler und Strauchrosen, die später Hagebutten tragen.
Das Material der Gefäße sollte natürlich wirken, das unterstreicht den romantischen Charakter dieser Inszenierung wie aus alter Zeit – wie z. B. eine Vogeltränke aus Stein, die zu allen Gartentypen passt. Ein zusätzlicher Blickfang zu festlichen Anlässen: Streuen Sie Rosenblüten in eine Wasserstelle oder einen Springbrunnen, so wie es im Orient üblich ist.

Sitzen inmitten von Rosenduft

Wo können Sie sich an den sinnlich-süßen Rosendüften besser erfreuen als an behaglichen Sitzplätzen, die zum Verweilen einladen? Das muss nicht unbedingt auf der Terrasse sein. Ideal ist ein zweiter Sitzplatz etwas vom Haus entfernt, an dem Sie noch die letzte Abendsonne genießen können. Wenn Sie erst

Die Ramblerrose 'Lykkefund', begleitet von 'Buff Beauty', umhüllt Terrasse und Sitzplatz mit süß duftender Blütenpracht.

dann Zeit für Ihren Garten haben, sollten Sie weiße Rosen pflanzen, sie leuchten noch lange in der Dämmerung. Ob Duftlaube oder Pavillon, Hängematte oder Liegestuhl – kreieren Sie Ihre persönliche Wohlfühl-Oase:

➤ Eine Duftlaube mit Kletterrosen, zu deren Füßen duftende Kräuter wachsen, dazu noch ein romantisch wirkendes Geißblatt, das in den Abendstunden duftet.

➤ Ein Pavillon inmitten von Alten und modernen Rosen. Gerade die Alten Rosen duften ja besonders rosentypisch. Verzichten Sie nicht auf diesen betörenden Duftgenuss, auch wenn Sie ihn nur wenige Wochen im Jahr genießen können.

➤ Eine bequeme Hängematte unter Rosenblüten, direkt unter einer Rosenpergola – das ist Romantik pur.

➤ Mobile Sitzplätze sind Garten- und Liegestühle. Je nachdem, welche Rosen gerade besonders schön blühen, können sie mal hier oder dort zu einer kurzen Pause einladen. Ein farbig gestrichener Klappstuhl in Blau oder Violett harmoniert mit Rosen in allen Rosatönen oder in Gelb zu weißen Rosen mit gelber Mitte. Ihrer Fantasie sind keine Grenzen gesetzt. Vielleicht haben Sie ja noch einen alten Stuhl auf dem Dachboden und einen Rest von Ihrer Lieblingsfarbe?
Das Umherwandern mit dem Gartenstuhl ist übrigens ideal für Einträge in Ihr Gartentagebuch, weil Sie den Garten immer aus einem anderen Blickwinkel betrachten können. Passende Blütenfarben, um das Gesamtbild zu verbessern, sollten Sie sich am besten sofort notieren, denn gute Ideen geraten oft auch schnell wieder in Vergessenheit.

Kein Sitzplatz ohne Deko

Schöne Objekte, die während der Rosenblüte und danach noch einen zusätzlichen Blickfang bilden, runden das Gartenbild ab. Originell ist z. B. ein Stück von einem alten schmiedeeisernen Gartenzaun als Abgrenzung vor einem Beet, an den sich die Rosen gerne anlehnen. Fündig werden Sie bei Trödlern oder im Anzeigenteil Ihrer Zeitung. Skulpturen hellen halbschattige Plätze auf und wirken, von blühenden Rosen umrankt, sehr romantisch. Damit sie nicht zu neu und weiß aussehen, können Sie sie mit Buttermilch oder Joghurt einreiben, so altern sie schneller. Laternen und Windlichter verzaubern den abendlichen Garten. Tagsüber wirken sie als Deko-Objekte, wenn sie rhythmisch überall verteilt werden. Mit Rosenkugeln, die es in vielen Farben gibt, unterstützen Sie Ihr gewünschtes Farbschema. Dabei sollten Sie allerdings nicht übertreiben, denn sonst entsteht leicht ein kunterbunter Eindruck. Das Gleiche gilt für die Menge der Objekte: Wenige gezielt platzierte Objekte lenken das Auge und bilden einen ruhigen Blickpunkt zum Ausruhen inmitten der Farbenpracht, zu viele irritieren den Betrachter. Harmonie entsteht erst, wenn sich alle Teile zu einem gelungenen Ganzen fügen. Beispiele und Anregungen für schöne Rosen-Dekorationen finden Sie auf der nächsten Doppelseite.

➤ *Checkliste*

SITZPLÄTZE FÜR JEDE TAGESZEIT

✔ Wo ist es so windgeschützt, dass Sie dort schon im Frühling frühstücken können? Passende Rosen: 'Frühlingsduft' und 'Frühlingsmorgen'

✔ An heißen Tagen ist ein Essplatz unter einem schattenspendenden Baum, in den ein Rambler rankt, beson-ders angenehm. Passende Rosen: 'Bobby James' und 'Lykkefund'

✔ Wo können Sie noch die letzten Strahlen der Sonne am Abend genießen? Passende Rosen: Edelrosen, z. B. 'Frederic Mistral'und 'Paul Ricard' sowie Strauchrosen, z. B. 'Colette', 'Gertrude Jekyll'® und 'Stanwell Perpetual'

Augen-Blicke mit Rosen

Mit schönen Objekten als Blickpunkte lässt sich der Zauber der Rosen noch steigern. Sie fesseln das Auge, ziehen den Blick magisch an, beruhigen die Blütenfülle und betonen sie gleichzeitig.

SPIEGELBILD
Ein geschickter Kunstgriff für kleine Gärten: Verdoppeln Sie einfach Ihre Rosen. Der Spiegel mit dem roten Rahmen setzt alles raffiniert in Szene.

WIE IM ORIENT
Rosen, die im Wasser schwimmen: Die Schönheit und die Vielfalt der Blüten kommen so besonders gut zur Geltung.

ROSENKUGELN
Sie spiegeln Garten und Rosen wie ein Zauberbild. Silber passt überall, farbige Kugeln können das Farbschema vertiefen.

EIN SYMBOL
für Vollkommenheit:
Der Rosenstab stützt die voll erblühten Rosen und wiederholt die Form der spiralig gerollten Blütenblätter.

AUSRUFEZEICHEN
Fingerhut, Rankstäbe und Zaunlatten setzen vertikale Akzente zu rundlichen Blüten.

POSAUNENENGEL
Inmitten der ungestümen Blütenfülle des weiß blühenden Ramblers spielt der steinerne Engel seine Melodie und seine Rolle als Blickfang.

Begleitpflanzen rücken Rosen in den Mittelpunkt

Zauberhafte Gartenbilder lassen sich mit farblich abgestimmten Zwiebel- und Sommerblumen, Kräutern, Stauden, Kletterpflanzen und Gehölzen gestalten.

Rosen lieben Gesellschaft. Begleitpflanzen sollten im Idealfall eine »dienende Funktion« erfüllen, um die Schönheit der Rose hervorzuheben.

Kletterrose 'Flammentanz' mit Clematis 'Star of India'.

BEGLEITPFLANZEN HABEN nicht nur eine ästhetische Wirkung, sie halten auch den Boden gesund und verhindern, dass er einseitig ausgelaugt wird. Die Rose ist dabei immer die Hauptperson. Im Blütenreigen soll sie den Ton angeben, alle anderen Pflanzen spielen dabei die Begleitmelodie.
Halten Sie wuchernde Bodendecker und sich stark ausbreitende Stauden von den Rosen fern, damit Sie den Boden dort regelmäßig lockern und Dünger ausbringen können. Achten Sie bei der Auswahl aller Pflanzen auf standortgerechtes Miteinander (→ unten) und auf ausreichenden Abstand (→ Checkliste Seite 51). Wenn der Bewuchs im Rosenbeet locker und nicht zu dicht ist, trocknen die Blätter der Rosen schneller ab. Pilzkrankheiten werden dadurch verringert (→ Seite 68).
Alle Pflanzen in einem Rosenbeet sollten im Idealfall die gleichen Wünsche an Licht, Wassergaben, Dünger und Boden haben, um gut zusammen zu gedeihen. Denn nur mit gesunden und vitalen Pflanzen lassen sich stimmungsvolle Situationen schaffen, die dauerhaft Freude machen.
Wählen Sie nicht zu viele unterschiedliche Begleitpflanzen, damit aus der Vielfalt kein Durcheinander wird. Möchten Sie eine harmonische Gestaltung, die zugleich pflegeleicht ist? Mit dauerblühenden Rosen, lange blühenden Stauden und farbigen Gehölzen gelingen Farbkompositionen, die lange Zeit schön sind und Sie garaniert nicht enttäuschen. Bei der Farbwahl hilft Ihnen der Farbkreis (→ Seite 19), mit dem Sie Ihre Lieblingsfarben geschickt und ansprechend kombinieren können.

Die karminrote Strauchrose 'Gruß an Teplitz' im Duett mit einer zweifarbigen Akelei.

Ideale Lückenfüller: Zwiebelpflanzen und Sommerblumen

Setzen Sie Zwiebelblumen und Sommerblumen als Lückenfüller. So gibt es in den Rosen-Blühpausen keine Langeweile.

NICHT ZU NAH heranrücken dürfen andere Pflanzen, denn Rosen lieben offenen Boden. Am besten eignen sich Begleiter mit ähnlichen Standortwünschen. Gar nichts falsch machen können Sie mit Zwiebelblumen, die im Frühjahr blühen und im Sommer einziehen. Problemlos sind auch einjährige Sommerblumen. Sie entwickeln keinen Wurzelfilz und bedrängen deshalb die »Hauptperson« im Beet nicht.

Zwiebelblumen in Raten

Beete sehen lange Zeit schön aus, wenn Sie auf die verschiedenen Blühzeiten achten.

➤ **Vor den Rosen** blühen Krokusse, Schneeglöckchen, Blaustern, die Zwerg-Hyazinthe *Puschkinia scilloides* var. *libanotica*, Blaustern (*Scilla bifolia*), Frühlingsstern (*Ipheion uniflorum*), Schneestolz (*Chionodoxa luciliae*) und die Netzblatt-Iris (*Iris reticulata*). Am Rand des Rosenbeets kann die kleine Frühlingsgesellschaft ungestört wachsen und blühen. Frühe Tulpen folgen ab April, lilienblütige Sorten im Mai. Nehmen Sie die Tulpen nach der Blüte aus dem Boden, dann stören sie nicht bei Pflegemaßnahmen. Zum Aufbewahren lagern Sie die Zwiebeln schattig, bis die Blätter gelb werden. Dann abschneiden, die Zwiebeln reinigen und kühl und trocken überwintern. Beim Setzen von Blumenzwiebeln sollten Sie gleich an

Ringelblumen »erden« die duftigen Blütenwolken von 'Schneewittchen'.

Zierlauch passt besonders gut zu Rosen, wie hier die bernsteingelbe Englische Rose 'Graham Thomas'® mit einer Unterpflanzung des Goldlauchs (*Allium moly*).

passende Stauden wie z. B. den Frauenmantel (*Alchemilla mollis*) denken, die das vergilbende Laub verdecken. Bei großen Strauchrosen, die stark überhängen, oder bei flächigen Beetrosen bedecken die Rosen mit ihrer Laubmasse den Boden später selbst.

➤ **Gleichzeitig mit den Rosen** blüht Zierlauch in schönen Blau- und Lilatönen. Zu den Besten gehören *Allium aflatunense* 'Purple Sensation' und *A. spaerocephalon* in Lila, *A. christophii* mit amethystfarbenen Blüten und *A. caeruleum* in Enzianblau. *Allium karataviense* blüht silbrig weiß und zeigt Blätter, die bis zum Herbst schön sind. Die Steppenkerze (*Eremurus robustus*) mit ihren imposanten Blütenkerzen wirkt rhythmisch verteilt zwischen Beetrosen wie Ausrufezeichen. Schon in den Klostergärten im Mittelalter wurden Rosen mit Lilien kombiniert. Sehr edel wirken die robuste Königslilie (*Lilium regale*) und die stark duftende Madonnenlilie (*Lilium candidum*), die beide abends besonders intensiv duften. Für raffinierte Farbkompositionen eignen sich die Türkenbundlilie (*Lilium martagon*) oder die Prachtlilie (*Lilium speciosum* var. *rubrum*).

Sommerblumen aussäen

Mit ein- und zweijährigen Sommerblumen können Sie leicht Experimente mit Farben auf Probe machen. Gelingt das Farbschema, lässt es sich später mit einer dauerhaften Pflanzung, z. B. mit Stauden, nachstellen. Malven, Mohn und Jungfer im Grünen finden überall noch ein Plätzchen.

Duftende weiß, purpurviolett und rosa blühende Polster bildet der Duftsteinrich (*Lobularia maritima*). Das Mutterkraut (*Tanacetum parthenium*) mogelt sich überall dazwischen, stört aber nicht. Die aufstrebenden Blütenkerzen des Fingerhuts *Digitalis purpurea* (Vorsicht: Giftpflanze!) setzen einen auffallenden Kontrast zu den rundlichen Blütenformen der Rosen: unschlagbar romantisch mit rosa blühenden Rosen. Cosmeen, Ringelblumen, Ziertabak, Bechermalven (*Lavatera trimestris*), Zinnien in bunten Edelsteinfarben, Löwenmäulchen und Kapuzinerkresse kleiden den Garten in Bauerngartenfarben. Lassen Sie Verblühtes einfach stehen, dann säen sich die meisten Sommerblüher selbst aus.

Für die Blühpausen

In den Blühpausen freuen mich besonders die Dahlien, die vom Juli bis zum Frost in fast allen Farben (außer blau) blühen, sowie die oft zwei- und mehrfarbigen Edel- und Zwerggladiolen (*Gladiolus-Nanus*-Gruppe) und zweijährige Stockrosen in schönen Pastelltönen. Letztere profitieren von den Düngergaben für die Rosen und sind dann weniger rostanfällig.

TIPP

EXPERIMENTE: MIT FARBEN SPIELEN

Saisonpflanzen blühen überreich und ausdauernd und sorgen für Abwechslung im Rosenbeet. Es gibt sie in allen Farbtönen, sodass Sie jedes Jahr andere, auch ungewöhnliche Kombinationen ausprobieren können. Der Farbkreis (→ Seite 19) ist beim Austüfteln von Farbzusammenstellungen eine gute Hilfe.

1 *SILBRIGE BLÄTTER*
Ideal als Bodendecker: Salbei (*Salvia officinalis*) 'Berggarten'.

2 *BLAUVIOLETTE TÖNE*
Schön und kompakt: Lavendel 'Munstedt' und 'Hidcote Blue'.

3 *TON IN TON*
Passt zu rosa und lila Rosen: Oregano (*Origanum vulgare*) in Lilarosa.

4 *AROMATISCHE BLATTNADELN*
Zurückhaltend: Bergbohnenkraut (*Satureja montana*).

Langlebige Lösungen mit Stauden und Kräutern

Die Rose gibt den Ton an. Mit blühenden Stauden, Kräutern und bunten Blattfarben können Sie ihre Farbstimmung vertiefen.

WÄHLEN SIE NUR Stauden, die die Rosen nicht bedrängen. Die Auswahl ist riesengroß, sodass Sie für jede gewünschte Kombination die richtigen Begleiter finden.
Hohe Stauden wie Rittersporn, Eisenhut (Vorsicht: Giftpflanze!), Lupinen, Glockenblumen und Sommerphlox passen am besten zu Strauchrosen, in den Hintergrund oder – mit genügend Abstand – dazwischen. Der Klassiker Frauenmantel (*Alchemilla mollis*) mit grünlich gelben Blüten, kombiniert mit Storchschnabel (*Geranium*) in Blau, belebt jedes Farbschema und fasst Beete schön ein. Doch nicht nur die Farben, auch die Formen der Blüten sind wichtig für ein gut gestaltetes Beet. Die ausdrucksvollen Kugeln des Zierlauchs betonen die Rundungen der Rosen, aufstrebende Kerzenblüten gliedern Gleichförmiges und setzen Akzente.

Beliebte Rosenbegleiter

➤ Luftig wirken Stauden mit zierlichen, zarten Blüten, wie beispielsweise die rubinroten Blüten der Purpur-Witwenblume (*Knautia macedonia*) und der China-Wiesenraute (*Thalictrum delavayi*) mit grazilen fliederfarbenen Blütenwolken auf hohen Stängeln.

➤ Dekoratives Blattwerk schmückt während der gesamten Saison. Es ist ein wichtiger Farb- und Ordnungsgeber. Pfingstrosen beleben schon im Frühjahr das Beet mit rotem Austrieb, im Juni blühen sie zeitgleich mit den Rosen, und danach wirkt das schöne Laub. Das Laub einiger Purpurglöckchen-Sorten, z. B. *Heuchera micrantha* 'Palace Purple', bildet einen weinroten Untergrund.

➤ Späte Blüten: Herbstastern, Chrysanthemen, Japananemonen, verschiedene Gräser und das Zwergchinaschilf (*Miscanthus sinensis*) 'Kleine Fontaine' verlängern die Saison bis in den Herbst hinein.

Immerblühende Beete

Mit dauerblühenden Rosen und monatelang blühenden Stauden zeigen Beete viel Farbe bis zum Frost:

➤ **Blau:** Katzenminze (*Nepeta × faassenii*), Ziersalbei (*Salvia nemorosa*) 'Ostfriesland' und 'Mainacht', Hornveilchen (*Viola cornuta*) 'Blauwunder', Polsterglockenblumen (*Campanula poscharskyana* und *C. portenschlagiana*), Lein (*Linum perenne*), Storchschnabel (*Geranium*) 'Rozanne' und 'Brookside'.

➤ **Rosa und Weiß:** Spornblume (*Centranthus ruber*), Strauchmalve (*Lavatera olbia*) 'Barnsley, Präriekerze (*Gaura lindheimerii*), Storchschnabel (*Geranium*) 'Patrizia', Leinkraut (*Linaria purpurea*) 'Canon J. Went'.

➤ **Gelb:** Färberkamille (*Anthemis tinctoria*) 'Sauce Hollandaise', Mädchenauge (*Coreopsis verticillata*) 'Moonbeam'.

➤ **Rot:** Kerzenknöterich (*Polygonum amplexicaule*) 'Firetail'.

Bewährte Mischungen

Kräuter und Rosen wurden schon in den Klostergärten zusammen gepflanzt. Lavendel, Salbei und Thymian mögen den nährstoffreichen Boden der Rosen allerdings nicht. Pflanzen Sie sie deshalb im Abstand von 50 cm an den Beetrand und magern Sie dort den Boden mit Sand ab. Zu hohen Strauchrosen gefallen mir besonders der Bronzefenchel (*Foeniculum vulgare*) 'Atropurpurea' und Baldrian (*Valeriana officinalis*), der wie ein Riesenschleierkraut aussieht. Schöne Blattfarben steuern der Küchensalbei 'Berggarten' und seine buntblättrigen Verwandten bei, die z. B. gelb gezeichnete oder dreifarbig gemusterte Blätter haben. Wunderschön und pflegeleicht ist ein Beet ganz in Silbergrau. Weiß blühende Rosen werden edel von Lavendel, Heiligenkraut, Salbei, dem russischen Salbei (*Perowskia atriplicifolia*) und dem Wermut (*Artemisia arborescens*) 'Lambrook Silver' begleitet.

TIPP

DAUERBLÜTE DURCH RÜCKSCHNITT

Lang anhaltende Blüte Ihrer Stauden erzielen Sie durch Schnittmaßnahmen: Verblühtes regelmäßig ausschneiden ist wichtig, z .B. für die Dauerblüte bei der Spornblume (*Centranthus ruber*). Nach der ersten Blüte Ziersalbei, Katzenminze, Polsterglockenblumen und Hornveilchen um die Hälfte zurückschneiden.

Klassiker zu Rosen sind Rittersporn und Glockenblumen in Blau und Weiß.

Ideale Rosenpartner: Gehölze und Kletterpflanzen

Bäume und Sträucher spielen Kulisse für Rosen und Stauden. Geben Sie den Blüten einen schönen Rahmen.

In der Höhe gestaffelte Gehölze vermitteln ein angenehmes Raumgefühl. Wenn Sie schnittverträgliche Immergrüne und ebensolche Ziersträucher wählen, können Sie die Höhenunterschiede selbst bestimmen. Im Gegensatz zum gradlinigen Heckenschnitt wirkt ein Wellenschnitt besonders schwungvoll. Auch mit wechselnden Wuchshöhen bringen Sie Dynamik ins Gartenbild.

Gehölze als Raumbildner

Vor einer grünen Gehölzkulisse heben sich Rosen besonders gut ab und bilden zusammen mit Blütensträuchern und Kletterpflanzen einen romantischen Rahmen. Buntlaubige Gehölze verstärken das Farbschema:

➤ **Immergrüne Gehölze** wie Eibe, Buchsbaum, Stechpalme und Lorbeerkirsche sind klassische Rosenbegleiter, die dem Garten das ganze Jahr über Struktur geben. Egal, ob Sie die Gehölze als Solitäre oder Hecken pflanzen, ob sie frei wachsen oder zu Kegeln und Kugeln beschnitten werden: Die Blütenpracht der Rosen wirkt vor dunklem Grün besonders gut.

➤ Von den **Ziersträuchern** blühen gleichzeitig mit der Rosenhochblüte z. B. Pfeifenstrauch und Weigelie. Wenn sich die Zweige des Falschen Jasmins (*Philadelphus coronarius*) in die Moschatarose 'Felicia' neigen und sich ihre

Besonders wirkungsvoll heben sich Rosen mit weißen und apricotfarbenen Blüten vom dunklen Grün der Eiben ab. Spannung bringen die versetzten Heckenelemente.

Duftnuancen mischen, bin ich immer wieder begeistert von dieser Kombination. Die Weigelien-Sorten 'Eva Rathke' und 'Bristol Ruby' blühen von Juni bis August, der Sommerflieder und Schmetterlingsmagnet (*Buddleja davidii*) und der Straucheibisch (*Hibiscus syriacus*) verlängern die Blühzeiten bis in den Herbst.

➤ **Buntlaubige Gehölze** verwende ich für Licht- und Schatteneffekte im Garten. Zusammen mit kegelförmig beschnittenen großen Eiben und Buchskugeln bilden sie die Rahmenhandlung. Diese dauerhafte Gerüstbildung macht Farbkompositionen leichter. Rotlaubig sind die gedrungen wachsende Blut-Berberitze (*Berberis thunbergii*) 'Atropurpurea Nana' mit karminroter Herbstfärbung, der Perückenstrauch (*Cotinus coggygria*) 'Royal Purple' und die Blut-Hasel (*Corylus maxima*) 'Purpurea'. Gelblaubige Sträucher bringen an trüben Tagen Sonne in den Garten. Pflanzen Sie für diesen Lichteffekt Sträucher wie den Pfeifenstrauch 'Aureus', den goldenen Perückenstrauch 'Golden Spirit', den Gold-Holunder (*Sambucus canadensis*) 'Aurea' und für den Vordergrund die Zwergspiere 'Golden Princess'. Alle sind sehr schnittverträglich. Der goldlaubige *Philadelphus* sollte regelmäßig ausgelichtet werden, denn nur die jungen Triebe sind leuchtend gelb gefärbt.

➤ **Beerentragende Gehölze** bringen eine neue Note ins Farbspiel. Schon Ende Juni reifen die rotvioletten essbaren Beeren der Felsenbirne. 'Reine des Violettes' hat eine ähnliche Farbe wie die Beeren und rankt in meinem Garten bis hoch in den Strauch hinein, eine geglückte Zufalls-Komposition. Noch lebhafter wirken die Eberesche (*Sorbus aucuparia*) mit ihren korallenroten Beeren zusammen mit der apricotfarbenen Strauchrose 'Westerland'.

Kletterpflanzen erobern die Vertikale

Eine klassische Kombination sind Kletterrosen und Clematis. Die Sortenfülle bei beiden lässt in der Farbgestaltung keine Wünsche offen. Zuerst sollten Sie die Rose pflanzen. Erst wenn sie eingewachsen ist, kann die Clematis mit einem Abstand von 1 bis 2 Metern dazugesetzt werden. Wählen Sie bevorzugt Viticella-Hybriden, da diese weniger anfällig für die Clematiswelke sind. Bewährte und resistente Clematis sind in Blau und Violett: 'Perle d'Azur', 'Prince Charles', 'Venosa Violacea', 'The President', 'Jackmannii' und 'Blue Boy'. Rot blühen 'Royal Velours' und 'Rubra', rosa 'Lady Diana' und 'Minuet'.

Alle im Sommer blühenden Clematis vertragen im Frühjahr einen starken Rückschnitt auf 20–40 cm, der gleichzeitig mit dem Rosenschnitt vorgenommen wird. Sie müssen jedoch nicht jedes Jahr so stark geschnitten werden, sondern nur alle vier bis fünf Jahre. In der übrigen Zeit genügt es, sie auszulichten.

Beliebt ist auch die Kombination mit duftendem Geißblatt (*Lonicera*). Der Duft dieses eleganten Kletterers ist in den frühen Morgenstunden und spätabends am stärksten. Geißblatt-Arten sind an einem nicht zu trockenen Standort zuverlässig winterhart und blühfreudig. Nicht zu groß und wundervoll duftend sind z. B. die Sorten *Lonicera × heckrottii* 'Goldflame' und *L. periclymenum* 'Serotina' und 'Belgica'. Letztere wächst strauchartiger als die anderen und blüht durch vom Spätfrühling bis zum Hochsommer.

Als Strauchrose oder als Kletterrose einsetzbar: 'Rosarium Uetersen' mit der robusten Viticella-Hybride 'Etoile Violette'.

➤ *Praxisinfo*

PFLEGELEICHT KOMBINIEREN

- ✗ Pflanzen Sie Rosen und Gehölze mit einem Abstand von 1–2 Metern möglichst gleichzeitig. Dann haben die Rosen genug Zeit, sich zu etablieren.
- ✗ Setzen Sie Kletterrose und Geißblatt an die gegenüberliegenden Pfosten z. B. einer Pergola. So können sie ineinander wachsen, ohne dass ein unentwirrbares Dickicht entsteht.
- ✗ Wählen Sie sommerblühende Clematis, die wie die Rosen im Frühjahr zurückgeschnitten werden.
- ✗ Vorsicht bei *Clematis vitalba* und *Clematis montana*. Sie wuchern zu stark und können Rosen vollkommen unterdrücken.

Beliebte Begleiter

Sie beleben das Gartenbild, setzen Akzente und gehen mit Rosen eine geglückte Liason ein: Bewährt sind Frauenmantel, Glockenblumen und Clematis, originell wirken Gräser und Kräuter.

KOMPAKT
Die stabilen Blütenteller der Schafgarbe passen zu hohen Strauchrosen. Die Sorte 'Coronation Gold' blüht unermüdlich.

AUFGELOCKERT
Grazil umspielen einjährige oder mehrjährige Gräser die Rosen und lockern kompakte Pflanzungen auf.

KONTRASTE
Die duftigen gründelben Blütenschleier des Frauenmantels (*Alchemilla mollis*) und Lavendel ergänzen dicht gefüllte Rosen gut.

DAUERHAFT
Lange Zeit ansehnlich ist ein Teppich aus silbrigem Blattwerk. Dafür eignen sich Ziest (*Stachys byzantina*) und Salbei.

SPIELERISCH
Kleine und große Glöckchen der verschiedenen Glockenblumen-Arten lassen sich leicht integrieren.

ROMANTISCH
Kombinationen mit Rosen und Clematis gehören zu den beliebtesten Gartenbildern mit Romantikgarantie.

Rosen richtig pflegen

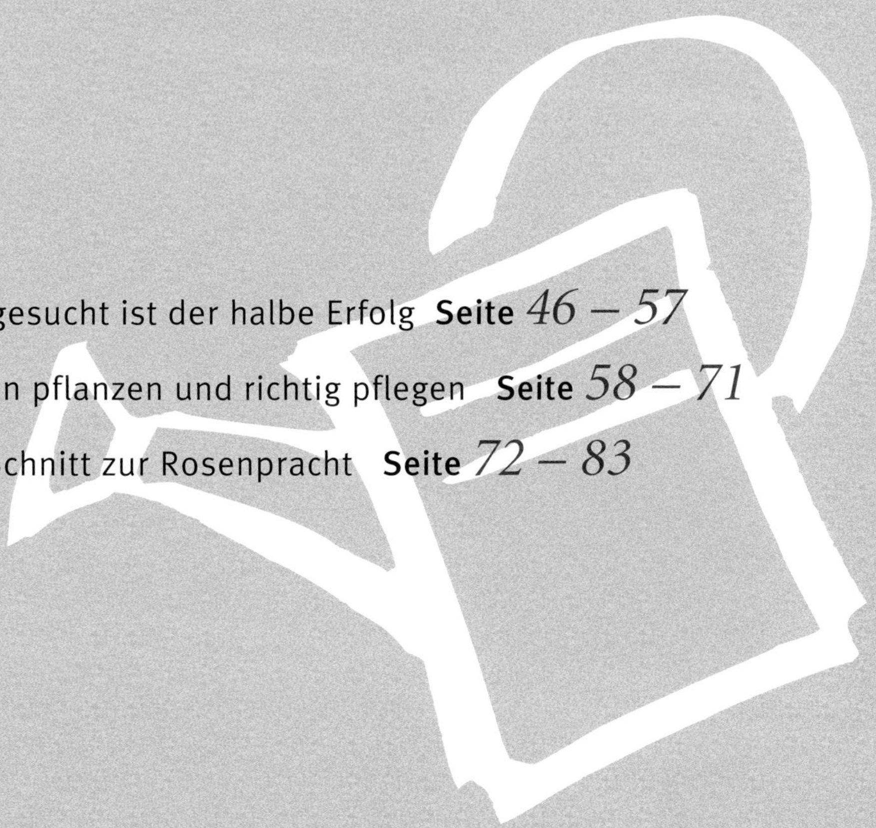

Gut ausgesucht ist der halbe Erfolg

Für jeden Garten und fast jeden Standort gibt es die passenden Rosen: Frischen Sie dunkle Bereiche des Gartens mit Ramblern in zarten Farben auf, lassen Sie Rosen auch in Nordlagen blühen. Ob regenfest oder frosthart – Rosen erfüllen viele Wünsche!

Robust: Die ADR-Rose 'Gebrüder Grimm'.

Rosen lieben Luft, Licht, Sonne und guten Boden. Sie haben leider keine Idealbedingungen? Das ist kein Grund, auf Rosen zu verzichten! Auch für schwierige Plätze und Klimaverhältnisse gibt es geeignete Sorten.
In regenreichen Lagen sollten Sie beispielsweise besonderen Wert auf regenfeste Rosen legen. Für Gebiete mit kalten Wintern sind frostharte Rosensorten die bessere Wahl. Ganz allgemein gilt: Gut an den Standort angepasste Rosen sind weniger krankheitsanfällig.
Robuste Rosen wie ADR-Rosen (→ Seite 51) und Alte Rosen stellen weniger große Ansprüche als so genannte Liebhaberrosen, d. h. Rosen, die man einfach haben »muss«, weil sie so schön sind, eine besondere Farbe haben oder gut duften. Für besonders geliebte Rosen werden Sie sicherlich vieles tun, auch wenn es arbeitsintensiv ist. Wägen Sie also gut ab, was Ihnen wichtig ist: Berücksichtigen Sie alle Aspekte wie Standort, Blütenfarbe, Duft, Blütenfülle, Blühdauer und Gesundheit – aber auch die Zeit, die Sie für die Pflege aufwenden können und wollen.
Um die passenden Rosen zu finden, lohnen sich auf jeden Fall Besuche in Rosengärten, Rosarien und den Schaugärten der Züchter (→ Adressen Seite 184). Dort finden Sie eine Vielzahl alter und neuer Rosensorten. Gehen Sie zu verschiedenen Jahreszeiten hin, um die Rosen besser beurteilen zu können. Sie sehen dann, ob die Rosen auch im Herbst noch gesundes Laub haben oder wie sie sich bei Regenwetter verhalten. Wenn Sie sich auf diese Weise vor dem Kauf gut informieren, gibt es weniger Enttäuschungen.

Schön kombiniert sind die Beet- und Kletterrosen im Rosarium Dortmund.

➤ *Praxis*

Treffen Sie eine gute Wahl

• • • Spontan kaufen oder mit gründlicher Planung? Lassen Sie sich lieber Zeit, um Fehlkäufe zu vermeiden. Von der richtigen Wahl hängt der Erfolg Ihrer Rosenpflanzung im Wesentlichen ab. Achten Sie deshalb immer auf gute Qualität!

ROSEN AUSSUCHEN gehört mit zu den schönsten Gartenvergnügen. Wunschlisten erstellen, die Vor- und Nachteile abwägen und in schönen Bildern schwelgen: Vorfreude ist die reinste Freude. Damit Sie auf Dauer dann auch im Garten Freude an Ihren Rosen haben, sollten Sie Ihre eigenen Wünsche genau erforschen und beim Kauf auf gute Qualität achten.

Einmal- oder öfterblühend?

Ein wichtiges Kriterium ist natürlich die Blühdauer. Wenn Sie pflegeleichte Rosen suchen, dann sollten Sie einmalblühende Alte Rosen wählen. Sicher, die Blütezeit ist wesentlich kürzer als bei den modernen Rosen, die ja bis zum Frost blühen. Aber ihr spezieller Duft und die besonders üppige Blüte entschädigen dafür. Bedenken Sie: Auch ein Flieder blüht nur vier Wochen lang, und dennoch möchte kaum jemand auf ihn verzichten. Letztendlich macht's die Mischung : Für ein richtig üppiges Blüh- und Dufterlebnis schöpfen Sie am besten alle Möglichkeiten aus.

Vor Ort kaufen oder schicken lassen?

Was tun, wenn Sie Ihre gewünschten Rosen nicht im Gartencenter oder der nächstgelegenen Baumschule bekommen? Gängige und neue Sorten finden Sie leicht, Besonderheiten und Alte Rosen können Sie oft nur über den spezialisierten Versandhandel beziehen. Bestellen Sie frühzeitig, weil sonst die Gefahr besteht, dass besondere oder stark nachgefragte Rosen nicht mehr vorrätig sind – das heißt, rechtzeitig vor den üblichen Pflanzzeiten. Pflanzzeit für wurzelnackte Rosen z. B. ist ab Mitte Oktober bis Ende April. Gute Baumschulen bieten aber auch die Möglichkeit, ausgesuchte Rosen für Sie zu bestellen.

➤ **Kaufen vor Ort:** Im Gartenfachgeschäft werden Sie gut beraten. Ein Nachteil ist das eingeschränkte Angebot. Auch im Baumarkt oder beim Discounter werden Rosen angeboten. Nicht immer sind hier jedoch Qualität und Beschilderung ausreichend.

➤ **Kaufen unterwegs:** Beim Züchter können Sie Containerrosen direkt kaufen oder wurzelnackte Rosen vorbestellen und sich in den angegliederten Rosenschaugärten umsehen. Der große Vorteil: Sie sehen, was Sie bekommen, und können Farbe, Duft und Wuchsform selbst beurteilen. Kompetente Beratung ist meistens inklusive. Es lohnt sich, auf Reisen einen kleinen Umweg zu machen, um direkt bei einem Züchter vorbeizuschauen. Auch auf Gartenmessen und Rosenfestivals können Sie in angenehmer Atmosphäre blühende Rosen in Containern auswählen und kaufen. Für diesen besonderen Anlass suchen Züchter und Händler oft ihre besten Exemplare aus. Über die Termine informieren im Frühjahr regelmäßig die Gartenzeitschriften.

➤ **Versand:** Rosengärtnereien liefern in der Regel gute Qualität, und sie haben ein großes Angebot. Dort finden Sie die gewünschten Rosen in der Regel leichter. Oft können Sie sich sogar telefonisch beraten lassen.

➤ *Praxisinfo*

SO WERDEN ROSEN ANGEBOTEN

Im Frühjahr und Herbst: wurzelnackt
- ✗ unverpackt
- ✗ folienverpackt
- ✗ wurzelballiert

Ganzjährig:
- ✗ als Containerpflanzen

Wurzelnackte Rose 1

Die gut verzweigte Rose mit frischgrüner Rinde und kräftigem Wurzelwerk garantiert gutes Wachstum.

Gesunde Containerrose 2

Der Ballen ist stabil, d.h. er fällt nicht auseinander und ist gut durchwurzelt, untere Wurzeln etwas auflockern.

Schlechte Containerrose 3

Um den Ballen gewickelte Wurzeln vorsichtig ablösen, etwas zurückschneiden, im Pflanzloch ausbreiten.

Gute Qualität schenkt dauerhaft Freude

Gesunde Rosen sind schöner und widerstandsfähiger. Je besser die Qualität der Rosen beim Kauf ist, desto besser werden sie sich entwickeln. Diese Angebotsformen gibt es:

➤ **Wurzelnackte Rosen:** Achten Sie auf grüne Triebe und glatte Rinde. Die Rose darf nicht frühzeitig ausgetrieben sein. **Güteklasse A** muss drei kräftige Triebe haben, zwei sollen direkt aus der Veredelungsstelle wachsen, eine darf kurz darüber abzweigen. **Güteklasse B** hat nur zwei gut entwickelte Triebe. Die Schutzschicht aus Wachs, mit der die Rosen manchmal überzogen sind, brauchen Sie nicht zu entfernen: Sie ist biologisch abbaubar.

➤ **Folienverpackte Rosen:** Die Wurzeln sind feucht eingeschlagen und die Pflanzen in Folienbeuteln verpackt, die vor Trockenschäden schützen. Normalerweise haben sie eine gute Qualität. Sie sollten aber nicht zu lange gelagert sein. Das erkennen Sie an der gerillten, etwas eingeschrumpften Rinde, sie zeigt Trockenheitsschäden an.

➤ **Wurzelballierte Rosen:** Sie sind pflanzfertig balliert und in einer umweltfreundlichen Umhüllung eingewickelt. Sie können und dürfen schon frische Blatttriebe haben. Die Rose wird mitsamt Ballen und Umhüllung eingepflanzt. Der Vorteil: Sie hat bereits Faserwurzeln gebildet und treibt deshalb nach dem Pflanzen schnell aus.

➤ **Containerrosen:** Unabhängig von den Angebotszeiten für wurzelnackte Rosen können sie das ganze Jahr über, ausgenommen in den Frostperioden, gepflanzt werden. Achten Sie auf einen stabilen Ballen, die Rose sollte den Topf gut durchwurzelt haben. Prüfen Sie beim Kauf, ob es sich womöglich um einen »Ladenhüter« handelt: War die Rose schon zu lange im Container, wachsen die Wurzeln aus Platzmangel durch die Abzugslöcher und wickeln sich außerdem um den Ballen herum (→ Abb. 3). Weil dann kein direkter Erdkontakt möglich ist, wird diese Rose schlecht anwachsen. In diesem Fall sollten Sie die Wurzeln vorsichtig lösen, etwas zurückschneiden und im Pflanzloch verteilen. Containerrosen sind teurer als wurzelnackte Rosen, und sie werden oft spontan »mitgenommen«. Es lohnt sich jedoch, wenn Sie langfristiger planen, um genau die Rosen zu bekommen, die für den gewünschten Standort am besten geeignet sind.

➤ *Checkliste*

PRÜFEN SIE DIE QUALITÄT VOR DEM KAUF

✓ Achten Sie darauf, dass die Triebe bei wurzelnackten Rosen glatt und frischgrün sind. Das zeigt, dass sie frisch gerodet sind und nicht zu lange gelagert wurden.

✓ Wählen Sie bevorzugt Pflanzen der Güteklasse A (→ links) mit mindestens drei kräftigen Trieben.

✓ Containerrosen sollten einen stabilen Ballen haben und gut durchwurzelt sein. Die Wurzeln dürfen sich nicht um den Ballen gewickelt haben (→ Abb. 3). Diese Rose wächst nur schlecht an.

Am richtigen Platz: Was Rosen sich wünschen

• • • Ein luftiger Standort, Sonne und ein gut durchlüfteter, humoser Boden sind ideale Grundlagen für gutes Wachstum.

Der beste Standort für Rosen ist nicht zu heiß, nicht zu trocken und nicht zu nass. Je besser der Standort, desto weniger Pflege müssen Sie aufwenden. Es gibt aber Rosen mit besonderen Eigenschaften (→ Seite 52–57), die auch an weniger günstigen Plätzen gedeihen.

Grundbedürfnisse

Alle öfterblühenden Rosen sind etwas anspruchsvoller als einmalblühende. Um gesund zu wachsen und zu gedeihen, brauchen sie einen optimalen Standort und ein günstiges Kleinklima. Was heißt das?

➤ **Luft und Licht:** Am wichtigsten ist ein warmer, sonniger Platz mit mindestens vier bis fünf Stunden Sonne pro Tag. Er soll vor starken Winden geschützt sein, aber die Luft muss zirkulieren können, denn Standorte mit Stauwärme fördern Schädlingsbefall und Krankheiten. Ein kleines Lüftchen sollte also wehen, aber eine zugige Ecke ist nicht geeignet.

➤ **Lage:** Südost- und Südwestlagen eignen sich besonders gut. Reine Südlagen, z. B. direkt vor einer weißen Wand, können zu Blatt- und Blütenverbrennungen führen. Sogar für Nordlagen gibt es »Spezialisten« unter den Rosen.

➤ **Boden:** Der ideale Boden ist tiefgründig, lehmig-humos, mit Sandanteilen und gutem Wasserabzug. Weniger geeignete Böden können Sie verbessern (→ Seite 60). Oder Sie pflanzen dort Sorten, die mit den speziellen

• • •

1 *'ASPIRIN'*
Robuste, blühfreudige Bodendeckerrose mit dem ADR-Siegel von 1995, auch als Stammrose schön.

2 *'POSTILLION'*
Strauchrose mit dem ADR-Siegel von 1996. Gelbe Rosen sind nicht so resistent wie rosa blühende Sorten.

3 *'BAD BIRNBACH'*
Beetrose mit dem ADR-Siegel von 2000. Wählen Sie bevorzugt die meist gesünderen neuesten Züchtungen.

4 *'CHARMANT'*
Bodendeckerrose mit dem ADR-Siegel von 2004 und mit guter Resistenz gegen Krankheiten.

'Flammentanz', eine ältere ADR-Rose von 1952, hat sich ihre gute Resistenz bis heute bewahrt.

Bodenverhältnissen zurechtkommen (→ Seite 54). Was aber keine Rose verträgt, sind verdichtete Tonböden: Sie kann dort ihre Wurzeln nicht in die Tiefe schicken. Der pH-Wert sollte im leicht sauren Bereich von 6 bis 6,5 liegen. Mit einem Bodenanalyse-Set aus dem Fachhandel können Sie das leicht feststellen.

➤ **Platz:** Suchen Sie möglichst einen Platz, auf dem vorher keine Rosen standen. Sonst laufen Sie Gefahr, dass durch die so genannte Bodenmüdigkeit (Nachbaukrankheit), die noch nicht ganz erforscht ist, Ihre Rosen nur Kümmerwuchs zeigen (→ Seite 182). Abhilfe schafft hier ein großzügiger Bodenaustausch bis in eine Tiefe von 50 cm oder eine Behandlung mit einem Bodenaktivator (→ Seite 67).

➤ **Platzbedarf:** Achten Sie auf ausreichende Abstände untereinander (→ Praxisinfo) und zu anderen Pflanzen. Angaben über Höhe und Breite in Büchern oder Katalogen sind immer nur Mittelwerte. Im Sandboden bleiben Rosen niedriger, in lehmigen Böden können sie deutlich höher werden, als angegeben. Bei einem neuen Beet sollten Sie nicht zu dicht pflanzen. Wenn zwischen den frisch gepflanzten Rosen noch viel Platz ist, setzen Sie stattdessen Sommerblumen und Dahlien in die Lücken.

➤ **Planung:** Vorausschauende Planung hilft, die Standortbedingungen optimal zu nutzen. Zur Pflanzzeit im Frühling sieht ein Garten immer größer aus, als er ist. Das verführt dazu, mit zu engen Abständen zu pflanzen. Markieren Sie im Sommer den künftigen Platz für Ihre Rosen und beobachten Sie über einen längeren Zeitraum die Umweltbedingungen wie Sonnenscheindauer oder Schattenwurf.

Erste Wahl: robuste und gesunde Rosen

Auch unter weniger idealen Bedingungen können Rosen noch gut gedeihen. Wählen Sie vor allem für diese Plätze nur robuste Sorten. Dazu gehören die ADR-Rosen.

➤ **Rosen mit ADR-Prädikat:** Mit diesem Gütesiegel ausgezeichnet werden Rosenzüchtungen, die sich über drei Jahre in elf verschiedenen Prüfungsgärten ohne Verwendung von chemischen Spritzmitteln bewährt haben. Bei der endgültigen Beurteilung spielen Gesundheit, Reichblütigkeit und Duft eine wichtige Rolle. Einer Rose wird das Gütesiegel auch wieder aberkannt, falls sie ihre guten Eigenschaften verliert – was durchaus möglich ist, z. B. kann die Resistenz gegen Pilzkrankheiten nach einiger Zeit nachlassen. Einige nur durchschnittlich widerstandsfähige ältere Sorten werden trotzdem weiterhin in den ADR-Verzeichnissen geführt, da sie wegen ihrer Blütenwirkung unverzichtbar sind.

➤ **Rosen ohne ADR-Prädikat:** Unter den nicht geprüften Rosen – ob es nun alte oder neue Sorten sind – finden Sie natürlich auch viele robuste Schönheiten, z. B. die unverwüstliche Strauchrose 'Mozart', die Beetros 'The Fairy' und die öfterblühende Ramblerrose 'Ghislaine de Féligonde'. Zu den robusten Rosen gehören insbesondere viele einmalblühende Alte Rosen, alle Rugosarosen (die keine Krankheiten bekommen, sogar von Blattläusen werden sie gemieden!) und die einmalblühenden Ramblerrosen. Sie sind ausgesprochen genügsam und blühen trotzdem jedes Jahr besonders üppig. Achten Sie im Porträtteil auf die mit dem Symbol ✿ bezeichneten pflegeleichten Rosen.

➤ *Praxisinfo*

DER RICHTIGE PFLANZABSTAND

Pflanzen Sie Rosen nicht zu dicht, das fördert den Befall mit Sternrußtau. Breitwüchsige Sorten benötigen einen größeren Abstand als schlanke, hoch wachsende. Das Pflanzenwachstum und damit sinnvolle Abstände sind auch abhängig von den Klima- und Bodenverhältnissen.

Als Faustregeln gelten:

- ✗ Miniaturrosen: 30–40 cm
- ✗ Beetrosen: 40–50 cm
- ✗ Strauchrosen 1–2,5 m je nach Höhe, d.h. der Abstand sollte etwa so groß sein, wie die Rose hoch wird
- ✗ Kletterrosen an der Wand oder am Zaun: 2–4 m, je nach Wuchshöhe und -breite
- ✗ Bodendeckerrosen: 40–150 cm
- ✗ Rosen für Hecken: 80–100 cm

1 'FRÜHLINGSGOLD'
gehört zu der schon im Mai blühenden Serie der Frühlingsrosen von Kordes, sie remontiert etwas.

2 'VEILCHENBLAU'
Der reizvolle, sehr wüchsige Rambler in einer ganz besonderen Farbe blüht Anfang Juni.

3 'ANGELA'
zählt zu den dauerblühenden, besonders robusten Strauchrosen.

4 'RED NELLY'
blüht wie alle Bibernellrosen schon im Mai.

Rosenträume von Mai bis November

Blütenreigen ohne Pause – mit der richtigen Kombination aus Spät- und Frühblühern gelingt er Ihnen garantiert.

ROSENBLÜTE IM JUNI, und darüber hinaus gibt es nicht viel? Wenn Sie bei der Auswahl der Rosen auf die unterschiedlichen Blühzeiten achten, blüht es auch außerhalb des Rosenmonats noch üppig. Die Mischung macht's: Wählen Sie früh im Mai blühende, einmalblühende, dauerblühende und spät blühende Rosen. So können Sie vom Mai bis zum Frost den Zauber der Rosen genießen.

Die Frühaufsteher der Saison

Die Klassiker unter den früh blühenden Strauchrosen tragen das Wort schon im Namen, z. B. 'Frühlingsanfang', 'Frühlingsduft', 'Frühlingsgold' und die etwas zierlichere 'Frühlingsmorgen'. Der Züchter Kordes brachte sie Mitte des vergangenen Jahrhunderts unter dem Namen »Frühlingsrosen« heraus. Als Eltern wählte er anspruchslose Hybriden der Bibernellrose (*Rosa pimpinellifolia*) und Edelrosen. Sie alle haben eine außergewöhnliche Frosthärte und sind robust und pflegeleicht. In Gärten findet man sie seltener, dafür häufiger in Parks und öffentlichen Anlagen. Im Mai ziehen sie alle Blicke auf sich. Als Highlight für größere und naturnahe Gärten beeindrucken sie mit ihrer wildrosenhaften Anmut. Ich kombiniere sie am liebsten mit

öfterblühenden Rosen. In die manchmal etwas schütter wirkenden Frühlingssträucher können Sie mit spät blühender Clematis, wie z. B. die in ihren Bodenansprüchen genauso anspruchslose himmelblaue 'Perle d'Azur', lebendige Akzente setzen.
Auch die bei uns heimische Wildform *Rosa pimpinellifolia* blüht schon im Mai. Ihr deutscher Name ist Dünenrose, weil sie sogar auf armen und sandigen Böden gut gedeiht. Sie wächst aber auch auf allen anderen Standorten, solange diese sonnig, basisch und nicht zu nass sind. Die Zimt- oder Mairose (*Rosa majalis*), die Chinesische Goldrose (*Rosa hugonis*) und die Kartoffelrose (*Rosa rugosa*) in verschiedenen Spielarten sowie einige Strauch- und Kletterrosen gehören ebenfalls zu den Frühstartern (→ Porträts ab Seite 84).
Wenn Sie jedoch die duftende Blütenfülle Alter Rosen bevorzugen, werden Sie auch in dieser Rosenklasse fündig: Als Erste blühen Bourbonrosen und China-Hybriden, dann folgen die Gallicarosen (*Rosa gallica*) und alle anderen. Da viele mehrere Wochen lang blühen, überschneiden sich die Blütezeiten mit denen der öfterblühenden Rosen. Daran sollten Sie bei der Farbkomposition denken.

Die Strauchrose 'Frühlingsduft' überwältigt mit duftender Blütenfülle.

Ausdauernd bis zum Frost

Dauerblühende Rosen sind beliebte Farbgeber in Beeten. Ihre Büte beginnt ab Juni. Wählen Sie bevorzugt diejenigen aus, die als »dauerblühend« oder »durchblühend« gekennzeichnet sind. Nehmen Sie das Wort »dauerblühend« aber nicht zu wörtlich – diese Rosen können durchaus kurz pausieren, sind aber selten länger als eine Woche ohne Blüten. Gute Erfahrungen habe ich gemacht mit den Beetrosen 'Heidetraum', 'Leonardo da Vinci' und 'The Fairy' sowie mit den Strauchrosen 'Mozart', 'Schneewittchen' und 'Rosarium Uetersen'. Öfterblühend heißt, das die Rose mehrmals in Schüben blüht, mit deutlichen, auch längeren Pausen. Der Begriff »remontierend« (→ auch **Remontantrosen,** Seite 127) bezeichnet eine stärkere Hauptblüte mit geringerer, manchmal auch nur vereinzelter Nachblüte.

Blühpausen füllen und Blühkraft fördern

Gute Lückenfüller finden Sie unter den erst spät im Jahr blühenden Rosen. Dazu gehören die einmalblühenden Kletterrosen 'Bleu Magenta', 'Heidekönigin' und 'Francis E. Lester' (→ Abb. Seite 154), die öfterblühende 'Super Exselsa' und die beliebte 'Edenrose 85', die alle erst Ende Juni mit der Blüte beginnen. Wann genau die einzelnen Rosen wirklich zu blühen anfangen, hängt natürlich auch von den jeweiligen klimatischen Bedingungen des Jahres ab. Neben der Auswahl können Sie mit den richtigen Pflege- und Schnittmaßnahmen die Blühwilligkeit und die Blütenfülle beeinflussen. So bewirkt ein starker Rückschnitt bei Beetrosen einen späteren Austrieb (→ Seite 76 f.). Mit Düngegaben zur richtigen Zeit (→ Seite 62) und ausreichend Wasser (→ Seite 63) können Sie die Blütenfülle noch weiter steigern.

➤ *Checkliste*

FRÜHBLÜHENDE ROSEN

Diese Sorten erblühen bereits im Mai:

✓ **Strauchrosen:**
'Aicha'
'Frühlingsmorgen'
'Leda'
'Maigold'
'Marguerite Hilling'
'Mutabilis'
'Nevada'
'Stanwell Perpetual'

✓ **Wildrosen und Wildrosen-Hybriden:**
Rosa hugonis
Rosa majalis
Rosa moyesii
Rosa pimpinellifolia
Rosa pimpinellifolia 'Red Nelly'
Rosa rugosa
Rosa sericea fo. *pteracantha*

✓ **Kletterrosen:**
'Gloire de Dijon'
'Maréchal Niel'

Achten Sie auch auf die Hinweise in den einzelnen Porträts ab Seite 90!

Gut angepasst an Regen, Frost und arme Böden

Suchen Sie gezielt Rosensorten für spezielle Standorte aus. Dann wird Ihr Garten von alleine pflegeleicht.

Möchten Sie gerne einen schönen Rosengarten ohne viel Aufwand und Pflege? Dann stimmen Sie alle Pflanzen genau auf die vorhandenen Bedingungen ab. Robust und pflegeleicht sind Rosen immer dann, wenn sie an dem Standort stehen, an den sie am besten angepasst sind. An den falschen Platz gepflanzte Rosen können zwar existieren, aber nie zu ihrer besten Form finden. Wenn Sie nicht ständig den Boden verbessern wollen, dann pflanzen Sie standortgerecht. Das schränkt natürlich die Auswahl ein – doch Sie werden schnell merken: Das ist eher befreiend, denn die fast unüberschaubare Vielzahl der Möglichkeiten wird auf ein angenehmes Maß reduziert. So ist die Wahl sehr viel einfacher. Die Natur kennt den Unterschied zwischen »richtigen« und »falschen« Standorten nicht. Ob nährstoffarme oder nährstoffreiche Böden: Für alle Fälle gibt es die passenden Pflanzen.

Gärtnern mit der Natur

Mit der Natur zu arbeiten ist einfacher, als ständig gegen sie anzukämpfen. Ich habe die Erfahrung gemacht, dass in meinem lehmig-tonigen Boden alle Multiflora-Hybriden ohne jede Aufmerksamkeit sehr gut wachsen und gesund bleiben. Auch die Moschata-Hybriden

Moderne Beetrosen mit festen Blütenblättern sind regenfester als Alte Rosen, die sich leicht zusammenballen.

Verträgt Halbschatten und ist regenfest: die Edelrose 'Ingrid Bergman'.

gedeihen und blühen überreich. Jeder Garten hat seine eigenen Bedingungen, die sogar innerhalb des Gartens ganz unterschiedlich sein können.
Hilfreich ist es, wenn Sie sich die Abstammung der Rosen, ihre Vorfahren und die Eltern ansehen. Wenn eine Rose bei Ihnen besonders gut wächst und gesund ist, dann ist ein Versuch mit einer anderen aus dieser Züchtungslinie vielleicht erfolgversprechend.

Rosen für extreme Böden

Ungeeignete Standorte sind eine Herausforderung. Wer sie aufgreift, wird mit einem stimmungsvollen Gartenbild belohnt, das wie natürlich gewachsen aussieht.
➤ **Für leichte, sandige Böden** eignen sich die Kartoffelrose (*Rosa rugosa*) und die Bibernellrose (*Rosa pimpinellifolia*) und ihre jeweiligen Hybriden. Rugosarosen gehören zu den widerstandsfähigsten Rosen überhaupt. Die frostharten Bibernellrosen wachsen am natürlichen Standort auf extrem felsigen und sandigen Böden und kommen mit geringen Wassermengen aus. Auch ihre Hybriden haben diese guten Eigenschaften geerbt.
➤ **Für tonig-lehmige Böden** eignen sich die Filzrose (*Rosa tomentella*), die Hundsrose (*Rosa canina*), die Vielblütige Rose (*Rosa multiflora*), die Kriechende Rose (*Rosa arvensis*) und die verschiedenen Gartenformen der Essigrose (*Rosa gallica*) besonders gut. Viele Rambler haben eine Multiflora- oder Arvensis-Abstammung, die für gutes Gedeihen garantiert. Auf reinen Tonböden wachsen aber auch sie nicht mehr.

Regenfeste und frostharte Rosen

Wenn Sie in einem regenreichen oder stark frostgefährdeten Gebiet leben, können Sie den extremen Klimaverhältnissen mit gut angepassten Pflanzen trotzen:
➤ **In frostgefährdeten Gebieten** sollten Sie hauptsächlich frostharte Rosen pflanzen, wenn Sie den Aufwand für den Winterschutz scheuen. Dazu gehören viele einmalblühende Strauch- und Kletterrosen. Da bei ihnen die Blüte schon früh beendet ist, kann das Holz gut ausgereift in den Winter gehen und ist deshalb weniger gefährdet. Achten Sie im Porträtteil auf das ❄ als Kennzeichnung für eine gute Frosthärte.
Durch die richtige Pflege (→ Seite 58–69) kann die Froststabilität der Rose verstärkt werden. An einem geschützten Standort können Sie es aber auch mit weniger robusten Rosen versuchen. Wenn die Veredelungsstelle dadurch geschützt ist, dass die Rose tief genug eingepflanzt wurde, treibt selbst eine bis zum Boden heruntergefrorene Rose wieder aus. Sie erreicht dann allerdings nie die Höhe wie in wärmeren Teilen Deutschlands.
➤ **In regenreichen Gebieten** leiden dicht gefüllte Rosenblüten sehr unter den oft starken Regenfällen. Ziehen Sie in diesem Fall einfache und halb gefüllte Rosen den stärker gefüllten vor. Weniger geeignet sind auch weiß blühende Sorten, die sich bei zu viel Luftfeuchtigkeit bräunlich verfärben können.Weil die Blätter ständig nass bleiben, ist eine gute Resistenz gegen Sternrußtau wichtig.

➤ *Checkliste*

ROSEN FÜR PROBLEMSTANDORTE

✓ **Regenfeste Sorten:**
'Arioso'
'Colette'
'Flammentanz'
'Ghislaine de Féligonde'
'Heidekönigin'
'Leonardo da Vinci'
'Penelope'
'Westerland'

✓ **Frostharte Sorten:**
'Bonica'
'Flammentanz'
'Palmengarten Frankfurt'
'Red Nelly'
'Rose de Resht'
'Saremo'
'Super Excelsa'
sowie:
Albarosen
Gallicarosen

✓ **Für den Halbschatten:**
'Bonica'
'Buff Beauty'
'Cornelia'
'Felicia'
'Lichtkönigin Lucia'
'Madame Hardy'
'Reine de Violettes'
'The Fairy'
'Tuscany Superb'
Rosa moyesii 'Geranium'
sowie:
Albarosen

Weitere Sorten finden Sie im Porträtteil ab Seite 84.

Rosen bringen Licht ins Dunkle

Auch für Nordlagen und einen Platz unter Bäumen gibt es »Spezialisten«, die dunkle Ecken mit einem Blütenschleier überziehen.

Weiß blühende Rambler klettern hoch hinaus und hellen dunkle Gartenpartien auf.

Vom schattigen Waldrand ans Licht zu kommen ist bei Rosen am Naturstandort das einzige Ziel. So hangeln sie sich mit ihren Stacheln durch das Unterholz in die Bäume hinein und lassen ihre mit Blüten besetzten Triebe kaskadenähnlich herabfallen. Dank dieser Fähigkeit können noch die langweiligsten Gartenpartien mit Rosen aufgehellt werden.

Eine Frage der Lichtmenge

➤ Rosen wachsen noch in **halbschattigen Lagen,** wenn sie dort vier bis fünf Stunden Sonne am Tag bekommen. Die Blütenfülle ist allerdings geringer als in der vollen Sonne. Rosen mit dunkelroten oder tiefvioletten Blüten bevorzugen diese Plätze sogar, denn dunkle Blüten absorbieren die Sonnenstrahlen stärker als helle und verbrennen daher leicht. Besonders von 12 bis 16 Uhr sind sie dankbar für Schatten. Zu viel Sonne schadet auch Blüten, die schnell verblassen. Die Moschatarosen 'Buff Beauty' und 'Felicia' behalten ihre klaren Farben im Wanderschatten viel besser als in der vollen Sonne. Dort bleichen die Blüten oft aus. Auch Alba-, Moos- und Bourbonrosen vertragen leichten Schatten. Im Halbschatten werden alle Rosen höher als in der Sonne, weil sie zum Licht streben. Sie können dann wie kleine Kletterrosen eingesetzt werden.

➤ Selbst für **Nordlagen** lassen sich noch Rosen finden. Auf der Nordseite von Gebäuden und Mauern wachsen beispielsweise die Kletterrosen 'Veilchenblau', 'Albéric Barbier' und 'New Dawn' erfahrungsgemäß gut. Ein traumhaftes Duo für vier Wochen bilden die zartrosafarbene 'New Dawn' und 'Veilchenblau' mit blauvioletten Blüten, die zu Lila verblassen. Danach blüht 'New Dawn' unermüdlich weiter bis zum Herbst. Wollen Sie dunkle Bereiche aufhellen, geht das natürlich mit Rosen in Zartrosa, Gelb und Weiß am besten. Das bieten z.B. die Strauchrosen 'Madame Hardy', 'Vogelpark Walsrode' und 'Frühlingsgold'. Wenn Sie dagegen kräftig leuchtende Farben bevorzugen, wählen Sie 'Lichtkönigin Lucia' in Goldgelb oder 'Rosarium Uetersen' in Rosarot. Beide Sorten blühen überaus reich.

Junge Blüten für alte Bäume

Auch in einem gut gefüllten Garten gibt es immer noch Plätze für Rambler, die mit ihrer Blütenfülle dunkle Winkel verzaubern. Diese äußerst widerstandsfähigen Rosen können in Obstbäume ranken, um sie nach der Frühlingsblüte noch einmal zu schmücken. Wenn Sie einen alten Obstbaum Ihr Eigen nennen, der nicht mehr ausreichend trägt, aber erhalten bleiben soll, ist er dafür ideal. Vorausgesetzt, er ist standfest und hat einen Stammdurchmesser von mindestens 30 bis 40 cm: Bäume für Rambler müssen stabil genug sein, um die zum Teil meterhohe Last der Blütenberge tragen zu können.

➤ Setzen Sie die Rose mindestens einen Meter vom Stamm entfernt auf die Nordseite, damit die Triebe zum Licht wachsen. Heben Sie die Pflanzgrube möglichst tief aus und achten Sie darauf, dabei die Wurzeln des Baums nicht zu beschädigen.

➤ Damit die Rose in der Anwachsphase ausreichend Nahrung und Wasser hat, wird sie in einen möglichst großen Plastikeimer ohne Boden in humusreiche, mit Kompost angereicherte Erde gesetzt. So kommt sie besser gegen die Konkurrenz der Baumwurzeln an.

➤ Im ersten Jahr regelmäßiges Wässern nicht vergessen! In den Folgejahren sind die Wurzeln so tief in die Erde gewandert, dass sie Nahrung und Wasser ausreichend selbst finden.

Ich habe meine Rambler 'Lykkefund' und 'Paul's Himalayan Musk' allerdings ohne Topf gesetzt. Beide sind wüchsige Himmelsstürmer geworden, obwohl sie höchstens ab und zu ein wenig Kompost erhalten. Diese Rosen vergisst man einfach außerhalb der Blütezeit, und das ist nicht schlimm, denn sie kommen ganz ohne Pflege aus. Schwierig wird es nur, wenn sie eines Tages ausgelichtet werden sollen: Dann fallen riesige Mengen Schnittgut an. Pflanzen Sie diese Mammutrosen deshalb nur, wenn Sie genügend Platz dafür haben, sodass sie keinen oder wenig Schnitt brauchen.

➤ Für große Bäume eignen sich 'Bobby James', 'Paul's Himalayan Musk', 'Lykkefund' und 'Rambling Rektor'.

➤ Für kleine Bäume eignen sich 'Ghislaine de Féligonde', 'Léontine Gervais', 'Guirlande d' Amour', 'Goldfinch' und 'Bolero'.

Alle Rambler können übrigens auch als Bodendecker eingesetzt werden, z. B. an einem Hang. Umgekehrt können Sie Bodendecker auch als Kletterrosen ziehen. Achten Sie auf die Hinweise in den Porträts ab Seite 90.

➤ *Checkliste*

WELCHES LICHT BIETET DER STANDORT?

Bevor Sie sich für eine Rosensorte entscheiden, sollten Sie die Lichtverhältnisse in Ihrem Garten bzw. am gewünschten Standort genau beobachten:

✓ Gibt es bei stark sonnigen Lagen leichten Schatten um die Mittagszeit, damit dunkle Rosen nicht verbrennen und helle nicht zu stark ausbleichen?

✓ Hat der halbschattige Standort mindestens vier Stunden Sonne?

✓ Ist es an der Nordwand hell genug? Gibt es keinen zusätzlichen Schattenwurf, z. B. von einem hohen Baum? Ist das Dach niedrig genug, sodass es bei Sonnenhochstand noch einige Stunden Sonne gibt?

✓ Ist der Baum, an den ein Rambler gesetzt werden soll, luftig genug, sodass die Rose leicht ans Licht gelangen kann?

Fröhliche Farbe und ausgesprochen frohwüchsig: die Ramblerrose 'American Pillar'.

Rosen pflanzen und richtig pflegen

• • • Schenken Sie Ihren Rosen einen besonders guten Start im Garten, indem Sie den Boden gut vorbereiten und mit Sorgfalt pflanzen. Eine ausgewogene Ernährung, ausreichend Wasser und pflanzliche Stärkungsmittel halten die Rosen auch auf Dauer gesund.

Je mehr Tatkraft und Überlegung Sie investieren, umso mehr Freude werden Sie an Ihren Rosen haben. Zu den wichtigsten Arbeiten nach dem Pflanzen gehört regelmäßiges Lockern, damit die Wurzeln ausreichend mit Sauerstoff versorgt werden. Ein lockerer Boden ist die Basis für zügiges Pflanzenwachstum. Nach dem zweiten Standjahr ist die Versorgung mit wichtigen Nährstoffen durch ausgewogene Düngung besonders wichtig. Dann kann sich die Rose optimal entwickeln. Machen Sie Ihre Rosen stark, damit sie mit unseren manchmal sehr wechselhaften Klimabedingungen zurechtkommen. Als Gehölze hungern Rosen darüber hinaus nach regelmäßigen Kaliumgaben, dann gehen sie mit gut ausgereiftem Holz in den Winter (→ Seite 63).
Die beste Umgebung für gutes Gedeihen ist ein abwechslungsreich bepflanzter Garten mit Kräutern und blühenden Blumen, die viele Nützlinge anziehen. Pflanzliche Stärkungsmittel, hergestellt aus Ackerschachtelhalm, Brennnesseln und Beinwell, schützen vor Schädlingen und Krankheiten.
Lesen Sie Ihren Rosen von den Blättern ab, wie es ihnen geht. Haben sie kräftige, sattgrüne Blätter und farbintensive Blüten? Dann sind sie rundum vital und wohlversorgt. Ein Mangel eines Nährstoffs zeigt sich beispielsweise durch hellgelbe Blätter, die Eisenmangel anzeigen, oder durch gelblich grüne Flecken bei Manganmangel. Nicht immer liegt es an den fehlenden Nährstoffen. Störungen im Boden oder Klimastress bei den Pflanzen hindern die Rose daran, das Angebot gut zu verwerten. Dann helfen homöopathische Mittel oder ein Bodenaktivator erstaunlich gut. Pflegen Sie den Boden – dann geht es auch Ihren Rosen gut.

• • •

Schönheit mit langer Lebensdauer: Wer Rosen liebt, dem macht auch die notwendige Pflege Freude. Gönnen Sie Ihren Lieblingen etwas Aufmerksamkeit.

Das Notwendige mit dem Schönen verbinden

Viele Rosenfreunde machen gerne einen täglichen Rundgang durch den Garten, um ihre Lieblinge zu betrachten und zu sehen, wie sie sich entwickeln. Störungen fallen sofort auf und können schnell behoben werden, ehe sie sich zu größeren Problemen auswachsen. Verbinden Sie das Vergnügen, Ihre Rosen zu bewundern, mit kleinen Handgriffen, die Sie ganz nebenbei erledigen: Untersuchen Sie Ihre Rosen auf Schädlingsbefall, zupfen Sie einzelne, von Schadpilzen befallene Blätter ab und entsorgen Sie diese, und beobachten Sie, ob die Rosen von Nachbarpflanzen bedrängt werden. Im Notfall können Sie störende überhängende Äste von benachbarten Gehölzen entfernen, zu stark wuchernde Stauden abstechen oder zurückschneiden. Dann bekommen die Rosen wieder Licht und Luft, die sie notwendig zum Gesundbleiben brauchen. Regelmäßige kleinere Pflegemaßnamen ersetzen einen großen Arbeitseinsatz.Vergessen Sie bei frostempfindlichen Rosen den Winterschutz nicht, damit Sie viele Jahre Freude an Ihren Rosen haben.

• • •

Gut versorgt: Topfrosen sind dankbar für regelmäßige Wasser- und Düngergaben. Dann geht es ihnen genauso gut wie ihren »Schwestern« im Garten.

➤ *Praxis*

Guter Start in ein langes Rosenleben

Bereiten Sie Boden und Rosen für die Pflanzung sorgfältig vor. Bei guten Startbedingungen setzt das Wachstum schnell ein. Wichtig ist dabei die Lockerung des Bodens unter dem Pflanzloch, damit die Wurzeln ungehindert wachsen können.

1 *Pflanzloch ausheben*

Heben Sie mit dem Spaten ein zwei Spaten tiefes und ebenso breites Loch aus.

2 *Erde lockern*

Lockern Sie den Unterboden mit der Grabegabel auf, dabei auf Hindernisse achten.

Pflanzzeit für wurzelnackte Rosen ist im Herbst von Mitte Oktober bis Mitte Dezember und im Frühjahr von Mitte März bis Ende April. Die Herbstpflanzung hat den Vorteil, dass die Rosen im darauf folgenden Jahr früher blühen. Containerrosen kann man ganzjährig auspflanzen, außer in Frostperioden.

Den Boden vorbereiten

Rosen brauchen tiefgründigen, nährstoffreichen Boden, der gut durchlässig ist. Ideal ist ein leicht lehmiger, humoser Boden mit Sandanteilen. Testen Sie die Bodenbeschaffenheit mit der Fingerprobe: Dazu etwas Erde zwischen den Fingern verreiben. Fühlt sie sich rau und körnig an, sind Sandanteile enthalten. Ist sie klebrig, handelt es sich um tonigen Lehmboden. Wichtig ist eine gute Krümelstruktur des Bodens, denn Rosenwurzeln brauchen Luft. Sie wachsen bis zu einem Meter tief in die Erde. Achten Sie darauf, dass es keine Hindernisse wie Bauschutt oder eine undurchdringliche Tonschicht im Rosenbeet gibt. Verbessern Sie die Bodenbeschaffenheit

➤ bei leichten Böden (Sandböden) mit Kompost, abgelagertem Mist und Gesteinsmehl;

➤ bei schweren Böden (tonhaltigen Lehmböden) mit grobem Rheinsand (Baustoffhandel) ohne Feinanteile.

Mit Fingerspitzengefühl

Pflanzen Sie wurzelnackte Rosen so bald wie möglich nach dem Kauf.

➤ Nehmen Sie die Rosen aus der Verpackung und wässern Sie sie ein bis zwei Stunden lang, höchstens jedoch acht Stunden. Dabei die ganze Pflanze unter Wasser legen. Nicht offen liegen lassen, damit die Wurzeln nicht austrocknen.

➤ Kürzen Sie die Wurzeln etwas ein, dann bilden sich an den Schnittstellen neue Faserwurzeln. Schneiden Sie verletzte Wurzeln und Zweige zurück. Bei der Herbstpflanzung werden die Triebe nicht zurückgeschnitten, sondern erst im Frühjahr auf 10–15 cm gekürzt.

➤ Heben Sie die Erde zwei Spaten tief und ebenso breit aus (→ Abb. 1). Die Wurzeln sollen bequem im Pflanzloch Platz finden. Lockern Sie den Unterboden mit einer Grabegabel (→ Abb. 2).

➤ Mischen Sie den Aushub mit bis zu einem Drittel gereiftem Kompost oder abgelagertem Mist. Bei schweren Böden noch groben Sand zugeben. Füllen Sie einen Teil davon in die Pflanzgrube.

➤ Breiten Sie die Wurzeln locker im Pflanzloch aus, dabei dürfen sie nicht geknickt oder verbogen werden. Die Veredelungsstelle der Rose, erkennbar als Verdickung direkt am Wurzelhals, soll sich bei Beetrosen 5 cm und bei Strauch- und Kletterrosen 10 cm unterhalb der Oberfläche befinden.

➤ Die Erdmischung einfüllen (→ Abb. 4). Halten Sie die Rose am Wurzelhals fest und rütteln Sie sie vorsichtig, damit die Erde überall zwischen die Wurzeln gelangt. Danach die Erde vorsichtig festtreten und mit einer Gießkanne ohne Brause gründlich mit Wasser einschlämmen (→ Abb. 5).

➤ Verteilen Sie die restliche Erde und häufeln Sie die Rose 20 cm hoch an, auch im Frühjahr. Das schützt vor Frost und verhindert das Austrocknen.

➤ Gießen Sie bei Trockenheit einmal wöchentlich, bis die Rose ausreichend Wurzeln entwickelt hat. Nicht öfter, sonst bilden sich die Wurzeln direkt unter der Oberfläche und gehen nicht in die Tiefe!

➤ Im darauf folgenden Frühjahr verteilen Sie die angehäufelte Erde um die Rose. Im Jahr der Pflanzung erhalten die Rosen noch keinen Dünger, erst ab dem zweiten Standjahr (→ Seite 62 f.).

Aus dem Container ins Beet

Containerrosen werden ähnlich gepflanzt wie wurzelnackte Rosen. Tauchen Sie den Topf vorher unter Wasser, bis keine Blasen mehr aufsteigen. Die Pflanze vorsichtig aus dem Topf nehmen und die Wurzeln, die um den Ballen wachsen, auflockern, etwas einkürzen und nach unten ziehen. Setzen Sie die Rose etwas tiefer, als sie vorher im Topf gestanden hat, damit sich die Veredelungsstelle auf jeden Fall tief genug in der Erde befindet. Wenn Sie ältere, eingewachsene **Rosen umpflanzen** wollen, behandeln Sie sie wie wurzelnackte Rosen: Wurzeln so tief wie möglich ausgraben, Triebe zurückschneiden, neu einpflanzen und anhäufeln.

Im Topf und am Gerüst

➤ Bringen Sie vor dem Pflanzen einer **Kletterrose** erst die Kletterhilfe an. Der Abstand zu einer Wand sollte im Idealfall 30 bis 50 cm betragen. Setzen Sie die Rose so ein, dass die Wurzeln von der Wand weg weisen.

➤ Wenn Sie **Stammrosen** pflanzen, setzen Sie den Stützpfahl gleich dazu. Er sollte 10 cm in die Krone hineinragen und gut in der Erde verankert sein. Verbinden Sie Stamm und Stützpfahl locker in Form einer Acht mit einem elastischen Material, z. B. mit weichem, kunstoffummanteltem Bindedraht.

➤ **Rosen in Töpfen** erhalten eine Drainageschicht aus Tonscherben über den Abzugslöchern, damit sie nicht verstopfen. Darüber füllt man 10 cm hoch Blähton oder Kieselsteine. Verwenden Sie zum Pflanzen am besten spezielle Rosenerde. Nach drei Jahren sollte die Erde komplett ausgewechselt werden, dabei Wurzeln und Triebe zurückschneiden. Verwenden Sie möglichst 70 cm tiefe Gefäße, um den tief wurzelnden Rosen genug Raum zu geben.

➤ *Praxisinfo*

ROSEN IN BEETE PFLANZEN

Zeitbedarf:
✗ 20 Minuten pro Rose

Material:
für die Erdmischung:

✗ Kompost oder abgelagerter Mist
✗ Gesteinsmehl bei leichten Böden
✗ grober Sand bei schweren Böden

Werkzeug, Zubehör:
✗ Rankhilfe oder Stützstab
✗ Rosenschere
✗ Grabegabel
✗ Spaten
✗ Schubkarre
✗ Gießkanne ohne Brauseaufsatz

3 *Rose einsetzen*
Die Veredelungsstelle kommt 5–10 cm tief in die Erde, auch bei Containerrosen.

4 *Einpflanzen*
Aushub mit den Zusatzstoffen vermischen, verteilen und die Erde vorsichtig festtreten.

5 *Angießen*
Wässern Sie mit der Gießkanne durchdringend; bei Frühjahrs- und Herbstpflanzung anhäufeln.

➤ *Praxis*

Gut versorgt: düngen, gießen, mulchen

• • • Tun Sie Ihren Rosen regelmäßig etwas Gutes. Ausgewogene Ernährung und gute Wasserversorgung danken sie Ihnen mit Gesundheit und reicher Blüte. Dabei heißt die Devise: so viel wie nötig und so wenig wie möglich. Denn ein Zuviel begünstigt Krankheitserreger.

DÜNGEN SIE MASSVOLL und stärken Sie damit die Abwehrkräfte Ihrer Rosen. Die wichtigsten Nährstoffe sind Stickstoff (N), Phosphor (P), Kalium (K), Kalzium (Ca) und Magnesium (Mg), daneben Spurenelemente, unter anderem Mangan, Bor, Zink, Kupfer und Eisen. Ob Sie organisch düngen oder mineralisch, ist Ansichtssache. Sie können auch beides kombinieren oder von Jahr zu Jahr wechseln.

➤ Organische Dünger sind Hornspäne (→ Abb. 2), Kompost und Mist. Sie sind stickstoffreich und für eine langfristige Grunddüngung geeignet, denn die Bodenlebewesen bauen das Material langsam ab und setzen die Nährstoffe nach und nach frei. Damit diese den Rosen rechtzeitig beim Austrieb im Frühjahr zur Verfügung stehen, werden abgelagerter Kompost und Mist schon im späten Herbst ausgebracht, Hornspäne bis Ende Februar. Eine Mist- oder Kompostgabe genügt alle zwei bis drei Jahre. Verteilen Sie den Kompost ungefähr 3–5 cm hoch um die Rosen und harken Sie ihn ein.

1 *Rosendünger zur Grundversorgung*

Bringen Sie ihn im Frühjahr und Ende Juni bis Mitte Juli aus und harken Sie ihn ein. Nach dem 15. Juli nicht mehr düngen.

2 *Organischer Dünger wirkt langfristig*

Bringen Sie Mist, Kompost und Hornspäne bis Ende Februar aus, dann sind die Nährstoffe rechtzeitig verfügbar.

➤ Mineralische Dünger sind chemisch hergestellt. Die Nährstoffe werden von den Pflanzen schnell aufgenommen. Auf Dauer hemmen sie allerdings das Bodenleben.
➤ Mineralisch-organische Dünger werden als Rosendünger im Handel angeboten. Wichtig ist, dass Rosendünger nicht mehr als 7–9 % Stickstoff enthält, denn zu viel Stickstoff treibt die Pflanzen zu stark an.
➤ Langzeitdünger versorgt die Rosen vier Monate lang mit Nährstoffen. Er ist ideal für Topfrosen, die ihren »Futtervorrat« schneller aufbrauchen als Rosen in freier Erde.
➤ Flüssigdünger sind konzentrierte mineralische Dünger, die sich zum schnellen Einsatz bei Mangelerscheinungen eignen (→ Seite 70).

Wann und wie oft düngen?

Wenn Sie wenig Zeit haben, ist ein Langzeitdünger, der die Nährstoffe kontinuierlich in kleinen Mengen abgibt, praktisch. Dann brauchen Sie nur ein Mal im Frühjahr zu düngen. Ansonsten bringen Sie Rosendünger im zeitigen Frühjahr und bei öfterblühenden Rosen noch einmal im Juni aus. Ab Mitte Juli wird nicht mehr gedüngt, damit die Triebe ausreifen können. Zusätzlich können Sie die Triebreife durch Kaliumgaben fördern (→ Abb. 3), z. B. mit Patentkali (= Kalimagnesium, Gartenfachhandel). Geben Sie Anfang April und Anfang August jeweils 30 g pro m². Harken Sie alle Dünger immer gut in den Boden ein.

Wasser, Luft und Mulch

Als Tiefwurzler können sich Rosen gut selbst mit Wasser versorgen. Nur bei anhaltender Trockenheit oder bei frisch gepflanzten Rosen müssen Sie gießen, Topfrosen natürlich öfter. Wässern Sie nicht häufig, sondern lieber einmal alle 14 Tage und dann kräftig. 20–30 l pro m² sollten es schon sein. Achten Sie darauf, dabei die Blätter nicht zu benetzen, denn dies fördert Pilzkrankheiten. Nach dem Gießen immer den Boden oberflächlich lockern, das fördert den Luftaustausch.
Rosen stehen besser im offenen Boden, wie die Erfahrung zeigt. Wenn Sie ein Beet mit Rindenmulch abdecken, sparen Sie den Boden rings um die Rose aus (→ Abb. 4), damit Sie Dünger ausbringen können und das Lockern und Hacken nicht erschwert wird. Außerdem vertragen Rosen Rindenmulch nicht gut. Wenn Sie aber auf Mulch nicht verzichten wollen, ist Pinienrinde die bessere Variante.

➤ *Praxisinfo*

ROSEN DÜNGEN

Zeitbedarf:
✗ 5–10 Minuten pro Rose

Material:
✗ Rosendünger
✗ Hornspäne
✗ Kalimagnesium
✗ reifer Kompost oder abgelagerter Mist

Werkzeug, Zubehör:
✗ Schaufel
✗ Schubkarre
✗ Messgefäß zum genauen Abmessen des Düngers (nach Herstellerangaben)
✗ Harke zum Einarbeiten
✗ Gießkanne zum Wässern (Alternative: Dünger kurz vor einem Regen ausbringen)

3 *Kalimagnesium für die Frosthärte*
Streuen Sie Anfang April und Anfang August jeweils 30 g pro m² aus und harken Sie es gut ein.

4 *Mulchdecke ausbringen*
Lassen Sie den Boden rings um die Rose frei, damit Sie notwendige Pflegearbeiten durchführen können.

➤ *Praxis*

Gut durch den Winter

• • • Schon beim Kauf und bei der Pflege beginnt der Winterschutz für Ihre Rosen: Wenn Sie frostharte Arten und Sorten wählen und Ihre Rosen mit vorbeugenden Maßnahmen verwöhnen, haben sie den Winter schon halb überstanden.

DER BESTE WINTERSCHUTZ liegt in der richtigen Sortenwahl (→ Seite 54 f.). Gerade in rauen Gebieten sollten Sie das an erster Stelle berücksichtigen. Nicht zuletzt sparen Sie sich dadurch viel Arbeit mit dem Ein- und Auspacken, denn frostharte Rosen brauchen keinerlei Schutz. Auch die Wahl des richtigen Standorts beeinflusst die Winterfestigkeit. Erst an letzter Stelle steht die wintergerechte Verpackung.

Vorbeugen ist besser

➤ **Schützen:** Schon beim Pflanzen beginnt der Winterschutz. Wenn Sie die Veredelungsstelle tief genug – mindestens 5 cm tief – in die Erde bringen, kann ihr der Frost nichts anhaben. Selbst wenn die oberirdischen Triebe abfrieren, bleibt eine Reserve an Triebknospen erhalten, die so genannten »schlafenden Augen«. Deshalb brauchen Sie die so gepflanzten Rosen im Winter nicht anzuhäufeln. Lediglich frostempfindliche Rosen sollten Sie vorsichtshalber 20–30 cm hoch mit Erde aufschütten.

➤ **Vermeiden:** Gefährlich ist im Winter ein Standort, an dem die Rosen zu früh austreiben, wie vor einer weißen Südwand. Bei Spätfrösten erfrieren dann die jungen, zarten Blätter und Triebe. Vermeiden Sie alles, was die Rose zum Wachsen und Treiben anregt. In gefährdeten Gebieten kann das sogar heißen, dass Sie nur eine einzige Frühjahrsdüngung und keine zweite Düngung im Juni ausbringen. Das fördert eine frühzeitige Ausreifung der Triebe, die dann im Winter weniger frostempfindlich sind. Ab August sollten Sie auch nicht mehr zwischen den Rosen hacken, das könnte die Bodentätigkeit anregen und zu neuem Wachstum führen. Schneiden Sie die verblühten Rosen jetzt nicht mehr heraus, sondern freuen Sie sich an den Hagebutten.

➤ **Fördern:** Vergessen Sie die regelmäßigen Kaliumgaben (Patentkali) im Frühjahr und im August nicht (→ Seite 63). Sie fördern die Frosthärte der Triebe.

Vor der Wintersonne schützen

Eigentlich würden die modernen Rosen ganzjährig blühen, wenn unsere kalten, lichtarmen Winter sie nicht daran hindern würden. Durch Einkreuzung der mehrfach blühenden Rosen aus warmen Gebieten Asiens haben sie diese Fähigkeit geerbt, die immer wieder durchbricht – erkennbar z. B. an Rosenblüten, die in milden Jahren noch im Dezember erscheinen, oder am voreiligen Austreiben bei warmem Wetter im Spätwinter. Der Preis für die lange Blütezeit ist, dass diese Rosen mehr Aufmerksamkeit und besonderen Schutz brauchen. Heimische Wildrosen und einmalblühende Rosen sind an unser Klima besser angepasst und treiben erst später aus. Deshalb sind sie weniger gefährdet.
Nicht der Frost und kalte austrocknende Winde allein, sondern auch die Kombination aus intensiver Sonneneinstrahlung am Tage und Minustemperaturen in der Nacht können den Rosen gefährlich werden. Besonders die Übergänge zwischen Frost und Tauwetter im Januar und Februar sind kritisch. Schützen Sie die

➤ *Praxisinfo*

ROSEN EINWINTERN

Zeitbedarf:
✗ 15–20 Minuten pro Rose

Material:
✗ Noppenfolie
✗ Bast- oder Kokosfasermatten
✗ Kunstoffvlies
✗ Tannenreisig
✗ Bindematerial
✗ Erde zum Anhäufeln

Werkzeug, Zubehör:
✗ Gießkanne oder Schlauch zum gründlichen Wässern
✗ Schubkarre
✗ Spaten
✗ Schere

Stammrosen 1

Binden Sie Tannenreisig in die Krone, um die Veredelungsstelle vor Frost zu schützen.

Kletterrosen 2

Nadelholzreisig dachziegelartig in die Zweige stecken, dann locker mit Band umwickeln.

Topfrosen 3

Umhüllen Sie sie mit Schilfmatten oder Jute und füllen Sie die Hohlräume mit Laub oder Holzwolle aus.

Rosen mit Jute, Sackleinen, Frostschutz-Vlies oder Nadelholzreisig, besonders in Gebieten mit sehr kalten Wintern. Alle Edelrosen und andere als nicht frosthart gekennzeichnete Rosen sollten Sie in jedem Fall vorsorglich anhäufeln. So bleiben auch bei Frostschäden die unteren Augen geschützt, aus denen sich die Rose wieder neu aufbauen kann.

Schön verpackt in die Winterruhe

➤ Wässern Sie vor Einsetzen des Frostes alle Rosen noch einmal gründlich. Sammeln Sie abgefallene Blätter auf, um Pilzkrankheiten zu vermeiden: Die Pilzsporen überwintern darin (→ Seite 70). Schneiden Sie nur störende Triebe etwas zurück. Bringen Sie den Winterschutz nicht zu früh an, damit die Triebe Zeit zum Ausreifen haben. Der richtige Zeitpunkt liegt zwischen Mitte Dezember und Mitte Januar.

➤ Rücken Sie die **Topfrosen** an einem geschützten Platz zusammen und decken Sie die Erdoberfläche mit Reisig ab. Schützen Sie die Töpfe mit Noppenfolie oder Schilfmatten, die nach oben hin offen bleiben (→ Abb. 3), Zwischenräume können Sie mit Laub oder Holzwolle ausfüllen. An frostfreien Tagen dürfen Sie das Gießen nicht vergessen, um Trockenschäden zu vermeiden.

➤ Schneiden Sie die Kronen von **Hochstämmchen** um ein Drittel zurück und entfernen Sie noch anhaftende Blätter. Binden Sie Zweige und Veredelungsstelle mit Reisig ein und umhüllen Sie sie locker mit Jute oder Sackleinen. Verwenden Sie keine Plastiktüten, darunter erwärmt sich die Luft wie in einem Treibhaus. Wenn Sie Rosenstämmchen aus absolut frostharten Rosen wie 'Rose de Resht' haben, brauchen Sie diese nicht zu schützen.

➤ Stecken Sie Reisig zwischen die Zweige von Kletterrosen, Strauch- und Beetrosen (→ Abb. 2). Sie können die Rosen auch noch zusätzlich mit Jute umhüllen.

Winterschutz rechtzeitig entfernen

Wenn der Boden frostfrei ist und sich leicht erwärmt hat, kann der Winterschutz entfernt werden. Wählen Sie dazu einen Tag mit bedecktem Himmel Ende März, damit sich die Pflanzen akklimatisieren können. Verteilen Sie die angehäufelte Erde und die Abdeckung mit Kompost oder Mist im Laufe des April um die Rose und harken Sie sie ein.

➤ *Checkliste*

GUTE VORSORGE FÜR DIE WINTERRUHE

✓ Ist die Veredelungsstelle tief genug unter der Erde? Wenn nicht, ca. 30 cm anhäufeln.

✓ Steht die Rose vor einer hellen Wand und treibt deshalb zu früh aus? Mit Tannenzweigen oder Frostschutz-Vlies schützen.

✓ Sind alle Topfrosen an einem geschützten Platz untergebracht? Zusätzlich mit Noppenfolie oder Schilfmatten schützen.

✓ Sind die Stammrosen gut eingepackt? Schützen Sie sie mit Tannenreisig und Jute oder Sackleinen.

Gegen Pilze gibt es auch bienenungefährliche Mittel.

So bleiben Ihre Rosen gesund und kräftig

Beobachten Sie Ihre Rosen regelmäßig: Dann können Sie bei Problemen schnell und gezielt Abhilfe schaffen.

Wenn der Standort stimmt, verzeihen Rosen vieles, auch kleine Nachlässigkeiten in der Pflege. Zu trockene oder zu nasse Böden machen Rosen viel anfälliger für Schädlinge und Krankheiten (→ Diagnosetafel Seite 70 f.). Die Wahl des richtigen Standorts und die Wahl der passenden Rose stehen deshalb immer an erster Stelle (→ Seite 50 ff.). Schneiden Sie schadhafte Triebe und Blätter (in den Müll geben, nicht in den Kompost!) sofort ab, bevor sich Krankheiten zu sehr verbreiten. Der Einsatz von Chemie sollte immer erst an letzter Stelle stehen. Wenn eine Rose sehr krankheitsanfällig ist, versuchen Sie es mit einem Platzwechsel. Ein starker Rückschnitt beim Umpflanzen und gut aufbereitete Erde an einem anderen Ort können die Anfälligkeit schon deutlich verringern. Wenn gar nichts mehr hilft, empfehle ich auch den Regenerationsschnitt an Ort und Stelle (→ Seite 75). Nach einem solchen Radikalschnitt treibt die Rose wieder völlig gesund aus. Es braucht allerdings etwas Mut beim ersten Mal. Doch nur keine Angst: Rosen sind viel robuster, als Sie denken!

Was fehlt der Rose?

Bei optimaler Düngung entwickeln Pflanzen Stoffe, die sie vor Schwächeparasiten schützen. Zu reichhaltige Düngergaben können ein Ungleichgewicht im Boden hervorrufen und Krankheitsbefall begünstigen. Wie Untersuchungen zeigen, sind viele Hausgärten mit Stickstoff und Phosphat überversorgt, es fehlt aber an Kalium. Lassen Sie eine Bodenanalyse machen (→ Adressen Seite 184), wenn Rosen häufig kränkeln. Sie erhalten dann Düngevorschläge, die gezielt auf Ihre Bodenverhältnisse abgestimmt sind. Damit können Sie sowohl Mängel als auch Überschuss an Nährstoffen ausgleichen. Hinweise auf bestimmte Störungen können Sie aber auch leicht an den Blättern erkennen:

➤ **Stickstoffmangel** zeigt sich durch schwaches Wachstum, kleine, gelblich grüne Blätter und wenig Blüten. **Abhilfe:** Hornspäne, Kompost oder Mist, Brennnesseljauche.

➤ **Stickstoffüberschuss** führt zu weichen Pflanzenteilen, die stark von Blattläusen befallen werden. Die Triebe reifen nicht aus, können erfrieren und sind anfällig für Mehltau und Rindenfleckenkrankheit (Rindenbrand). **Abhilfe:** Kaliumdüngung.

➤ **Phosphormangel** ist selten. Er führt zu dicklichen, blaugrünen Blättern mit violetten Rändern und Unterseiten. **Abhilfe:** Knochenmehl oder Guanodünger. Wesentlich häufiger ist **Phosphorüberschuss,** der Sternrußtau begünstigt. **Abhilfe:** Spezielle Mittel (Fachhandel).

➤ **Kaliummangel** führt zu blassen Blüten und gelben, später braun verfärbten Blättern. Die Stiele der Knospen werden braun und knicken ab. Die Rosen sind frostanfällig. **Abhilfe:** Kaliumgaben oder kaliumreiche Beinwelljauche. Kalium (Patentkali, Kalimagnesium) fördert übrigens die Intensität der Blütenfarbe.

➤ **Manganmangel** bewirkt gelblich grüne Flecken zwischen den grünen Blattadern. Er kommt bei sauren, aber auch bei zu kalkhaltigen Böden vor. **Abhilfe:** Flüssigdüngung mit einem manganhaltigen Volldünger.

➤ **Magnesiummangel** verursacht mosaikartige, gelblich grüne Partien auf älteren Blättern, Blattspitzen und Blattränder wölben sich. Die Blätter werden grau und sterben ab. Magnesiummangel tritt bei Kaliumüberschuss auf. **Abhilfe:** Magnesiumhaltiger Volldünger, Lavasteinmehl oder Algenkalk.

➤ Die **Kalkchlorose** gehört zu den häufigsten Mangelerscheinungen bei Rosen. Durch zu hohen Kalkgehalt wird die Aufnahme von Eisenverbindungen erschwert, in der Folge kommt es zu Eisenmangel. Die Blätter bleiben klein und färben sich hellgelb, nur die Blattadern bleiben grün. Gelbe oder chlorotische Blätter sind häufig bei Rugosarosen zu beobachten, die auf lehmigen, staunassen Böden wachsen. Nässe und schlechter Wasserabzug können aber auch bei anderen Rosen zu Chlorose führen. **Abhilfe:** Boden lockern und Eisenchelate in den Boden einarbeiten oder Eisenpräparate spritzen; lassen Sie sich hierzu im Fachhandel beraten. Kalken sollten Sie den Boden nur, wenn der pH-Wert unter 6 liegt (nicht bei Rugosarosen). Rosen gedeihen am besten bei einem Wert von 6 bis 6,5.

Das Bodenleben aktivieren

Ein Bodenaktivator aus dem Fachhandel verbessert den Stoffwechsel. Der pH-Wert pendelt sich dadurch auf einem optimalen Niveau für Rosen ein. Das Mittel besteht aus natürlichen Rohstoffen und enthält wichtige Spurenelemente. Es wird in den Boden eingearbeitet, aktiviert das Bodenleben und verbessert die Bodenstruktur; die Aufnahme und Verwertung von Nährstoffen wird verbessert. Dadurch wirkt der Bodenhilfsstoff auch gegen Bodenmüdigkeit, auch als Nachbaukrankheit bezeichnet (→ Seite 51 und 182).

Schädlinge und Krankheiten können Sie in den meisten Fällen bei Ihrer Rose gut von den Blättern »ablesen«.

➤ *Praxisinfo*

BODENVERHÄLTNISSE PRÜFEN

- ✗ Um ein Ungleichgewicht durch Düngergaben und Zusatzstoffe zu vermeiden, sollten Sie die Zusammensetzung des Gartenbodens regelmäßig überprüfen.
- ✗ Lassen Sie dazu alle drei bis vier Jahre eine Bodenanalyse machen. Landwirtschaftliche Untersuchungsämter erstellen detaillierte Analysen; sie geben auch Düngeempfehlungen.
- ✗ Achten Sie auf den Zustand des Laubwerks Ihrer Rosen. Erst nach Diagnose (evtl. im Fachhandel nachfragen) mit speziellen Zusatzstoffen Abhilfe schaffen.
- ✗ Messen Sie den pH-Wert regelmäßig mit einem pH-Set aus dem Fachhandel.

Natürlich gesund: Pflanzenschutz ohne Chemie

Es muss nicht gleich die Giftspritze sein: Stärkungsmittel und biologische Methoden genügen meist als erste Hilfe.

STÄRKEN SIE die Widerstandskräfte Ihrer Rosen durch natürliche Mittel. Der Befall durch Schädlinge und Krankheitserreger variiert von Jahr zu Jahr je nach den klimatischen Bedingungen. In warmen Sommern tritt Mehltau vermehrt auf, in nassen Jahren Sternrußtau. Auch robuste Rosen können einmal krank werden. Die absolut resistente Rose kann es nicht geben, deshalb sind alle »Rahmenbedingungen« gleichermaßen wichtig.

Nützlinge gegen Schädlinge

Nicht nur ökologisch besser, sondern auch arbeitssparend: Fördern Sie Nützlinge, anstatt Schädlinge zu bekämpfen! Die Larven von Schwebfliegen, Florfliegen und Marienkäfern vertilgen unzählige Blattläuse. Ohrwürmer bevorzugen neben Blattläusen auch Spinnmilben, Vögel fressen Raupen. Ein blühendes Sommerbeet aus der Samentüte kann viele Nützlinge anziehen, geeignete Mischungen gibt es im Samen-Fachhandel. Die erwachsenen Insekten brauchen zum Überwintern Verstecke unter Baumrinden, im Falllaub, in Holzstapeln oder Trockenmauern. Räumen Sie den Garten vor dem Winter nicht zu ordentlich auf, dann finden vielerlei Insekten das passende Winterquartier. Bei leichtem Schädlingsbefall können Sie dann im Sommer getrost abwarten, bis die »Hilfstruppen« im Einsatz sind. Die Natur reguliert vieles selbst.

Kräuter fördern Gesundheit

Umgeben Sie Ihre Rosen mit gesundheitsfördernden Kräutern. Pflanzen beeinflussen sich durch Wurzelausscheidungen und Duftstoffe gegenseitig. So fördert Borretsch durch so genannte Saponine Gesundheit und Wachstum. Ringelblumen und Tagetes (*Tagetes patula* und

Brennnesseljauche, die Sie selbst herstellen können, ist reich an Eisen und wirkt stärkend.

Tagetes erecta) wirken wachstumshemmend auf Nematoden (Fadenwürmer), die vermutlich zum Teil für die Bodenmüdigkeit (→ Seite 182) bei Rosen verantwortlich sind. Knoblauch, um die Rosen gesteckt, wirkt gegen Pilzbefall und verstärkt nebenbei noch den Duft. Lavendel vertreibt Ameisen und Läuse, Salbei wehrt Ameisen, Läuse, Raupen und Schnecken ab. Verbinden Sie das Schöne mit dem Nützlichen: Ein Kranz von Kräutern schützt die Rosen und unterstreicht mit unaufdringlichem Charme ihre Ausstrahlung.

Biologischer Pflanzenschutz

Pflanzenstärkungsmittel helfen vorbeugend gegen Krankheiten und wehren Schädlinge ab, gleichzeitig wirken sie als zusätzlicher Dünger. Sprühen Sie bei bedecktem Himmel, damit die Blätter nicht verbrennen (Linseneffekt durch die Tröpfchen).

➤ **Ackerschachtelhalmtee** enthält Mineralstoffe, Spurenelemente und viel Kieselsäure. Weichen Sie 100 g frisches oder 15 g getrocknetes Kraut 24 Stunden in 1 l Wasser ein. Eine halbe Stunde kochen, abkühlen lassen und 1:4 verdünnen. Sie können auch einen fertigen Ackerschachtelhalmextrakt verwenden.

➤ **Beinwelljauche** enthält Mineralstoffe und Stickstoff und ist sehr kaliumreich. Zerkleinern Sie 1 kg frisches oder 100–200 g getrocknetes Kraut. Mit 10 l Wasser in ein Steingut- oder Kunststoffgefäß geben, 10 bis 14 Tage gären lassen und täglich umrühren. Der unangenehme Geruch lässt sich durch Hinzufügen von Steinmehl mindern. Die Gärung ist abgeschlossen, wenn die Jauche nicht mehr schäumt. Mit Wasser im Verhältnis 1:10 verdünnen und um die Rosen auf die Erde gießen. Sie können auch mit dem frischen, zerkleinerten Kraut den Boden mulchen.

➤ **Brennnesseljauche** ist reich an Eisen, Stickstoff, Phosphor und Spurenelementen. Sie wird angesetzt und verwendet wie Beinwelljauche.

➤ **Knoblauch- und Zwiebeljauche,** einzeln oder gemischt angesetzt und ausgebracht, helfen gegen Pilzkrankheiten.

Erste Hilfe gegen Schädlinge

➤ Läuse können Sie mit den Fingern, mit Bürsten oder Pinseln entfernen; Käfer und Raupen lassen sich einfach von Hand absammeln und vernichten.

➤ Rosenwickler können Sie mit Rainfarntee überbrausen. Das hilft übrigens auch gegen Rost und Mehltau.

➤ Gegen Zikaden und Läuse wirkt ein Brennnessel-Kaltauszug: Eine Hand voll Brennnesseln in 5 l Wasser geben, über Nacht stehen lassen, abseihen und 1:10 mit Wasser verdünnen, dann sprühen.

➤ Gegen Mehltau können Sie eine selbst hergestellte Mischung aus einem Teil Milch und neun Teilen Wasser versprühen.

Spritzmittel für den Notfall

Im Notfall möchten Sie lieber ein schnell wirksames Mittel einsetzen? Es gibt inzwischen viele biologische Mittel auf dem Markt, z. B. auf Neemöl-, Rapsöl- oder Pyrethrumbasis. Achten Sie darauf, dass diese für Nützlinge unbedenklich sind – lassen Sie sich im Fachhandel ausführlich beraten. Chemische Mittel, die gegen Pilzkrankheiten eingesetzt werden, sollten vorbeugend frühzeitig beim Blattaustrieb und noch einmal vor Beginn der Blüte gespritzt werden. Wechseln Sie den Gebrauch der Mittel ab, damit keine Resistenzen entstehen, und halten Sie sich genau an die Anweisungen des Herstellers.

Verwenden Sie biologische Mittel statt Gift: Auch Neempräparate und Mittel auf Rapsölbasis helfen gegen Schädlinge.

TIPP

HOMÖOPATHIE

Ein Stärkungsmittel auf der Basis von Schüßlersalzen und Rosenauszügen (Naturfachhandel) regt das Wachstum an und erhöht die Widerstandskraft. Schüßlersalze (Apotheke) können Sie auch direkt verwenden: 1–3 Tabletten von Nr. 2, 3, 7 und 11 im Gießwasser auflösen. Eine einmalige Behandlung wirkt Wunder!

Krankheiten und Mangelerscheinungen

Chlorose

➤ **Schadbild:** im Frühjahr; junge Blätter blassgelb, Blattadern bleiben zuerst grün; Kümmerwuchs, kaum Blüten
➤ **Ursache:** Eisenmangel, d. h. Aufnahme von Eisen behindert; auch durch Stickstoffmangel, Staunässe oder Frostschäden im Holz
➤ **Vorbeugen:** Boden lockern; ausgewogen düngen; bei Trockenheit wässern
➤ **Bekämpfen:** Eisendünger oder Blattdünger spritzen (Fachhandel); mit abgelagertem Kompost, Hornspänen oder Mist düngen

Echter Mehltau

➤ **Schadbild:** bei feucht-warmer Witterung; weißer, mehliger Belag auf der Oberseite junger Blätter, Triebe und Knospen; Blätter rötlich und deformiert; Knospen öffnen sich nicht; Wachstum von Jahr zu Jahr schwächer
➤ **Ursache:** Schadpilz
➤ **Vorbeugen:** resistente Sorten wählen; ausgewogen düngen; auf luftigen Standort achten; Rosen im Frühjahr stark zurückschneiden
➤ **Bekämpfen:** mit Wasser verdünnte Milch (1 : 10) spritzen

Falscher Mehltau

➤ **Schadbild:** im Spätsommer und Herbst, bei starken Temperaturschwankungen; grauweißer Schimmelrasen auf der Blattunterseite, bräunliche bis purpurfarbene Flecken auf der Oberseite, zuerst an jungen Blättern; Blätter welken und fallen teilweise ab
➤ **Ursache:** Schadpilz
➤ **Vorbeugen:** luftige Standorte; genug Abstand; regelmäßig auslichten
➤ **Bekämpfen:** Blätter absammeln und vernichten; Boden mit Ackerschachtelhalmbrühe desinfizieren

Krankheiten und Mangelerscheinungen

Rindenbrand

➤ **Schadbild:** längliche, rötlich braune Flecken an Augenpartien bei vorjährigen, nicht ausgereiften Trieben, leicht mit Frostschäden zu verwechseln; Triebe kümmern und sterben ab
➤ **Ursache:** Schadpilz
➤ **Vorbeugen:** ausgewogen düngen; für gute Durchlüftung des Bodens sorgen; Kalimagnesium geben
➤ **Bekämpfen:** im Winter mit Grünkupfer (Fachhandel) spritzen; befallene Triebe im Frühjahr bis tief in das gesunde Holz zurückschneiden und entsorgen

Rosenrost

➤ **Schadbild:** oft in feuchten Sommern; gelbliche bis rötliche Flecken, rostrote, stäubende Punkte auf der Unterseite, später schwarz (Wintersporenlager); Blätter färben sich gelb und fallen ab
➤ **Ursache:** Schadpilz
➤ **Vorbeugen:** oft bei lehmigen, verdichteten Böden; deshalb Boden lockern, Sand und Kompost untermischen
➤ **Bekämpfen:** im Sommer befallene Blätter absammeln; im Winter abgefallene Blätter abharken; Boden mit Ackerschachtelhalmbrühe desinfizieren

Sternrußtau

➤ **Schadbild:** im Spätsommer; dunkle Flecken mit sternförmigen Rändern; Blätter werden gelb und fallen ab; die bodennahen Blätter werden zuerst befallen
➤ **Ursache:** Schadpilz
➤ **Vorbeugen:** resistente Sorten und luftiger Standort; ausreichende Abstände; Stickstoffüberdüngung vermeiden
➤ **Bekämpfen:** Blätter absammeln und im Winter abharken; Boden mit Ackerschachtelhalmbrühe desinfizieren; Knoblauchzehen um die Rosen stecken

Schädlinge

Blattlaus

➤ **Schadbild:** bei warmer, trockener Witterung; junge Triebe und Knospen deformiert, mit klebrigen Ausscheidungen, später mit Rußtaupilzen
➤ **Schädlinge:** bis 5 mm große, meist grüne Insekten; dicht an dicht sitzend; massenhaftes Auftreten
➤ **Vorbeugen:** trockene Standorte und Stickstoffüberdüngung vermeiden; gut wässern; Nützlinge schützen
➤ **Bekämpfen:** Läuse abstreifen oder abbürsten; Schmierseifenlösung und bienenungefährliches Spritzmittel

Blattrollwespe

➤ **Schadbild:** im Mai/Juni; röhrenförmig eingerollte Blätter; Blätter vergilben und fallen ab
➤ **Schädlinge:** das Einrollen der Blätter wird durch die Eiablage verursacht; es entwickeln sich bis 9 mm lange, grünliche Larven, die am Boden überwintern und sich dort verpuppen
➤ **Vorbeugen:** regelmäßige Kontrolle ab Anfang Mai verhindert Ausbreitung
➤ **Bekämpfen:** befallene Blätter absammeln; Boden im Spätwinter bearbeiten, um Verpuppung zu stören

Rosenblattwespe

➤ **Schadbild:** im Mai/Juni; Schabefraß an Blatträndern und -oberseiten (Fensterfraß); verringertes Wachstum
➤ **Schädlinge:** grünliche, 10 mm lange Larven zweier Blattwespenarten, mit bloßem Auge gut erkennbar; überwintern am Boden
➤ **Vorbeugen:** nützliche Insekten und Vögel fördern
➤ **Bekämpfen:** Larven absammeln, befallene Triebe entfernen; Falllaub aufsammeln, Boden im Spätwinter bearbeiten, um Verpuppung zu stören

Schädlinge

Rosenzikade

➤ **Schadbild:** im Mai/Juni und August/September; mosaikartig gesprenkelte Blattoberseiten; Wachstum reduziert
➤ **Schädlinge:** weißliche, 2 mm große, springende Insekten auf der Blattunterseite, bei Berührung auffliegend
➤ **Vorbeugen:** trockene, heiße Standorte vor Hauswänden vermeiden; bei Trockenheit wässern
➤ **Bekämpfen:** befallene Triebe zurückschneiden und vernichten; frühmorgens mit Brennnesselbrühe spritzen, wenn die Zikaden noch träge sind

Spinnmilbe

➤ **Schadbild:** ab Mai; weißlich gelbe Aufhellungen auf Blättern, mit feinem Gespinst überzogen; auf Blattunterseite gelbliche bis orangefarbene Eier
➤ **Schädlinge:** 0,5 mm kleine, gelbbraune Milben
➤ **Vorbeugen:** lufttrockene Standorte vermeiden; bei Trockenheit wässern
➤ **Bekämpfen:** befallene Blätter absammeln, abgefallenes Laub abharken; mit Ackerschachtelhalmbrühe oder geeigneten natürlichen Präparaten (z. B. auf Rapsölbasis) spritzen

Triebbohrer

➤ **Schadbild:** ab Mai; Jungtriebe welken und trocknen ein, meist findet sich auch ein Bohrloch in den Trieben
➤ **Schädlinge:** bis 15 mm lange, weißliche Larven von zwei verschiedenen Blattwespen-Arten, dem aufwärtssteigenden und dem abwärtssteigenden Triebbohrer
➤ **Vorbeugen:** Überdüngung vermeiden: weiche Triebe werden bevorzugt befallen
➤ **Bekämpfen:** befallene Triebe bis ins gesunde Holz zurückschneiden

Schnitt für Schnitt zur Rosenpracht

Rosen zählen zu den schnittverträglichsten Gehölzen. Regelmäßiger Schnitt fördert Gesundheit und Blütenfülle und verlängert die Lebensdauer. Mit gutem Handwerkszeug und schützenden Handschuhen geht Ihnen die Arbeit noch mal so leicht von der Hand.

Üppige Blüte durch regelmäßigen Schnitt.

Rosenschnitt ist einfacher, als Sie denken. Beobachten Sie nach jedem Schnitt, wie die Rose darauf reagiert: Die Pflanze selbst ist Ihnen die beste Lehrmeisterin. Wenn Sie lieber nach praktischen Anleitungen lernen, empfehle ich Ihnen, an einem Rosenschnittkurs teilzunehmen, der von manchen Gärtnereien oder vom Verein der Rosenfreunde (→ Adressen Seite 184) in den regionalen Freundeskreisen angeboten wird.

Fast wie ein Wundermittel wirkt der Regenerationsschnitt (→ Seite 75), mit dem Sie krankheitsanfälligen oder überalterten Rosen zu einem neuen Leben verhelfen können. Aber auch, wenn Sie nur regelmäßig ältere Äste entfernen, verjüngt sich die Rose durch Neuaustriebe aus der Veredelungsstelle von selbst. Spezielle Schnittmaßnahmen machen es möglich, die Form der Rose dem Garten anzupassen (→ Seite 74 f. und Hinweise in den Porträts ab Seite 84). Haben Sie keine Angst davor, Fehler zu machen. Auch ungeeignete Schnittmaßnahmen schaden der Rose kaum – sie überwächst diese einfach durch neue Austriebe. Damit Ihnen der Rosenschnitt leicht von der Hand geht, sollten Sie an der Qualität des Werkzeugs nicht sparen. Mit einer guten Rosenschere können Sie den Schnitt so ausführen, dass die Triebe nicht gequetscht werden. Ein glatter Schnitt verheilt schneller und verhindert das Eindringen von Krankheitserregern in die Wunde. Schnittabfälle können Sie übrigens gleich zur Vermehrung Ihres Bestands verwenden: Durch Stecklinge, aber auch durch Ableger und Ausläufer können Sie Ihre Rosen schnell und einfach vermehren (→ Seite 82 f.).

Auch Rosenstämmchen blühen nach Rückschnitt überreich.

➤ *Praxis*

Frühjahrsschnitt hält Rosen jung

• • • Ist Rosenschneiden eine Kunst oder gar eine Wissenschaft? Der Rosenzüchter Kordes antwortete vor Jahren auf die Frage nach dem besten Schnitt: »Es gibt ihn nicht.« Rosen sind geduldig, sie lassen sich nach Ihren Wünschen formen. Schneiden Sie mit Spaß, Gefühl und Experimentierlust.

1 *Nach den Augen richten*
Schneiden Sie leicht schräg über einem nach außen weisenden Auge oder Blatttrieb.

2 *Aststummel entfernen*
Entfernen Sie eingetrocknete Aststummel (Zapfen): Sie sind Eintrittspforten für Krankheiten.

Wenn die Knospen schwellen, ist es Zeit für den Frühjahrsschnitt. Im Herbst sollten nur störende Triebe zurückgeschnitten werden, um die Pflegearbeiten zu erleichtern. Der beste Termin für den Schnitt ist Ende März bis Anfang April. Auch wenn es kein Idealrezept gibt, helfen einige Grundregeln, das Schneiden einfacher zu machen. Mit der Zeit und mit mehr Erfahrung können Sie dann auch mit verschiedenen Schnitttechniken experimentieren.

Warum Rosen schneiden?

Schneiden erhält und verbessert die Gesundheit, fördert Blütenansätze und verlängert die Lebensdauer. Sie können damit Größe und Form der Rose beeinflussen und so dem Garten anpassen. Der Schnitt ersetzt einen natürlichen Vorgang: Wildrosen haben sich mit der Fähigkeit, sich ständig aus der Basis zu verjüngen, dem regelmäßigen Wildverbiss angepasst. Im Garten erfüllt die Schere diese Funktion.

Die Grundregeln

Betrachten Sie vor dem Schnitt ganz in Ruhe den Aufbau des Rosenstrauchs. An der frischen grünen Rinde erkennen Sie die jungen Triebe. Je älter sie werden, umso rissiger sind sie. Die festen verholzten Triebe nehmen eine graubraune Färbung an. Im Frühjahr fallen zuerst an den Triebenden die schwellenden Augen auf. Die darunter liegenden so genannten schlafenden Augen treiben erst später aus, sie sind nur als schwacher Querstrich zu erkennen. Durch einen Rückschnitt wird die Bildung neuer Triebe aus den unteren schlafenden Augen gefördert.

➤ Ein Auge, als roter erhabener Punkt zu erkennen, ist eine Knospe, aus der sich ein neuer Trieb entwickelt. In der Blattachsel entwickelt sich dann später der Blütentrieb (→ Abb. 1).

➤ Schneiden Sie 5–10 mm über einem Auge, das nach außen zeigt. Dann wächst auch der neue Trieb nach außen. Das Prinzip kennen Sie vielleicht vom Obstbaumschnitt. Diese Technik hält den Strauch offen und luftig, Pilzkrankheiten werden vermieden. Verwenden Sie eine scharfe Schere, damit der Trieb nicht gequetscht wird. Führen Sie den Schritt leicht schräg, dann läuft das Regenwasser besser ab.

➤ Öfterblühende Rosen blühen an den diesjährigen Trieben, d. h. am einjährigen Holz. Ein Schnitt im Frühjahr fördert neue Triebe und dadurch die Blütenfülle im gleichen Jahr.

➤ Einmalblühende Rosen blühen an den Trieben, die sie im Vorjahr gebildet haben, und am mehrjährigen Holz. Sie werden deshalb erst unmittelbar nach der Blüte geschnitten. Dann entwickeln sie ebenfalls neue Triebe, die bis zum Winter noch gut ausreifen können (→ Seite 63).

➤ Achten Sie beim Schneiden auf gute Proportionen. Treten Sie zwischendurch immer mal wieder einen Schritt zurück, um die Gesamtwirkung zu betrachten.

Wichtig: Auslichten und Verjüngen

Der Frühjahrsschnitt beginnt bei allen Rosen mit dem Auslichtungsschnitt.

➤ Schneiden Sie alle erfrorenen und kranken Triebe bis zur Basis oder bis in das gesunde Holz zurück. Gesunde Triebe zeigen weißliches Mark, kranke bräunliches (→ Abb. 4).

➤ Entfernen Sie alle dünnen und zu schwachen Triebe, die stärkeren können die Blüten besser tragen.

➤ Lassen Sie keine Triebstummel (Zapfen) stehen: Sie sind Angriffsflächen für Pilze. Entfernen Sie alte Astgabeln ganz oder lassen Sie nur den nach außen zeigenden Trieb stehen.

➤ Sich überkreuzende Triebe führen zu Verletzungen. Entfernen Sie deshalb den schwächeren. Schneiden Sie alle drei- bis fünfjährigen Äste – Sie erkennen sie an der borkigen Rinde – bis zum Boden zurück (→ Abb. 3). Der Schnitt regt die Bildung neuer Austriebe an.

Der »Wunderschnitt«

Wenn Rosen länger nicht geschnitten wurden, bilden sich kaum noch neue Triebe. Durch einen radikalen Schnitt können sie wieder verjüngt werden. Das hilft besonders bei allen Rosen, die sich schlecht entwickeln. Die Heilung einer von Sternrußtau befallenen Rose ist nur durch eine Radikalkur zu erreichen, denn der Schadpilz befällt nicht nur die Blätter und überwintert im Boden, sondern auch an den Trieben. Zu diesem Zweck werden alle Zweige bis auf die Veredelungsstelle abgeschnitten (→ Abb. 5). Es bleibt nur noch die Verdickung am Wurzelhals erhalten. Aus dieser entwickeln sich dann neue, vollkommen gesunde Triebe. Durch den Schnitt werden die schlafenden Augen in der Veredelungsstelle geweckt. Die Rose entwickelt sich in den darauf folgenden Jahren viel gesünder, kräftiger und schöner.

Ich habe den Regenerationsschnitt schon bei einigen Rosen ausprobiert, mit überzeugendem Erfolg. Im Jahr des »Radikalschnitts« blüht die Rose später als sonst. Schneiden Sie erst ab Anfang April, damit sie bei Spätfrösten keinen Schaden nimmt. Und Vorsicht: Probieren Sie ihn nur bei Rosen aus, die noch vital sind: Zu schwache überleben den Eingriff vielleicht nicht.

➤ *Praxisinfo*

GUTES HANDWERKSZEUG FÜR LEICHTEN SCHNITT

✗ **Rosenschere:** Sie soll leicht in der Hand liegen und lange scharf bleiben.

✗ **Astschere:** Achten Sie auf Profiqualität. Ideal als Schneid-Giraffe, schneidet ohne Leiter mit einer Verlängerung bis 3,5 m Höhe.

✗ **Baumsäge:** Für den Wurzelbereich ideal zum Entfernen älterer, dicker Äste. Praktisch: als Klappmodell.

✗ **Rosengabel:** Zweizinkige Grabegabel speziell für Rosen zum Auflockern des Bodens. Sehr hilfreich bei tief liegender Bodenverdichtung.

✗ **Stab-Schere:** Für unzugängliche Stellen am Boden und für Kletterrosen, schneidet und hält das Schnittgut fest.

✗ **Scheren-Wetzgerät:** zum Schärfen.

3 *Altes Holz entfernen*
Ältere Äste (3–5 Jahre alt) entfernen Sie mit der Astschere direkt über dem Boden.

4 *Ins gesunde Mark*
... schneiden Sie so weit zurück, bis es grünlich weiß aussieht und keine braunen Stellen zeigt.

5 *Regenerationsschnitt*
Entfernen Sie alle Triebe bodennah, dann wachsen neue Triebe aus der Basis gesund nach.

➤ *Praxis*

Bringen Sie Ihre Rosen gut in Form

Nach dem Auslichtungsschnitt im Frühjahr werden die verschiedenen Rosengruppen je nach Wuchs schwächer oder stärker zurückgeschnitten. Wichtig ist bei allen Schnitttechniken: Schneiden Sie regelmäßig im Frühjahr alte Äste bis zum Boden zurück.

ROSEN SIND INDIVIDUALISTEN, auch wenn sie der Übersichtlichkeit halber in verschiedene Gruppen eingeteilt wurden. Die Grenzen zwischen diesen Gruppen sind fließend. Darauf sollten Sie beim Schneiden Rücksicht nehmen. Es gibt zum Beispiel Strauchrosen, die immer wieder lange Triebe bilden und »klettern wollen«. Das können Sie unterstützen, indem Sie ein Klettergerüst anbieten oder sie in einen Baum oder Strauch hineinleiten. Durch regelmäßigen Schnitt kann eine solche Rose auch als Strauch wachsen. Ob Sie Rosen wachsen lassen oder regelmäßig schneiden, ist eine Gewissensfrage. Sicher sind große überhängende Rosensträucher, die bis in die Triebspitzen mit Blüten besetzt sind, ein überaus romantischer Anblick. In kleineren Gärten kommen Sie aber kaum darum herum, die natürliche Wuchsform zu begrenzen. Meine Erfahrung ist immer wieder, dass Rosen auf Schnittmaßnahmen positiv mit größerer Blütenfülle und besserer Gesundheit reagieren.

1 *Strauchrosen, schwach*

Wenn Sie Strauchrosen schwach zurückschneiden, führt dies zu einem lockeren Wuchsbild.

2 *Strauchrosen, stark*

Starker Rückschnitt dagegen bewirkt bei Strauchrosen stärkeren Austrieb und kompakten Wuchs.

Für Wachstum und Blütenfülle

Wenn Rosen nicht geschnitten werden, bilden sich nur Verzweigungen an den oberen Augen, und die Basis wird schütter, wie Sie es bei Kletterrosen bestimmt schon beobachtet haben. Der tiefere Schnitt lässt die unteren Augen austreiben. So wird der Wuchs kompakter. Je stärker der Schnitt, desto kräftiger der Austrieb:

➤ **Starker Schnitt** bis auf wenige Augen (→ Abb. 2 und 4) führt zu kräftigen Trieben und zu festerem Holz, das die Blütenfülle besser tragen kann – besonders wichtig bei gefüllten Blüten. Kürzen Sie auch schwache Triebe stärker ein, um das Wachstum anzuregen.

➤ **Schwacher Rückschnitt** (→ Abb. 1 und 3) führt zu schwachem Austrieb.

➤ Der Schnitt fördert den **Blütenreichtum** aller öfterblühenden Rosen. Sie blühen auch an diesjährigen Trieben. Durch das Einkürzen werden die schlafenden Augen geweckt.

➤ **Einmalblühende Strauchrosen** blühen am mehrjährigen Holz. Im Frühjahr werden sie wie alle Rosen ausgelichtet. Entfernen Sie Totholz sowie von Zeit zu Zeit ältere Triebe. Bei

3 *Beetrosen, schwach*
Auch bei Beetrosen führt schwacher Rückschnitt zu einem lockeren Wuchsbild wie bei Strauchrosen.

4 *Beetrosen, stark*
Starker Rückschnitt wiederum bewirkt auch hier starken Austrieb und einen flächigen, kompakten Wuchs.

5 *Stammrosen*
... werden wie Beetrosen stark zurückgeschnitten. Achten Sie dabei auf eine abgerundete Form.

Platzmangel können Sie mit einem Sommerschnitt nach der Blüte den Umfang verringern. Alle Rosen, die zum Auseinanderfallen neigen, bekommen so mehr Stehvermögen.

➤ **Wildrosen** werden nicht geschnitten, nur ausgelichtet. Ihr anmutig überhängender Wuchs schmückt auch nach der Blüte. Ausnahme: Rugosarosen, denen ein stärkerer Schnitt besser bekommt. Ohne Schnitt vergreisen sie leicht.

➤ **Öfterblühende Strauchrosen** dürfen die ersten fünf Jahre erst einmal wachsen, ab dann werden sie jedes Jahr auf zwei (im mittleren Bereich) bis ein Drittel (seitlich) oder auf die Hälfte der Wuchshöhe zurückgeschnitten. Ich empfehle dabei einen Stufenschnitt, um dem Strauch eine gute Form zu geben.

➤ **Beetrosen und Edelrosen** werden am stärksten zurückgeschnitten. Sie blühen an den jungen Trieben besonders reich. Lassen Sie alle jungen Triebe stehen, ältere werden an der Basis entfernt. Wenn ein flächiges Bild erwünscht ist, bis auf ein bis zwei Augen zurückschneiden. Einige Sorten können auch schöne kleine Sträucher bilden, dann werden sie wie Strauchrosen behandelt. Starkwüchsige Edelrosen sollten nur schwach zurückgeschnitten werden. Hier würde ein starker Rückschnitt zu noch stärkerem Wachstum führen.

➤ **Bodendeckerrosen** brauchen Sie nur wenig oder gar nicht zurückzuschneiden. Nach vier bis fünf Jahren können sie mit der Heckenschere radikal auf 20 cm verjüngt werden.

➤ **Zwergrosen** nur leicht zurückschneiden.

➤ Bei **Stammrosen** erfolgt im April ein starker Rückschnitt (→ Abb. 5) auf ein bis zwei Augen wie bei den Beetrosen, weichtriebige Sorten lichten Sie nur aus. Achten Sie darauf, dass die Form der Krone rund und kompakt wird.

➤ **Kaskadenrosen** sollten Sie die ersten drei bis vier Jahre nicht schneiden. Danach öfterblühende wie Kletterrosen schneiden (→ Seite 78 f.), einmalblühende nach der Blüte auslichten und die Nebentriebe auf ein bis zwei Augen zurücknehmen.

Wichtig beim Schneiden: Hygiene

Gründliche Hygienemaßnahmen können die Ausbreitung von Krankheiten wie Rosenrost und Sternrußtau eindämmen. Schnittabfall sollte weder kompostiert noch geschreddert werden; lassen Sie Reste auch nicht auf den Beeten liegen. Desinfizieren Sie die Rosenschere zwischendurch mit Spiritus.

➤ *Praxisinfo*

WANN WERDEN ROSEN GESCHNITTEN?

✗ **Vor der Blüte:**
alle öfterblühenden Beet-, Strauch- und Kletterrosen; öfterblühende Stammrosen

✗ **Nach der Blüte:**
Kaskadenrosen
Ramblerrosen
einmalblühende Strauch- und Kletterrosen

✗ **Keinen Schnitt**
benötigen Wildrosen, die Hagebutten tragen. Ausnahme: Rugosarosen, die öfter blühen. Alle 2–3 Jahre können sie ohne Bedenken tief zurückgeschnitten werden; das verhindert ein Vergreisen.

➤ *Praxis*

Kontrolliert nach oben: Kletterrosen

Kletterrosen haben Sonderwünsche. Mit dem Schnitt nehmen Sie Einfluss auf eine gleichmäßige Verteilung der Blüten. Jungtriebe werden geschont, in Lücken eingeflochten und möglichst waagerecht angebunden, sie blühen dann reicher.

AUCH FÜR KLETTERROSEN gilt im Frühjahr die eiserne Regel: Zuerst wird alles abgestorbene, erfrorene oder beschädigte Holz ausgeschnitten. Überalterte Äste, deren Blühkraft nachlässt, sollten direkt über dem Boden abgesägt werden (→ Abb. 2). Das fördert einen Neutrieb aus der Basis. Wenn Sie das turnusmäßig machen, wird die Rose sich immer wieder selbst verjüngen. Alle einmalblühenden Rosen stecken ihre gesamte Kraft in die 4 bis 6 Wochen dauernde Blütenfülle und haben danach Zeit bis zum Herbst, um neue Energie zu sammeln. Sie können jahrelang völlig ohne Schnitt wachsen. Öfterblühende brauchen eine Sonderbehandlung, um reich zu blühen.

➤ **Einmalblühende Kletterrosen** blühen nur am mehrjährigen Holz. Sie werden im Frühjahr nicht geschnitten, denn damit würden Sie ja die Blüte verhindern. Es genügt, die Rose unmittelbar nach der Blüte auszulichten (→ Abb. 1). Bei Sorten, die Hagebutten bilden, wird Verblühtes nicht entfernt. Binden Sie die

1 *Rückschnitt der Seitentriebe*

Lange Peitschentriebe können Sie im Sommer dort, wo es störend wirkt, etwas einkürzen.

2 *Bodennaher Rückschnitt alter Äste*

Alte Äste, erkennbar an der borkigen, rissigen Rinde, bis zum Boden zurückschneiden.

Jungtriebe an den Rosenbogen oder das Spalier oder flechten Sie sie in die Haupttriebe ein (→ Abb. 3).

➤ **Öfterblühende Kletterrosen** blühen am mehrjährigen Holz und an den diesjährigen Trieben. In den ersten zwei bis drei Jahren brauchen Sie sie nicht zu schneiden. Dann nehmen Sie im Frühjahr alle Seitentriebe bis auf 3 bis 4 Augen zurück. Zu dünne Triebe und zu dicht stehende Seitentriebe können Sie bis zum Ansatz zurückschneiden. Im Sommer werden die verblühten Triebe in der gleichen Weise zurückgeschnitten. Ungefähr sechs Wochen nach dem Schnitt treibt die Rose neue Blüten. Dauerblühende Kletterrosen wie 'New Dawn' machen keine Pause.

Spezielle Schnitttechniken

Mit speziellen Schnittmaßnahmen können Sie das gelegentlich auftretende Verkahlen im unteren Bereich verhindern. Das kommt speziell bei Climbern mit kräftigen, aufrecht wachsenden Trieben vor. Mit Ramblerrosen haben Sie da keine Probleme.

➤ **In Waage bringen:** Nicht selten sieht man Kletterrosen, die an den unteren Trieben weder Blätter noch Blüten haben und erst in luftiger Höhe blühen. Der Grund dafür: Es treiben immer die höchsten Augen bevorzugt aus. Das können Sie verhindern, wenn Sie die Haupttriebe möglichst waagerecht oder fächerförmig in einem Winkel von 30° an einem Spalier oder einer Wand entlangführen und anbinden (→ Abb. 4). Dann werden die Augen auf der ganzen Länge zum Austreiben angeregt. Es bilden sich Seitentriebe, die mit Blüten besetzt sind wie Perlen auf einer Schnur.

➤ **Stufenschnitt:** Kürzen Sie einige Basistriebe auf unterschiedliche Höhe ein. Dann verzweigen sie sich dort und blühen auch im unteren Bereich. Verhindern Sie möglichst immer, dass Kletterrosen straff aufrecht nach oben wachsen und dann nur dort blühen.

➤ **Anbinden:** Nehmen Sie dafür schonendes elastisches Material, das nicht einschneidet, z. B. einen Bindedraht, der mit weichem, gummiartigem Kunststoff ummantelt ist. Er lässt sich leicht anbringen und auch wieder lösen. Praktisch sind auch wiederverwendbare Kunststoff-Clips (Fachhandel).

➤ **Abstand:** Zwischen Mauer und Spalier muss noch genügend Luft zirkulieren können. Binden Sie die Triebe nur vor, nie hinter dem Spalier an: Wenn sie dicker werden, können Sie sie kaum mehr zurückschneiden.

➤ *Praxisinfo*

KLETTERROSEN SCHNEIDEN UND ANBINDEN

Zeitbedarf:
- ✗ Schneiden: 20–30 Minuten pro Rose
- ✗ Anbinden: 10 Minuten pro Rose

Material:
- ✗ stabile Handschuhe und feste Kleidung, die vor Verletzungen schützen

Werkzeug, Zubehör:
- ✗ Schere
- ✗ Astschere
- ✗ Baumsäge
- ✗ Bindedraht, der weich ummantelt ist, damit er die Triebe nicht verletzt, oder Kunststoff-Clips

3

Langtriebe anbinden

Heften Sie neue Jungtriebe vor dem Spalier (nicht dahinter) an. Das Spalier sollte nicht zu nah an der Wand sein.

4

Waagerecht anbinden

Leiten Sie einige Triebe waagerecht, die Augen werden dann auf der ganzen Linie zum Austreiben angeregt.

➤ *Praxis*

Sommerschnitt hält Rosen fit

• • • Sommerschnittmaßnahmen sind ein wichtiges Mittel, um die Blühwilligkeit und Blütenfülle anzuregen. Damit verlängern Sie die Rosenblüte bis zum Herbst. Einen Formschnitt für einmalblühende Alte Rosen und Rambler können Sie jetzt auch in Angriff nehmen.

NACH DEM GRÜNDLICHEN Frühjahrsschnitt fallen im Sommer bei den öfterblühenden Rosen hauptsächlich kleinere Korrekturen an. Die wichtigste Arbeit ist das Entfernen verblühter Triebe, um einen regelmäßigen Blütenflor zu erhalten (→ Abb. 1). Einmalblühende Rosen können Sie im Frühjahr, aber auch erst im Sommer nach der Blüte auslichten und in Form schneiden. Ausnahme: Rosen, die Hagebutten bilden, werden natürlich nicht geschnitten. Bei den regelmäßigen Kontrollgängen sollten Sie auch gleich erkrankte Triebe und Blätter entfernen. Lockern Sie den Boden regelmäßig und wässern Sie in Trockenzeiten alle 14 Tage durchdringend, auch das fördert neue Blütenfülle. Öfterblühende erhalten danach noch einmal eine Düngergabe.

1 *Verblühtes zurückschneiden*

Nach der Blüte wird der verblühte Trieb bis auf das nächste vollständige Blatt zurückgeschnitten.

2 *Wildtrieb entfernen*

Den Trieb, meist mit hellerer Färbung und mehrfach gefiederten Blättern, direkt am Ansatz abreißen.

Rückschnitt von Verblühtem

Wo soll nun die Schere am besten angesetzt werden? Wenn Sie den abgeblühten Trieb genauer betrachten, erkennen Sie, dass direkt unter der Blüte kein vollständiges mehrteiliges Blatt sitzt. Dieses Blatt ist nur ein- bis dreiteilig. Erst das zweite oder dritte Blatt darunter ist ein voll ausgebildetes, das heißt, es ist in der Regel fünf-, sieben- oder sogar neunteilig, je nach Sorte. Direkt über diesem Blatt wird nun geschnitten. Damit legen Sie die neue Höhe der Verzweigung fest. Aus der Blattachsel ist wieder ein kräftiger Trieb zu erwarten, und das Auge treibt schnell wieder aus. Bei moderatem Rückschnitt bilden sich innerhalb der nächsten sechs Wochen neue Blüten.

Wenn Sie tiefer schneiden – was als Formkorrektur manchmal nötig sein kann –, müssen Sie länger bis zur nächsten Blüte warten. Dauerblühende Rosen, die ständig Blüten nachschieben, zeigen Ihnen, wo geschnitten werden soll. Sie treiben, kaum dass die Blüten verwelkt sind, schon wieder neu aus. Direkt über diesem Trieb können Sie den abgeblühten Trieb herausschneiden.

Bei büschelblütigen Rosen warten Sie erst, bis alle Blüten verblüht sind, dann können Sie den ganzen Blütenstand bis zu einem voll entwickelten Blatt zurückschneiden.

Rose zurückschneiden 3

Die hoch herausgewachsenen verblühten Triebe werden nach der Blüte bis auf die normale Höhe zurückgeschnitten.

Rose, in Form gebracht 4

Danach zeigt die Rose wieder eine schöne gerundete Form; seitliche Triebe dafür etwas stärker einkürzen.

Formschnitt für einmalblühende Rosen

Alle einmalblühenden Rosen sollten Sie direkt nach der Blüte in Form bringen. Im Gegensatz zum Schnitt der öfterblühenden werden erst jetzt turnusmäßig alte Triebe entfernt. Die Triebe, die danach wachsen, tragen im nächsten Jahr Blüten.

➤ **Bei Rambler- und Kaskadenrosen** kürzen Sie lange Triebe nach der Blüte ein und nehmen ältere Triebe bis zur Basis zurück.

➤ **Bei Strauchrosen** können Sie direkt während und nach der Blüte zu lange Triebe einkürzen, um eine gleichmäßige Form zu erhalten. Oft überragen neu gebildete Triebe die Blüten und mindern den Gesamteindruck (→ Abb. 3 und 4). Achten Sie beim Schnitt immer auf eine schöne Kuppelform. Alte Rosen neigen zu seitlichen langen Peitschentrieben, die sich auf den Boden legen oder weit in die andere Bepflanzung hineinwachsen. Sie können ohne Nachteile zurückgeschnitten oder als Absenker zur Vermehrung benutzt werden (→ Seite 82 f.). Regelmäßige Korrekturschnitte wirken sich insgesamt positiv auf die Blütenfülle aus, die Sträucher bleiben kompakter und fallen nicht so stark auseinander.

Blütezeit verlängern

Unweigerlich kommt nach der überschwänglichen Blütenfülle im Juni eine Phase, in der nur noch wenige Rosen blühen. Die meisten müssen erst wieder Kraft für den nächsten Blütenansatz sammeln. Doch diese Blühpause können Sie mit folgendem Trick, dem **Pinzieren,** umgehen: Der erste Flor ist in der Regel so üppig, dass es nicht auffällt, wenn bis zu einem Drittel der Triebe samt Knospen vor der Blüte entfernt werden. Zu diesem Zeitpunkt treiben die darunterliegenden Augen sofort wieder aus und blühen genau dann, wenn der erste Flor verblüht ist.

Wildtriebe schaden der Rose

Wildtriebe, die unterhalb der Veredelungsstelle austreiben, können eine Rose vollkommen überwuchern, sodass sie abstirbt und die Wildrosen-Unterlage ihren Platz einnimmt. Sie erkennen sie an der hellgrünen Färbung und den meist kleineren Blättern (→ Abb. 2). Schneiden Sie den Trieb nicht einfach ab – er wächst immer wieder nach. Legen Sie mit dem Spaten die Veredelungsstelle frei und reißen Sie den Trieb mit einer Drehbewegung ab.

➤ *Praxisinfo*

ROSEN SCHNEIDEN UND WILDTRIEBE ENTFERNEN

Zeitbedarf:

- ✗ Verblühtes ausschneiden: Beetrosen: 10 Min. je Rose; Strauchrosen: je nach Größe; 15–30 Min. je Rose; Kletterrosen: 30 Min. je Rose
- ✗ Wildtrieb entfernen: 10–15 Minuten

Werkzeug, Zubehör:

- ✗ Rosenschere
- ✗ Astschere
- ✗ Spaten zum Freilegen des Wildtriebs
- ✗ Korb oder Schubkarre zum Abtransportieren des Materials

➤ *Praxis*

Rosen selbst vermehren

• • • Rosen selbst vermehren ist gar nicht so schwer. Erweitern Sie Ihren Rosenbestand mit einfachen Methoden durch belaubte Stecklinge, Absenker oder Ausläufer. Den Abfall vom Juli-Rückschnitt nach der Blüte können Sie dazu gleich als Steckholz verwenden.

KURZ NACHDEM DER erste Blütenflor verwelkt ist, können Sie Stecklinge schneiden. Einige Rosen vermehren sich selbst durch Ausläufer, die Sie im Frühjahr und Herbst verpflanzen können. Absenker dagegen wurzeln am besten im Spätsommer.

Ganz einfach: Ausläufer

Sicherlich haben Sie das schon bei einer Rugosarose beobachtet: Manche Rosen wandern mit ihren Wurzeln und bringen in der Nähe der Mutterpflanze neue Pflanzen hervor. Eine Fähigkeit, die den Wildrosen in der Natur die Möglichkeit gibt, sich Plätze mit mehr Licht oder besserem Boden zu suchen. Zu Ausläufern neigen Albarosen, Gallicarosen, Zentifolien, Moosrosen und die Wildrosen Glanzrose (*Rosa nitida*), Virginische Rose (*Rosa virginiana*), Kartoffelrose (*Rosa rugosa*), Weinrose (*Rosa rubiginosa*) und Bibernellrose (*Rosa pimpinellifolia*). Sie können sie einfach mit einem scharfen Spaten abstechen und an einen anderen Platz setzen. Vorher die Triebe auf 20 cm herunterschneiden.

Wenn Sie neue Rosen generell beim Pflanzen mindestens 10 cm tief setzen, können sie sich von der Unterlage freimachen und eigene Wurzeln bilden. Das hat einen großen Vorteil: Sie bilden keine Wildtriebe mehr. Je nach Sorte ist es nach einigen Jahren möglich, dass die Rose Ausläufer produziert. Das ist nicht immer erwünscht, weil Ausläufer in Beeten lästig werden können. Bei einer Heckenpflanzung empfinde ich es aber als Vorteil, weil die Hecken dann schön dicht werden. Mit ein wenig Geduld können Sie so aus einer einzigen Rose eine ganze Hecke ziehen.

Gelingen leicht: Absenker

Kletterrosen, Rambler und Strauchrosen mit biegsamen Zweigen lassen sich durch heruntergebogene Zweige vermehren.

➤ Heben Sie dazu eine 20–30 cm tiefe Grube aus.

➤ Biegen Sie einen langen, reifen, aber biegsamen Trieb bis zum Boden der Grube und befestigen Sie ihn mit Krampen im Boden. Zuvor entfernen Sie in der Mitte die Laubblätter.

➤ Nun vermischen Sie den Aushub mit gereiftem Kompost und füllen die Vertiefung damit auf, sodass nur noch die Triebspitze zu sehen ist. Die Erde festtreten, angießen und die Stelle mit einem Stein markieren.

➤ Nach sechs bis zwölf Monaten hat sich der Absenker bewurzelt. Im Frühjahr oder im Herbst können Sie ihn von der Mutterpflanze abtrennen und verpflanzen. Manche Rosen wie die Vielblütige Rose (*Rosa multiflora*) oder Bodendeckerrosen wie 'Heidetraum' oder 'Immensee' entwickeln bei Erdkontakt von selbst neue Wurzeln und verbreiten sich so.

Braucht etwas Übung: Stecklinge herstellen

Stecklinge gelingen nicht bei allen Rosen, aber ein Versuch lohnt sich. Wenn Sie dann die erste selbst gezogene Rose wachsen und blühen se-

➤ *Praxisinfo*

ROSEN VERMEHREN

Zeitbedarf:
- ✗ Ausläufer abstechen und einpflanzen: 15 Minuten
- ✗ Absenker bewurzeln: 15–20 Minuten
- ✗ Stecklinge herstellen und stecken: 10 Minuten pro Steckling

Werkzeug, Zubehör:
- ✗ Spaten zum Abstechen der Ausläufer
- ✗ scharfes Messer zum Zuschneiden der Stecklinge
- ✗ Glas oder Plastiktüte zum Anziehen der Stecklinge

hen, wiegt die Freude daran einige Fehlversuche auf. Außerdem geht es schnell und einfach und kann während des Ausschneidens verblühter Triebe eben mal nebenbei gemacht werden. Es gibt verschiedene Methoden, und jeder hat seine eigenen. So geht es leicht:

➤ Nehmen Sie einen Trieb, der gerade geblüht hat, und entfernen Sie Blüten und Triebspitze bis über einem vollständigen Blatt (→ Abb. 1). Der Trieb sollte mindestens bleistiftlang sein, besser sind 30 cm. Längere Hölzer bewurzeln sich leichter.

➤ Entfernen Sie alle Blätter bis auf die beiden oberen.

➤ Stecken Sie den Steckling an einem halbschattigen Platz so tief in ein Beet oder in einen Topf mit lockerer Erde, dass nur noch ein fingerlanges Stück mit den Blättern herausschaut (→ Abb. 3). Die Erde fest andrücken und angießen (→ Abb. 4).

➤ Dann ein Einkochglas über den Steckling stülpen und den Rand des Glases fest in die Erde drücken.

➤ Nach acht bis zehn Wochen zeigen sich die ersten Triebe, manchmal auch etwas später.

➤ Bei starker Sonne etwas schattieren und im Winter mit Laub und Reisig abdecken. Nehmen Sie das Glas auf keinen Fall ab! Erst ab Mai nächsten Jahres darf es entfernt werden. Wenn es geklappt hat, wird die neue Rosenpflanze die Abdeckung von selbst anheben. Sie können natürlich die Stecklinge auch in Töpfe stecken und mit einem Plastikbeutel oder einer Mülltüte überspannen. In feuchter Luft geht die Bewurzelung leichter. Graben Sie die Töpfe im Winter an schattiger Stelle ein, häufeln Sie die Stecklinge an und decken Sie sie mit Laub und Reisig ab. Leicht bewurzeln lassen sich meiner Erfahrung nach Rambler, Teerosen, Chinarosen und Moschatarosen.

Bewurzeln in der Vase

Sie haben zu einem besonderen Anlass einen schönen Rosenstrauß geschenkt bekommen? Probieren Sie doch mal die »Vasen-Methode«! Entfernen Sie die Blüten, wenn sie verwelkt sind, und lassen Sie die Rosen so lange in der Vase stehen, bis sich Wurzeln bilden. Die Sättigung des Stecklings mit Wasser und die Beigabe von Blumenfrischhaltemittel haben hierbei vermutlich eine positive Wirkung.

Steckling schneiden 1

Schneiden Sie einen Trieb mit zwei bis drei Blattansätzen über einem Auge ab, das untere Blatt entfernen.

Substrat einfüllen 2

Mischen Sie lockere Gartenerde 1 : 1 mit Sand, legen Sie eine Tonscherbe in den Topf, füllen Sie die Erde ein.

Stecken 3

Stecken Sie den Steckling 2–3 cm tief – bis zum nächsten Blattansatz – in die Erde. Gut andrücken.

Pflegen 4

Nach dem Angießen decken Sie den Steckling mit Glas oder Plastikhaube ab. Im Winter vor Frost schützen.

Rosen im Porträt

Hinweise zur Rosenauswahl und zu den Porträts

Suchen Sie Ihre Lieblingsrosen aus einer Vielfalt der schönsten und besten Rosen aus – für Ihr ganz persönliches Rosenparadies!

Je mehr Informationen Sie über die Rosen erhalten können, umso leichter fällt die Wahl. Dazu dienen die ausgesuchten Porträts beliebter und bewährter Rosen – eine ausgewogene Mischung aus bekannten Klassikern aus den vergangenen Jahrzehnten, historischen Kostbarkeiten aus den vergangenen Jahrhunderten, berühmt gewordenen »Meilensteinen« der Züchtung und den Neuen aus den letzten zehn Jahren, die mit ihren romantischen Blütenformen oft wieder an die Vergangenheit erinnern.

Die richtige Wahl

Der Erfolg im eigenen Garten hängt im Wesentlichen davon ab, die passende Rose für den entsprechenden Standort auszusuchen. Der Standort hat einen bedeutenden Anteil daran, ob die Rose gesund ist und es auch bleibt. Sorgfalt bei der Auswahl zahlt sich aus. Aber auch Geduld ist eine gute Gärtnereigenschaft, denn Rosen brauchen eine gewisse Eingewöhnungszeit. Erst ab dem dritten Standjahr zeigen sie ihre volle Schönheit und Blütenfülle. Sollte eine Rose aber auf Dauer kümmern, kann ein Wechsel des Standorts Besserung bringen. Auch eine Gabe von abgelagertem Mist kann als Wachstumsanreiz dienen – und sogar den Duft verbessern. Wenn aber alles nichts hilft, sollten Sie Kümmerlinge durch eine andere Rose ersetzen, vorzugsweise durch eine, die als besonders robust und vital gilt. Denn es gibt einige »Alleskönner«, die es mit fast jedem Standort aufnehmen, und einige »Spezialisten«, die auf Problemstandorten gut

Die robuste, gut durchblühende Strauchrose 'Lichtkönigin Lucia' mit edelrosenähnlichen, leuchtend gelben Blüte wächst und blüht auch in Nordlagen und im Halbschatten noch gut.

gedeihen, ja sie sogar manchmal geradezu bevorzugen. Diese Informationen finden Sie unter den Punkten »Boden und Standort« und »Besonderheiten«. Wenn Sie besonders resistente Rosen suchen, achten Sie auf das ADR-Siegel und auf die Angaben unter dem Punkt »Gesundheit«, dort sind weitere Anhaltspunkte aufgeführt.

Einteilung des Porträtteils

Die Einteilung orientiert sich an der Gestalt und Wuchsform und an der unterschiedlichen Verwendung im Garten. In den beiden Unterkapiteln Edelrosen und Bodendecker-/Beet- und Zwergrosen finden Sie niedrig bleibende Rosen für Beete, Rabatten und für die Topfkultur, wobei sich auch in den anderen Gruppen dafür vereinzelt geeignete Kandidaten finden lassen. Zu den höher werdenden Strauchrosen gehören Alte Rosen und moderne Rosen, darunter Englische und Nostalgierosen. Zu den Kletterrosen gehören Climber und Rambler, die sich in ihrer Verwendung unterscheiden. Im letzten Kapitel finden Sie Wildrosen und Wildrosen-Hybriden, die sich besonders für naturnahe Gartenbereiche eignen.

Fließende Grenzen

Die Grenzen dieser Einteilung sind allerdings fließend. Rosen sind individuelle »Persönlichkeiten«, die den Gruppenkriterien nicht immer ganz entsprechen. So können einige Strauchrosen auch brauchbare Kletterrosen abgeben oder Beetrosen sich bei günstigen Bedingungen zu mittleren Strauchrosen entwickeln. Solche Informationen finden Sie selbstverständlich ebenfalls in den entsprechenden Porträts. Die Einteilung erfolgt alphabetisch in den einzelnen Unterkapiteln nach den in Deutschland gebräuchlichen Sortennamen, die mit einfachen, hochgestellten Anführungsstrichen gekennzeichnet sind. Darunter wird der Name des Züchters und das Einführungsjahr genannt, mit der Angabe des ADR-Siegels, das manchmal schon vor der Markteinführung erteilt wird. Es folgen Angaben zur Wuchshöhe und Blütezeit. Sie sind abhängig vom Standort, von der Düngung und von den speziellen Klimabedingungen und deshalb nur als ungefähre Richtwerte zu verstehen. Darunter wird die Klassen- oder Gruppenzugehörigkeit genannt.

Die Symbolzeile zeigt im Überblick die wichtigsten Merkmale der Rose und Angaben zum Standort. Auf einen Hinweis zum Gießen wurde verzichtet, da hierfür, abhängig von Standort und Klima, keine allgemein verbindliche Anleitung möglich ist – hier gelten die allgemeinen Ausführungen im Praxisteil (→ Seite 63). Direkt darunter steht ein kurzer Hinweis auf besondere Eigenschaften und Vorzüge der Rose und erhaltene Auszeichnungen.
In den beschreibenden Porträttexten finden Sie diese Angaben:
Synonym(e): Nennung von früher oder heute gebräuchlichen Sortennamen und andere Bezeichnungen der Rose, unter denen sie im Handel oder in der Literatur zu finden ist.
Blüte: Hinweis auf Blütenfülle und Blührhythmus, Farbe, Größe und Form der Blüte.
Duft: Angabe der Intensität und eine kurze Beschreibung. Rosenduft ist abhängig von Boden, Standort, Klimabedingungen und Düngergaben, außerdem wird er individuell ganz unterschiedlich empfunden. Deshalb sind Angaben darüber immer relativ und nur Anhaltspunkte.
Wuchs: Hinweise zur Wuchsform, die aufrecht oder breitbuschig sein kann und deshalb ein wichtiges Merkmal für den Platzbedarf ist, sowie zur Größe und Farbe der Blätter, der Stacheln und Angaben zu Hagebutten, soweit vorhanden.
Gesundheit: Angaben über Resistenz gegen Krankheiten, Winterhärte und Wetterfestigkeit.
Boden und Standort: Hinweise auf Verwendung im Halbschatten und Angaben über besondere Bodenansprüche.
Pflege und Schnitt: Zusätzliche Hinweise zu Düngergaben und Schnitt, die abhängig von den individuellen Eigenschaften der Rose sind.
Vermehren: Hinweis, ob die Rose über Ausläufer oder Absenker vermehrt werden kann. Die Vermehrung durch Stecklinge ist bei den meisten Rosen möglich und wird deshalb nicht eigens erwähnt.
Gestaltung: Hinweise zur Verwendung mit zusätzlichen Angaben über Kombinationen mit passenden Begleitpflanzen.
Besonderheiten: Hier finden Sie Angaben über die Abstammung und Zugehörigkeit zu bestimmten Klassen, Interessantes zur Namensgebung und Historie sowie Hervorhebung von besonders typischen Eigenschaften.

VERWENDETE SYMBOLE

- Die Rose braucht einen vollsonnigen Standort
- Die Rose verträgt auch Halbschatten
- Die Rose ist einmalblühend
- Die Rose remontiert
- Die Rose ist öfterblühend
- Die Rose duftet stark
- Die Rose duftet leicht bis mittelstark
- Die Blüten sind regenfest
- Die Rose ist winterfest
- Die Rose ist für Topfhaltung geeignet
- Die Rose ist als Schnittblume geeignet
- Die Rose ist eine gute Bienennährpflanze
- Die Rose ist pflegeleicht

Edelrosen

Perfekt geformt, dicht gefüllt, meist einzeln auf langen Stielen und lange in der Vase haltbar: Edelrosen sind die idealen Schnittrosen. In größeren Gruppen mit auflockernden Begleitpflanzen und mit anderen Rosen kombiniert, wirken sie gar nicht mehr steif.

Teehybriden, landläufig Edelrosen genannt, sind für viele der Inbegriff einer Rose: Aus einer makellosen Knospe entwickelt sich eine edel geformte, spiralig angeordnete, stark gefüllte Blüte mit leicht nach hinten gebogenen Blütenblättern, meist einzeln auf einem langen Stängel. Die ersten Teehybriden sind aus der Kreuzung von öfterblühenden Tee- und Remontantrosen (→ Seite 127) entstanden; dazu zählt die berühmte 'La France', die das Zeitalter der modernen Rosen einläutete. Die heutigen Teehybriden zeigen eine große Farbvielfalt – besonders zweifarbige wie 'Nostalgie' sind zurzeit sehr beliebt –, wachsen straff aufrecht und werden im Allgemeinen nicht höher als 1 m. Sie blühen bis in den Herbst hinein.
Bei all ihrer Schönheit haben Edelrosen auch Nachteile: Sie sind in der Regel nicht ganz winterhart und insgesamt empfindlicher als Beetrosen. Außerdem duften sie nicht immer, denn die Züchtung legte besonderen Wert auf die Haltbarkeit als Schnittrose – und stark duftende Rosen verblühen schneller. Das ist auch der Grund, warum Edelrosen aus dem Blumenladen grundsätzlich nicht duften. Die besten Sorten, von denen auf den nächsten Seiten eine kleine Auswahl vorgestellt wird, vereinen Schönheit, Duft, Haltbarkeit und Robustheit.

Ein edler Rahmen für Edelrosen: Eine Buchsumrandung kaschiert ihre oft staksigen Triebe. Passende Begleitpflanzen können diese Rolle ebenfalls übernehmen.

Im Garten: natürlich kombiniert

Früher wurden die Teehybriden gerne in Reih und Glied entlang einen Weg gepflanzt, am liebsten in knalligen Farben. Die Erinnerung daran schreckt viele heute noch von der Verwendung ab. Vergessen Sie diese Vorurteile! Durch ihren aufrechten Wuchs brauchen sie nicht viel Platz, deshalb eignen sie sich gut für kleine Gärten. Kombinieren Sie sie mit niedrigen Stauden und Sommerblumen, dann sehen Edelrosenbeete nicht so steif aus. Am schönsten wirken sie in kleinen Gruppen zu drei, fünf oder sieben gepflanzt. Die ungerade Zahl lässt Anordnungen natürlicher wirken, übrigens auch in der Vase. Am besten gedeihen Edelrosen an einem warmen, sonnigen Standort, dunkle Sorten bevorzugen leichten Schatten über Mittag. An einem Sitzplatz können Sie den Duft besonders gut genießen.

Pflege und Schnitt

Neuere Sorten sind oft robuster und gesünder als ältere. Stellen Sie ihnen, wie allen öfterblühenden Rosen, ausreichend Nährstoffe zur Verfügung. Pflanzenstärkungsmittel (→ Seite 68 f.) können chemische Spritzmittel überflüssig machen. Nicht alle sind sicher frosthart, deshalb ist Anhäufeln im Winter ratsam. Edelrosen können wie Beetrosen im Frühjahr stark zurückgeschnitten werden. Am besten aber nur alle zwei bis drei Jahre; um die Vitalität auf Dauer nicht zu schwächen, sollten Sie sie in den anderen Jahren nur um ein Drittel einkürzen. Schneiden Sie im Sommer Verblühtes regelmäßig direkt über einem vollständigen Blatt zurück. Auch für den Vasenschnitt sollten Sie möglichst nicht tiefer schneiden.

Perfekt geformt und eine außergewöhnliche Blütenfarbe: Die wunderschöne Edelrose 'Barkarole' in samtigem, dunklem Rot sieht auch im Verblühen noch edel aus.

Aachener Dom

Meilland/Strobel 1982
ADR-Rose 1982

HÖHE: 60–80 cm
BLÜTEZEIT: Juni bis Oktober
Edelrose / Teehybride

➤ *reichblühend und frosthart*

Blüte: groß, stark gefüllt, edel geformt, einzeln; Farbe silbriges Lachsrosa, das sich zur Mitte hin aufhellt; Knospe groß, rosa
Duft: zart bis mittel, fruchtig
Wuchs: aufrecht, buschig, kräftige Stängel; Blätter groß, dicht, dunkelgrün, ledrig und glänzend; im Austrieb rötlich
Gesundheit: sehr robust; hitzeverträglich, regenfest und frosthart; normal widerstandsfähig gegen Krankheiten
Boden und Standort: für alle Klimalagen geeignet, auch für Halbschatten mit mindestens 4–5 Stunden Sonne; braucht guten Boden
Pflege und Schnitt: im Frühjahr wie Beetrosen stark zurückschneiden; gut düngen und Kalimagnesium zum Ausreifen geben; im Winter anhäufeln
Gestaltung: In Gruppen mit anderen Edelrosen in Gelb-, Weiß- und Kupfertönen; für Schnittrosen- und Staudenbeete; auch als Stammrose erhältlich. Mit gelb, blau und blaulila blühenden Stauden kombinieren. Gut passen auch silberblättrige Stauden und Kräuter.

Ambiente

Noack 2001

HÖHE: 70–80 cm
BLÜTEZEIT: Juni bis Oktober
Edelrose / Teehybride

➤ *robust und gesund*

Blüte: reich blühend; Blüte groß, dicht gefüllt, edle Form; Farbe Cremeweiß bis lichtgelb; Knospe rundlich, grünlich weiß; Blüte sehr lange haltbar, auch in der Vase
Duft: leicht und angenehm
Wuchs: kräftig, stark aufrecht, buschig; Blätter mittelgroß, dunkelgrün und glänzend; lange haftend
Gesundheit: sehr widerstandsfähig gegen Pilzkrankheiten; regenfest, frosthart und hitzeverträglich
Boden und Standort: braucht guten, humosen Boden
Pflege und Schnitt: wie Beetrosen im Frühjahr stark zurückschneiden; im Frühjahr und im Juni düngen; Kalimagnesium geben; im Winter anhäufeln
Gestaltung: einzeln und in Gruppen, für Topf- und Kübelpflanzungen, auch als Hochstamm erhältlich; duftiges Schleierkraut und silbrige Blattpflanzen heben ihre Eleganz hervor
Besonderheiten: ausgesprochen reiche Blüte; für eine Teehybride ungewöhnlich robust

Arioso

Meilland 1995

HÖHE: 50–70 cm
BLÜTEZEIT: Juni bis Oktober
Edelrose / Teehybride

➤ *duftend und sehr robust*

Blüte: groß, gefüllt, mit zipflig nach hinten gebogenen Blütenblättern, einzeln auf langen Stielen; Farbe lachsrosa, etwas aufhellend
Duft: mit einem Hauch von Zitrone
Wuchs: kräftig und breitbuschig; Laub mittel- bis dunkelgrün, leicht glänzend
Gesundheit: robust, regenfest; normal gesund; auch für raue Lagen geeignet
Boden und Standort: braucht humosen Boden; wächst auch im Halbschatten bei mindestens 4–5 Stunden Sonne
Pflege und Schnitt: starker Rückschnitt im Frühjahr bringt lange Stiele für die Vase; zum Winter anhäufeln
Gestaltung: für Rosenbeete, in Gruppen, als Topfrose; auch in Kombination mit Stauden, z. B. Lavendel und Ziersalbei; zum sanften Rosaton passen Polsterthymian, Bergbohnenkraut und als dunkler Kontrast der Salbei (*Salvia officinalis*) 'Purpurascens'
Besonderheiten: Kräuter sind zu Edelrosen immer eine gute Begleitung. Sie haben eine positive Wirkung auf die Rosengesundheit.

Augusta Luise

Tantau 1999

HÖHE: 70–100 cm
BLÜTEZEIT: Juni bis Oktober
Edelrose / Teehybride

➤ *stark duftende Schnittrose*

Blüte: reich blühend; Blüte groß, üppig gefüllt, rosettenartig; Farbe champagner-rosé bis pfirsich; haltbare Schnittrose
Duft: stark und fruchtig süß
Wuchs: hoher, aufrechter Wuchs; Laub dunkelgrün
Gesundheit: normal gesund; regenfest und hitzeverträglich
Boden und Standort: braucht guten, humosen Boden; ausreichend düngen im Frühjahr und nach der ersten Blüte
Pflege und Schnitt: kann wie Beetrosen im Frühjahr stark zurückgeschnitten werden; als Solitär wie Strauchrosen schneiden; Kalimagnesium erhöht die Frosthärte; im Winter anhäufeln
Gestaltung: für Rosen- und Blumenbeete; für Schnittrosenbeete; passende Begleiter sind Stauden und Sommerblumen in Pastelltönen
Besonderheiten: gehört zur Serie »Nostalgische Blütenträume«; sie erhielt ihren Namen zu Ehren der Stiftsdame Augusta Luise Stolberg-Stolberg, einer Brieffreundin Goethes

Baronne Edmond de Rothschild

Meilland 1969 / ADR-Rose 1971

HÖHE: 80 cm
BLÜTEZEIT: Juni bis Oktober
Edelrose / Teehybride

➤ *robuste, reichblühende Duftrose*

Blüte: reich blühend; Blüte sehr groß, locker gefüllt; Farbe innen rubin- bis dunkel karmesinrot, außen silbrig; Knospe karminrot; Blüten halten lange, auch in der Vase
Duft: starker, fruchtiger Duft
Wuchs: sehr kräftig; gut nachtreibend; Blätter sehr groß, ledrig, bronzegrün und glänzend
Gesundheit: recht gesund; regenfest und relativ frosthart
Boden und Standort: gedeiht auch in rauen Lagen
Pflege und Schnitt: wie Beetrosen stark zurückschneiden; im Frühjahr und nach der Blüte düngen; Kalimagnesium geben; im Winter anhäufeln
Gestaltung: in Gruppen, als Solitär; für Schnittrosenbeete mit anderen Teehybriden; mit Kräutern und Stauden mit silbrigen Blättern wie Lavendel, Salbei, Beifuß (*Artemisia*) und Heiligenkraut (*Santolina*), die gleichzeitig die Gesundheit der Rosen fördern
Besonderheiten: wird leider nur noch selten angeboten

Candlelight

Tantau 2001

HÖHE: 80–90 cm
BLÜTEZEIT: Juni bis Oktober
Edelrose / Teehybride

➤ *romantische Blüten, starker Duft*

Blüte: groß, schöne Form, im Aufblühen altmodisch geviertelt; Farbe bernsteingelb, nicht verblassend; als Schnittrose lange haltbar
Duft: stark und würzig
Wuchs: aufrecht, buschig; lange Blütenstiele; Laub dunkelgrün, glänzend
Gesundheit: gesund und widerstandsfähig gegen Pilzkrankheiten
Boden und Standort: braucht guten humosen Boden; eignet sich nicht für Spätfrostlagen
Pflege und Schnitt: wie Beetrosen stark zurückschneiden; im Frühjahr und nach der ersten Blüte düngen, Kalimagnesium für bessere Frosthärte geben; im Winter anhäufeln
Gestaltung: als Solitär, in Gruppen, für Schnittrosenbeete; mit anderen Edelrosen in Lachs und Lila kombinieren; dazu Stauden mit gelben, lachsfarbenen und lilablauen Blüten; auch für Pflanzgefäße; als Hochstamm erhältlich
Besonderheiten: 2002 Goldene Rose in Baden-Baden; gilt als die beste gelbe Edelrose

Christoph Columbus

Meilland/Strobel 1992

HÖHE: 60–80 cm
BLÜTEZEIT: Juni bis Oktober
Edelrose / Teehybride

robust und regenfest

Blüte: groß, edel geformt, gut gefüllt, einzeln; Farbe lachsorange, mit rot überhaucht; Knospe kupferrot; gute Schnittrose
Duft: würzig, frisch
Wuchs: stark, aufrecht und buschig; Laub ledrig, mittel- bis dunkelgrün, glänzend
Gesundheit: sehr robust und regenfest; hitzeverträglich; gute Resistenz gegen Krankheiten
Boden und Standort: wächst auch im Halbschatten bei mindestens 4–5 Stunden Sonne; für regenreiche Lagen geeignet
Pflege und Schnitt: im Frühjahr wie Beetrosen stark zurückschneiden; mit ausreichend Dünger und Kalimagnesium versorgen; im Winter anhäufeln
Gestaltung: als Solitär, in Gruppen, als Hochstamm und für Topfbepflanzung geeignet; für gemischte Rosen- und Blumenbeete; zusammen mit Stauden
Besonderheiten: eingeführt zum 500-jährigen Jubiläum der Entdeckung Amerikas durch Christoph Columbus

Duftfestival

Meilland 2000

HÖHE: 60 cm
BLÜTEZEIT: Mai bis Oktober
Edelrose / Teehybride

wundervoll duftend

Blüte: früh blühend; Blüte groß, stark gefüllt, einzeln; öffnet sich edelrosenartig, voll erblüht rosettenförmig und geviertelt wie Alte Rosen; Farbe samtig dunkelrot; schöne Schnittrose
Duft: überragend, nach Alten Rosen
Wuchs: kräftig, buschig; Laub dunkelgrün und glänzend
Gesundheit: relativ frosthart; normal gesund; relativ regenfest und hitzeverträglich
Boden und Standort: benötigt guten, humosen Boden
Pflege und Schnitt: wie Beetrosen im Frühjahr stark zurückschneiden; ausreichend düngen; eine Gabe Kalimagnesium erhöht die Frosthärte; im Winter anhäufeln
Gestaltung: in Gruppen, als Hochstamm, im Topf, für Schnittrosenbeete; als Vorpflanzung und in Kombination mit Stauden; edel kombiniert mit silberblättrigen Stauden
Besonderheiten: gehört zur Serie »Duftrosen der Provence«; beste Duftrose 1999 in Baden-Baden

Focus

Noack 1997

HÖHE: 60–80 cm
BLÜTEZEIT: Juni bis Oktober
Edelrose / Teehybride

sehr gesund, edle Blüten

Blüte: groß, edel, dicht gefüllt; Knospe rundlich; Farbe lachsrosa; sehr gute Schnittrose
Duft: leichter Wildrosenduft
Wuchs: starkwüchsig, aufrecht, buschig; Laub glänzend, dunkelgrün, ledrig; lange haftend
Gesundheit: robust und winterhart; besitzt für diese Gruppe ungewöhnliche Widerstandsfähigkeit gegen Krankheiten; hitzeverträglich
Boden und Standort: braucht guten, humosen Boden
Pflege und Schnitt: wie Beetrosen im Frühjahr stark zurückschneiden; Verblühtes im Sommer regelmäßig entfernen; ausreichend düngen, Kalimagnesium geben; im Winter anhäufeln
Gestaltung: als Solitär, in Gruppen, für Schnittrosenbeete und für Kübel; mit blau blühenden, gelben und lachsfarbenen Stauden kombinieren; besonders edel mit Madonnenlilien
Besonderheiten: Goldene Rose von Den Haag 2000 und zahlreiche weitere internationale Auszeichungen

Frederic Mistral

Meilland/Strobel 1993

HÖHE: 0,8–1 m und mehr
BLÜTEZEIT: Juni bis Oktober
Edelrose / Teehybride

➤ *blühfreudig und stark duftend*

Blüte: zuverlässig dauerblühend; Blüte groß, sehr edel; rundliche Knospe; dicht gefüllt im nostalgischen Stil; in allen Blühstadien attraktiv; Farbe reines Rosa mit hellerem Rand; lange haltbar in der Vase
Duft: sehr intensiv, nach Alten Rosen und Zitrone
Wuchs: breitbuschig und aufrecht wachsend; bis unten belaubt; Blätter mittel- bis dunkelgrün, groß, leicht glänzend; rötlicher Austrieb
Gesundheit: robust und normal gesund; relativ regenfest
Boden und Standort: braucht guten, humosen Boden
Pflege und Schnitt: die stark wachsende Rose nur leicht zurückschneiden, dann behält sie die schöne Strauchform; ausreichend düngen; Kalimagnesium geben; im Winter anhäufeln
Gestaltung: für Gruppenpflanzung, auch in Kombination mit Stauden; als Stammrose und für Gefäße
Besonderheiten: gehört zur Reihe »Duftrosen der Provence«

Gloria Dei

Meilland/Strobel 1945

HÖHE: 80–120 cm
BLÜTEZEIT: Juni bis zum Frost
Edelrose / Teehybride

➤ *berühmte, sehr robuste Rose*

Synonyme: 'Peace', 'Mme A. Meilland', 'Gioia'
Blüte: groß, gut gefüllt; Farbe goldgelb mit rosa Rand, im Verblühen aufhellend; Knospe rötlich; lange haltbare Schnittrose
Duft: angenehm, leicht
Wuchs: stark, sehr aufrecht, breitbuschig, verzweigt; Blätter dunkelgrün, groß, stark glänzend
Gesundheit: sehr robust; normal gesund; regenfest und hitzeverträglich
Boden und Standort: toleriert Halbschatten bei mind. 4–5 Stunden Sonne
Pflege und Schnitt: nicht zu stark zurückschneiden, um überlange Triebbildung zu vermeiden; ausreichend düngen, Kalimagnesium geben; im Winter anhäufeln
Gestaltung: als Solitär mit Stauden und Sommerblumen; als Stammrose, für Topfbepflanzung
Besonderheiten: berühmte Rose; 1976 erste Weltrose; 1945 als Symbol für den Weltfrieden eingeführt; die meistverkaufte Rose der Welt (über 100 Mio.)

Ingrid Bergman

Poulsen 1985

HÖHE: 60–80 cm
BLÜTEZEIT: Juni bis Oktober
Edelrose / Teehybride

➤ *dauerblühend und robust*

Blüte: früh, reich- und ausdauernd blühend; Blüte groß, edel, dicht gefüllt, einzeln; Farbe samtiges Rot; Knospe schwarzrot; nicht verblauend; gute Schnittrose; Blüten halten lange
Duft: leicht, angenehm
Wuchs: stark, aufrecht, gut verzweigt; Laub glänzend, dunkelgrün, ledrig
Gesundheit: sehr robust; winterhart; normal gesund
Boden und Standort: braucht guten, humosen Boden; auch für Höhenlagen geeignet; toleriert Halbschatten mit mindestens 4–5 Stunden Sonne; leichter Schatten über Mittag verhindert, dass die Blüten zu stark verbrennen
Pflege und Schnitt: wie Beetrosen im Frühjahr stark zurückschneiden; ausreichend düngen, Kalimagnesium geben; im Winter anhäufeln
Gestaltung: in Gruppen, für Schnittrosenbeete; als Hochstamm und für Pflanzgefäße
Besonderheiten: Weltrose 2000; nach der bekannten schwedischen Filmschauspielerin benannt

WEITERE EDELROSEN

Name	Blüte, Höhe, Hinweise
André le Nôtre Meilland 2001 Edelrose/ Teehybride	Blüte zartrosa, stark gefüllt, starker Duft nach Rose mit Zitrone, öfterblühend; Höhe 60–80 cm; widerstandsfähig
Annapurna Dorieux 2002 Edelrose/ Teehybride	Blüte weiß, stark gefüllt, starker, lieblicher Duft, öfterblühend; Höhe 60–80 cm; widerstandsfähig
Barkarole Tantau 1988 Edelrose/ Teehybride	Blüte schwarzrot, perfekt geformt, mittelstarker Duft, öfterblühend; Höhe 80 cm; gesund
Chartreuse de Parme Delbard 1996 Edelrose/Teehybride	Blüte violettrosa, gut gefüllt, Duft schwer, fruchtig-süß, verströmend, öfterblühend; Höhe bis 90 cm; anfällig
Crimson Glory Kordes 1935 Edelrose/ Teehybride	Blüte samtig dunkelrot, gefüllt, wunderbarer, starker Duft; Höhe 60–70 cm; anfällig; Liebhabersorte
La France Guillot 1867 Historische Teehybride	Blüte rosa, außen dunkler, gefüllt, guter Duft; remontierend; Höhe bis 60 cm; etwas anfällig
Mainzer Fastnacht Tantau 1989 Edelrose/ Teehybride	Blüte fliederfarben, gefüllt, starker, frisch-würziger Duft, öfterblühend; Höhe 80–90 cm; anfällig; Liebhabersorte
Marco Polo Meilland 1991 Edelrose/ Teehybride	Blüte goldgelb, locker gefüllt, mittlerer, gewürziger Duft, öfterblühend; Höhe 70–80 cm; widerstandsfähig
Porta Nigra Meilland 1992 Edelrose/ Teehybride	Blüte samtig dunkelrot, gefüllt, nach Apfel duftend, öfterblühend; Höhe 50–70 cm; widerstandsfähig
Pullmann Orient Express, Baily Nurseries/Meilland 2002 Edelrose/Teehybride	Blüte gelb mit dunkelrosa Rand, intensiver Duft, öfterblühend; Höhe 60–80 cm; widerstandsfähig
Violina Tantau 1997 Edelrose/ Teehybride	Blüte zartrosa, gefüllt, sehr groß, Duft leicht, öfterblühend; Höhe 0,8–1 m; widerstandsfähig

Nostalgie

Tantau 1996

HÖHE: 60–100 cm
BLÜTEZEIT: Juni bis Oktober
Edelrose / Teehybride

➤ *nostalgisch mit besonderem Flair*

Blüte: öfter- und reichblühend; Blüte groß, vor dem Öffnen ballförmig, stark gefüllt, meist einzeln; Farbe sehr auffallend: äußere Blütenblätter kirschrot, innere cremeweiß; Blüten halten lange in der Vase
Duft: gut, angenehm
Wuchs: kräftig wachsend, aufrecht, gut verzweigt; schnell nachtreibend; Laub dunkelgrün, ledrig und glänzend; im Austrieb rötlich
Gesundheit: robust und normal gesund; relativ frosthart und wetterfest
Boden und Standort: für fast jeden Standort geeignet
Pflege und Schnitt: wie Beetrosen im Frühjahr stark zurückschneiden; nach der ersten Blüte nochmals düngen; im Winter anhäufeln
Gestaltung: als Solitär und in Gruppen; als Hochstamm und für Töpfe; zusammen mit Rosen und Stauden mit Blüten in Cremeweiß
Besonderheiten: sehr beliebt wegen ihrer wohlgeformten Blüten und der ungewöhnlichen Farbkombination

Old Port

McCredy 1994

HÖHE: 50–120 cm
BLÜTEZEIT: Juni bis Oktober
Edelrose / Teehybride

➤ *nostalgische Schnittrose*

Blüte: sehr groß, stark gefüllt, schön geviertelt, im Stil Alter Rosen; Farbe leuchtend fuchsienrot bis violett, am Rand silbrig überlaufen; schöne Schnittrose
Duft: nach Portwein
Wuchs: aufrecht, buschig, mittelstark; Laub mittel- bis dunkelgrün, glänzend
Gesundheit: normal gesund und frosthart; regenfest
Boden und Standort: braucht guten, humosen Boden
Pflege und Schnitt: wie Strauchrosen im Frühjahr um ein bis zwei Drittel zurückschneiden; ausreichend düngen; Kalimagnesium fördert die Frosthärte; im Winter anhäufeln
Gestaltung: als Solitär; in Gruppen mit anderen Edelrosen in Gelb, Rosa und Weiß; Stauden und Sommerblumen dann in der gleichen Farbskala wählen; raffinierte Ergänzung: die Weinraute (*Ruta graveolens*) mit ihrem dekorativen blaugrauen Laub und gelben Blüten
Besonderheiten: Farbe und Duft erinnern an Portwein.

Paul Ricard

Meilland/Strobel 1991

HÖHE: 60–70 cm
BLÜTEZEIT: Juni bis Oktober
Edelrose / Teehybride

➤ *stark duftende Schnittrose*

Blüte: reichblühend; Blüte groß, gut gefüllt, nostalgische Form, einzeln; Farbe pastellgelb, in der Mitte honigfarben; schöne Schnittrose mit interessanter Duftnote
Duft: stark, nach Anis
Wuchs: stark wachsend, breitbuschig und gut verzweigt; Blätter mittelgroß, mittel- bis dunkelgrün und glänzend
Gesundheit: normale Resistenz gegen Krankheiten; hitzeverträglich
Boden und Standort: braucht guten, humosen Boden; auch für den Halbschatten geeignet
Pflege und Schnitt: Wie alle Edelrosen vor dem Winter hoch anhäufeln; sollte die Rose zurückfrieren, bleiben die Augen an der Basis erhalten. Es erfolgt dann schnell ein neuer Austrieb, und die ursprüngliche Höhe wird bald wieder erreicht. Im Frühjahr und im Juni nach dem ersten Blütenflor düngen; zur Förderung der Winterhärte Kalimagnesium geben.
Gestaltung: für Rosen- und Blumenbeete und für den Duftgarten; für Schnittrosenbeete, zusammen mit anderen Edelrosen; als Solitär oder in Gruppen; besonders schön kombiniert mit duftenden Kräutern wie Lavendel, Thymian, Ysop, Bergbohnenkraut, Bergminze (*Calamintha nepeta*) und Oregano: Die Kräuter steuern zu dem außergewöhnlichen Anisduft der Rose weitere würzige oder frische Duftnoten bei und fördern gleichzeitig die Gesundheit; wie alle Rosen gedeihen vor allem Edelrosen mit Begleitpflanzen besser. Gut passen auch Glockenblumen in Blau und in Weiß, Ziersalbei, Katzenminze, die lilablaue Verbene *Verbena bonarienis*, der Staudenlein (*Linum perenne*) und zarte Gräser wie Federgras (*Stipa media*) und Echtes Federgras (*Stipa pennata*).
Besonderheiten: 'Paul Ricard' gehört zur Serie »Duftrosen der Provence«. Der Name geht auf den bekannten französischen Aperitif Ricard mit dem typischen Anisgeschmack zurück. Die Rosenzüchter-Familie Meilland züchtet seit mehr als fünf Generationen Rosen in Frankreich. Ihre Duftrosen erwecken Erinnerungen an den vielschichtigen Duft Alter Rosen mit einer breiten Palette unterschiedlicher Duftnuancen wie Anis und Zitrone sowie diverser Farbrichtungen.

Sebastian Kneipp

Kordes 1997

HÖHE: bis 100 cm
BLÜTEZEIT: Juni bis Oktober
Edelrose / Teehybride

➤ *robust und reichblühend*

Blüte: groß, stark gefüllt, geviertelt, in Büscheln; Farbe cremeweiß mit einem Hauch von apricot, später aufhellend; Knospe rund, grünlich
Duft: stark und süß, mit einem Hauch von Anis
Wuchs: aufrecht, gut verzweigt; schnell nachtreibend; wird oft höher als angegeben; Laub dunkelgrün und glänzend
Gesundheit: robust und winterhart; normale Gesundheit; hitzeverträglich
Boden und Standort: braucht guten, humosen Boden; auch für den Halbschatten geeignet
Pflege und Schnitt: wie Strauchrosen oder Kletterrosen schneiden, je nach vorhandenem Platz; ausreichend düngen; Kalimagnesium im August fördert die Frosthärte; im Winter anhäufeln
Gestaltung: in Gruppen, als Solitär, für Töpfe; auch als kleine Kletterrose
Besonderheiten: romantisch wirkend im Stil Alter Rosen; Anlass der Namensgebung war der 100. Todestag des bekannten naturheilkundigen Pfarrers Sebastian Kneipp

Beet-, Bodendecker- und Zwergrosen

Leuchtende Farben, üppige Blütenfülle, vielseitig und robust: Die neue Generation der niedrig bleibenden Rosen ist für pflegeleichte Gärten eine Bereicherung. Aber auch die wiederentdeckten reich- und dauerblühenden historischen Polyantharosen lohnen sehr.

Wenn Sie dauerhaften Farbenrausch mit Fernwirkung während der gesamten Saison bis zum Frost in Beeten und Rabatten wünschen, sind Beet- und Bodendeckerrosen, die häufig auch als Flächenrosen und neuerdings als Kleinstrauchrosen bezeichnet werden, unschlagbar. Sie sind robuster und gesünder als Edelrosen, ideal für den pflegeleichten Garten und für alle Rosenliebhaber geeignet, die ihre Pflanzen nicht immer hätscheln und pflegen wollen.

➤ **Beetrosen** blühen im Gegensatz zu den Edelrosen in Büscheln. Sie wurden früher in Polyantha- und Floribundarosen eingeteilt. **Polyantharosen** haben dichte Blütendolden mit kleinen Blüten. **Floribundarosen**, die später durch Einkreuzen großblumiger Rosen entstanden, haben weniger Dolden und dafür größere Blüten. Diese Einteilung wird allerdings nicht mehr vorgenommen, denn durch die Züchtung sind bei den neueren Sorten die Unterschiede verwischt. Für den Rosenliebhaber sind die älteren Polyantharosen, die noch die typischen Eigenschaften haben, interessant, deshalb werden sie in den Porträts besonders gekennzeichnet.

➤ **Bodendeckerrosen** sollen Beete flächig bedecken, sodass kaum Unkraut hochkommen kann. Sie sind wuchsfreudig, robust und wenig anfällig für Pilzkrankheiten. Unter diesem Namen werden Rosen mit unterschiedlichen Wuchsformen von steil-aufrecht über niedrigbuschig bis flächig-niederliegend angeboten. Leider duften sie meist wenig oder gar nicht.

➤ **Zwergrosen,** auch als Miniaturrosen oder Patiorosen im Handel, wachsen sehr kompakt und eignen sich gut für die Bepflanzung von Steingärten, Balkonkästen und Töpfen oder als Einfassung von Beeten. Sie bleiben mit ca. 30 cm deutlich niedriger als die Beetrosen.

Eine flächige Bepflanzung mit lange blühenden Bodendecker- und Beetrosen und leuchtend blauem Rittersporn sorgen für Farbakzente, die wenig Pflege erfordern.

Im Garten: vielseitig verwendbar

Alle hier als Porträt vorgestellten Rosen unterscheiden sich von den Strauchrosen durch die geringe Höhe, die selten 1 m überschreitet. Wie bei allen Rosen, die in bestimmten Kategorien zusammengefasst werden, entscheiden die individuellen Eigenschaften jeder einzelnen Rose über ihre Verwendung. Bei der Vielfalt ist für jeden Geschmack und für jeden Zweck das Richtige dabei. Sie eignen sich für Beete und Rabatten in Harmonie mit Stauden, Gräsern und Gehölzen. Die besten Effekte erzielen Sie in kleinen und größeren Gruppen. Und: Je sonniger sie stehen, desto besser blühen sie.

Pflege und Schnitt

Beet- und Bodendeckerrosen können Sie stark oder weniger stark zurückschneiden (→ Seite 76 f.). Ohne Schnitt können sie um einiges höher werden, als angegeben. Zwergrosen werden nur leicht zurückgeschnitten. Betrachten Sie die Schnittanleitungen nur als Empfehlungen, die an die jeweilige Situation und an die Wuchskraft der Rose angepasst werden können.

Nur 50–60 cm hoch wird die neuere, buschig wachsende Bodendeckerrose 'Pink Swany' mit nostalgisch gefüllten, kleinen Blüten in kräftigem Rosa.

Alba Meidiland

Meilland 1987

HÖHE: 60–70 cm
BLÜTEZEIT: Juni bis Oktober
Bodendeckerrose

➤ *dauerblühend und gesund*

Blüte: reich blühend; Blüte klein, dicht gefüllt, in großen Dolden; Farbe schneeweiß, zartgelb überhaucht; sehr haltbar
Duft: duftet nicht
Wuchs: breitbuschig und ausladend; überhängend; Laub zierlich, glänzend
Gesundheit: sehr frosthart, hitzeverträglich und regenfest; gute Widerstandsfähigkeit gegen Krankheiten
Boden und Standort: für raue Lagen geeignet; bevorzugt sonnige Standorte, toleriert jedoch Halbschatten mit mindestens 4–5 Stunden Sonne
Pflege und Schnitt: kann alle 2–3 Jahre im Frühjahr stark zurückgeschnitten werden; Sommerschnitt nicht nötig
Gestaltung: in Gruppen; für niedrige Hecken als Vorpflanzung; für Kübel und als Hochstamm; schöner Kontrast zwischen glänzendem Laub und weißen Blüten: Unterpflanzung aus Purpurglöckchen (*Heuchera micrantha*) 'Palace Purple' mit purpurfarbenen Blättern
Besonderheiten: wie alle Meidilandrosen ist sie wurzelecht erhältlich

Alberich

De Ruiter 1954

HÖHE: 20–40 cm
BLÜTEZEIT: Juni/Juli – Oktober
Zwergrose / Polyantharose

➤ *dauerblühend und frosthart*

Blüte: reich blühend; Blüte sehr klein, halb gefüllt, in dichten, pyramidal aufgebauten Rispen; Farbe johannisbeerrot, leicht verblauend
Duft: duftet nicht
Wuchs: kräftig, buschig; Blätter klein, länglich zugespitzt, tiefgrün, glänzend
Gesundheit: sehr robust und widerstandsfähig; sehr frosthart
Pflege und Schnitt: Verblühtes regelmäßig ausschneiden; im Frühjahr etwa um die Hälfte einkürzen
Gestaltung: in Gruppen, als Beeteinfassung, für Töpfe; als Hochstämmchen für Terrasse und Balkon, z. B. mit Lobelien unterpflanzt
Besonderheiten: Gehört zu den älteren Polyantha-Hybriden, die bis zur Mitte des vorigen Jahrhunderts sehr beliebt waren. Ein Elternteil ist *Rosa multiflora* (damals *Rosa polyantha,* Name!). Besonders die älteren Sorten blühen unermüdlich und sind sehr widerstandsfähig. Der Sport 'Climbing Alberich' wird bis zu 2 m hoch und kann als kleine Kletterrose verwendet werden.

Apfelblüte

Noack 1992 / ADR-Rose 1991

HÖHE: 80–100 cm
BLÜTEZEIT: Juni bis Oktober
Bodendeckerrose / Flächenrose

➤ *gesund und reichblühend*

Blüte: öfterblühend; Blüte klein, ungefüllt, in Dolden; Farbe weiß, mit auffallenden und leuchtend gelben Staubgefäßen
Duft: duftet nicht
Wuchs: niedrig, buschig-kompakt; stark überhängend; Laub glänzend dunkelgrün
Gesundheit: regenfest und winterhart; verträgt Hitze; hohe Resistenz gegen Pilzkrankheiten
Pflege und Schnitt: nach 2–3 Jahren kann ein starker Rückschnitt erfolgen
Gestaltung: als Solitär, in Gruppen, für flächige Bepflanzung; auch als Hochstamm; wegen des Wildrosencharakters besonders für naturnahe Gärten geeignet, z. B. als Vorpflanzung vor höheren Wildrosenhecken
Besonderheiten: Gehört zu den besonders reich- und lange blühenden »Flower-Carpet-Rosen« (deutsch: »Blütenteppich«). Diese Rosen sind äußerst robust und gesund. Die erste in dieser Reihe war die bekannte und häufig gepflanzte 'Heidetraum' (→ Seite 105).

Aprikola

Kordes 2000 / ADR-Rose 2001

HÖHE: 60–80 cm
BLÜTEZEIT: Juni bis Oktober
Beetrose

➤ *gesund und dauerblühend*

Blüte: reichblühend; Blüte mittelgroß, gefüllt; Knospe rundlich, rot; meist in Dolden; Farbe apricot-gelb, im Verblühen zu apricot-rosa übergehend
Duft: fruchtig-herb
Wuchs: breitbuschig, aufrecht wachsend, gut verzweigt; Blätter mittelgroß, dunkelgrün und stark glänzend; im Austrieb rötlich
Gesundheit: widerstandsfähig gegen Pilzkrankheiten; hitzeverträglich und regenfest
Pflege und Schnitt: kann als flächig eingesetzte Beetrose stark zurückgeschnitten werden; für einen mehr strauchartigen Charakter wie Strauchrosen schneiden
Gestaltung: ideale Beetrose für Gruppen oder als Solitär; auch als Hoch- und Halbstamm
Besonderheiten: Sie gehört zu den »Rigo-Rosen«, einer Züchtungslinie mit hoher Widerstandsfähigkeit gegen Pilzkrankheiten, und ist auch wurzelecht im Rekord-Sortiment erhältlich (→ Porträt Bad Birnbach, rechts).

Aspirin

Tantau 1997 / ADR-Rose 1995

HÖHE: 60–80 cm
BLÜTEZEIT: Juni bis Oktober
Bodendeckerrose

➤ *blühfreudig, regenfest, gesund*

Blüte: dauer- und reichblühend; Blüte mittelgroß, edel geformt und halb gefüllt; in großen Büscheln; Farbe weiß, leicht rosa überhaucht; bei kühlem Wetter und im Verblühen verstärkt sich der Rosaton
Duft: schwacher bis kein Duft
Wuchs: buschig, breit, sehr kompakt; Laub mittelgrün und glänzend
Gesundheit: widerstandsfähig gegen Pilzkrankheiten; robust und frosthart; regenfest und sehr hitzebeständig; gute Selbstreinigung der Blüten
Pflege und Schnitt: als Bodendecker stark zurückschneiden; als kleine Strauchrose, im Beet oder im Topf eingesetzt: im Frühjahr um ein bis zwei Drittel zurückschneiden
Gestaltung: ideal als Bodendecker und in Beeten; als Solitär, als Hochstämmchen, im Kübel; reizvoll: mit niedrigen Stauden, z. B. Lavendel oder Polsterglockenblumen in Lilablau, Blau, Weiß
Besonderheiten: Silbermedaille auf der Buga 1997; Name zum 100. Geburtstag des Medikaments

Bad Birnbach

Kordes 1999 / ADR-Rose 2000

HÖHE: bis 50 cm
BLÜTEZEIT: Juni bis zum Frost
Beetrose

➤ *robust und dauerblühend*

Blüte: reichblühend; starker erster Flor und starke Nachblüten; Blüte mittelgroß, halb gefüllt; Farbe leuchtend lachsrosa; Knospe spitz, lachsrot; stets in Dolden
Duft: duftet kaum
Wuchs: breitbuschig, bis 60 cm breit; lockere Wuchsform; Laub mittelgrün, schwach glänzend
Gesundheit: resistent gegen Pilzkrankheiten; hitzeverträglich, regenfest
Pflege und Schnitt: wie Beetrosen schneiden
Gestaltung: ideale Beet- und Bodendeckerrose, vielseitig zu verwenden; auch als Hochstamm und für Töpfe geeignet; passende Begleitpflanzen sind niedrig bleibende Kräuter wie Quendel (*Thymus serpyllum*) und Bergbohnenkraut (*Satureja montana*)
Besonderheiten: Sie gehört zu den besonders robusten »Rigo-Rosen« und ist wurzelecht im Rekord-Sortiment erhältlich. Diese Rosen bilden keine Wildtriebe und eignen sich deshalb besonders für flächige Bepflanzungen.

Banquet

Hofmann/Noack 2001

HÖHE: bis 60 cm
BLÜTEZEIT: Juni bis Oktober
Beetrose

➤ *sehr gesund und regenfest*

Blüte: mittelgroß, locker gefüllt, in Büscheln; Farbe creme bis zartrosa, in der Mitte apricot
Duft: duftet nur leicht
Wuchs: aufrecht, buschig; Laub dunkelgrün, ledrig, glänzend; lange haftend
Gesundheit: sehr gesund und sehr frosthart; hitzeverträglich, regenfest
Pflege und Schnitt: wie Beetrosen schneiden
Gestaltung: Vielseitig verwendbar; als Solitär, in Gruppen, für Töpfe; auch als Hochstamm erhältlich. Die Begleitpflanzen sollten eher leicht und luftig wirken für diese zart wirkende Rose: Wählen Sie z. B. nach Honig riechenden, weiß blühenden Duftsteinrich (*Lobularia maritima*), Hornveilchen in hellen Blaunuancen – wie die besonders langlebige 'Boughton Blue' mit hellblauen Blüten –, Polsterglockenblumen oder nach Minze duftenden Steinquendel (*Calamintha nepeta*) mit kleinen Blüten in hellem Lila. Buchskugeln und Blattpflanzen können dem luftigen Bild Struktur geben.

Bernstein-Rose

Tantau 1987

HÖHE: 60–80 cm
BLÜTEZEIT: Mai/Juni bis Oktober
Beetrose

➤ *robust und wetterfest*

Blüte: reichblühend, früh; Blüte mittelgroß, üppig gefüllt, rosettenförmig, nostalgisches Aussehen; lange haltbar, auch in der Vase; Farbe leuchtendes Bernsteingelb; Knospe rötlich
Duft: stark, fruchtig, nach Aprikosen
Wuchs: kompakt und aufrecht; Laub dunkelgrün, glänzend
Gesundheit: gute Blattgesundheit; Sternrußtau kann vorkommen; sehr frosthart und regenfest
Boden und Standort: nicht für heiße und trockene Standorte geeignet
Pflege und Schnitt: wie eine Strauchrose, nur leicht zurückschneiden; bei flächiger Verwendung kann sie auch stärker zurückgeschnitten werden
Gestaltung: für Beete, Rabatten und Pflanzgefäße; auch als Stammrose erhältlich; schöne Kombinationen mit Stauden in verschiedenen Blautönen oder grünlich gelbem Frauenmantel (*Alchemilla mollis*)
Besonderheiten: beliebte Rose; ihr Aussehen erinnert an Englische Rosen; eine der frühesten Beetrosen

Betty Prior

Prior 1935

HÖHE: 60–120 cm
BLÜTEZEIT: Juni bis zum Frost
Beetrose / Polyantharose

➤ *anspruchslos und dauerblühend*

Blüte: reichblühend; Blüte mittelgroß, einfach, schalenförmig, in großen Dolden; Farbe außen karminrosa, innen heller; verblasst etwas im Verblühen; Knospe karminrot
Duft: duftet nicht
Wuchs: schlanker, aufrechter Wuchs, oben breiter; Blätter groß, mattgrün, im Austrieb stark rötlich; dichtes Laub
Gesundheit: gesund und frosthart, regenfest
Pflege und Schnitt: kein starker Schnitt notwendig; wie Strauchrosen im Frühjahr um ein bis zwei Drittel zurückschneiden
Gestaltung: in Gruppen, als Solitär zusammen mit Stauden, z. B. Katzenminze (*Nepeta*), Frauenmantel oder zweijährigem Fingerhut
Besonderheiten: 'Betty Prior' gehört zu den älteren Polyantha-Hybriden (→ Seite 106), die für ihren Charme, ihre Dauerblütigkeit und Robustheit gerühmt werden. Sie blüht unermüdlich und überbrückt damit längere Rosenpausen im Hochsommer.

Bonica

Meilland/Strobel 1982
ADR-Rose 1982

HÖHE: 60–120 cm und mehr
BLÜTEZEIT: Juni bis zum Frost
Beetrose

➤ *dauerblühend und sehr robust*

Blüte: reichblühend; Blüte mittelgroß, gefüllt, in dichten Büscheln; Farbe zartrosa mit leichtem Lachston, leicht aufhellend; Knospe intensiv rosa; gute Schnittrose
Duft: ohne Duft, manchmal zart
Wuchs: breitbuschig, locker verzweigt; Blätter klein, mittelgrün, ledrig und glänzend
Gesundheit: regenfest und frosthart
Boden und Standort: auch für weniger optimale Standorte und für raue Lagen geeignet; für Halbschatten bei mindestens 4–5 Stunden Sonne
Pflege und Schnitt: kann stark zurückgeschnitten werden
Gestaltung: als Solitär, in Gruppen, auch als Hecke und Hochstamm, für Töpfe; kann auch als Bodendeckerrose verwendet werden; passende Stauden: Ziersalbei (*Salvia nemorosa*) 'Mainacht' und 'Ostfriesland', Schafgarbe (*Achillea*-Hybride) 'Moonshine', Spornblume (*Centranthus ruber*), Frauenmantel
Besonderheiten: eine besonders zähe und dankbare Rose; Weltrose 2003

Brautzauber

Noack 1999 / ADR-Rose 1999

HÖHE: 70–80 cm
BLÜTEZEIT: Juni/Juli bis Oktober
Beetrose

➤ *dauerblühend und sehr gesund*

Blüte: reichblühend und spät blühend; Blüten klein, leicht gefüllt; Farbe leuchtend weiß mit gelber Mitte und gelben Staubgefäßen
Duft: duftet nicht
Wuchs: aufrecht, buschig und überhängend; so breit wie hoch; Blätter mittelgroß, dunkelgrün und glänzend; lange haftend
Gesundheit: robust, sehr gesund; sehr frosthart und regenfest; hitzeverträglich
Boden und Standort: Sonnige Lage und lockerer humoser Boden fördern eine gute Entwicklung.
Pflege und Schnitt: kann alle 2–3 Jahre stark zurückgeschnitten werden; wenn als Solitär gepflanzt, dann wie eine Strauchrose in Form schneiden; im Frühjahr und nach der ersten Blüte ein zweites Mal düngen
Gestaltung: wegen der schönen, anmutigen Wirkung und der besonderen Harmonie zwischen Blattwerk und Blütenfarbe vielseitig zu verwenden; als Solitär und in Gruppen besonders schön in der Kombination mit gelb blühenden Stauden und Sommerblumen, um die Farbe der Mitte und der Staubgefäße aufzugreifen; ideal auch für ein »weißes Beet« in voller Sonne mit Glockenblumen (*Campanula persicifolia*), Schleierkraut (*Gypsophila paniculata*) und weiß blühendem Rittersporn; für naturnahe Gartengestaltung geeignet; ebenso für Töpfe und Kübel
Besonderheiten: Silbermedaille auf der Bundesgartenschau 2001. Der »Newcomer« Noack in der Rosenzüchtung (verglichen mit französischen Rosenzüchtern wie Guillot und Meilland, deren Häuser eine lange Tradition haben) ist bekannt für seine besonders gesunden Züchtungen. Sie sind farbenfroh, widerstandsfähig, pflegeleicht und winterhart und tragen gesundes, kräftiges, lange haftendes Laub. Für kleine Gärten und Töpfe plant Noack zukünftig noch mehr Sorten mit gedrungenem überhängenden Wuchs zu züchten, mit überdurchschnittlicher Blütenfülle und Blühdauer. Viele seiner Züchtungen tragen das ADR-Gütesiegel. Ein Nachteil für Duftliebhaber ist der oft fehlende Duft. Als dauerhaftes »Basisprogramm« sind die robusten Rosen dennoch sehr beliebt. Als Ausgleich können Sie einfach Duftrosen dazupflanzen.

Celina

Noack 1999 / ADR-Rose 1999

HÖHE: 60–80 cm
BLÜTEZEIT: Mai/Juni bis Oktober
Beetrose / Bodendeckerrose

› *reichblühend und gesund*

Blüte: früh blühend; üppige erste Blüte, später schwächer; Blüte mittelgroß, halb gefüllt, in großen Dolden; Farbe weiches Hellgelb, zartgelbe Staubgefäße; Knospe rötlich überhaucht
Duft: leicht, lieblich
Wuchs: buschig und bogig überhängend; Blätter mittelgroß, hellgrün, später dunkler, schwach glänzend
Gesundheit: gute Pilzresistenz; hitzebeständig und regenfest; frosthart
Pflege und Schnitt: benötigt die ersten Jahre keinen Schnitt; nach 2–3 Jahren kann sie wie alle Bodendecker stark zurückgeschnitten werden; Sommerschnitt fördert die Nachblüte
Gestaltung: vielseitig zu verwenden: als Bodendecker, vor hohen Strauchrosen, für Töpfe, als Hochstamm; zum zarten Farbton passen *Erigeron*-Hybriden (Feinstrahlastern) in Weiß, Rosa oder Hellviolett, Prachtkerze (*Gaura lindheimeri*) in Weiß, fliederfarbener Meerlavendel (*Limonium latifolium*)
Besonderheiten: eine der wenigen robusten gelben Bodendeckerrosen

Charmant

Kordes 1999 / ADR-Rose 2004

HÖHE: bis 40 cm
BLÜTEZEIT: Juni bis Oktober
Zwergrose / Bodendeckerrose

› *reichblühend und robust*

Blüte: klein, gefüllt, in Dolden; Farbe kräftiges Rosa mit gelbweißer Mitte, Rückseite cremeweiß
Duft: leicht, süßlich
Wuchs: breitbuschig, kompakt; Blätter dunkelgrün, sehr klein, stark glänzend; beim Austrieb rötlich
Gesundheit: robust; gute Resistenz gegen Krankheiten; hitzeverträglich
Pflege und Schnitt: kann im Frühjahr um die Hälfte zurückgeschnitten werden; nach der ersten Blüte nochmals düngen
Gestaltung: für Töpfe, als Vorpflanzung und als Halbstamm; gut zu kombinieren z. B. mit niedrig bleibenden Hornveilchen und der nur 20 cm hoch werdenden Katzenminze (*Nepeta* x *faassenii*) 'Blauknirps' in einem auffallend leuchtenden Blau, die von Juni bis September blüht; niedrig bleiben auch die *Origanum*-Hybriden 'Herrenhausen' (dunkelviolett) und 'Rosenkuppel' (rosarot)
Besonderheiten: erhielt auf internationalen Rosenschauen Gold-, Silber- und Bronzemedaillen wegen der schönen Wirkung von Blatt, Form und Blüte

Easy Going

Harkness 1999

HÖHE: 50–70 cm
BLÜTEZEIT: Juni bis Oktober
Beetrose

› *dauerblühend und regenfest*

Blüte: blüht fast ohne Pausen; Blüte groß, locker gefüllt; gelbe Staubgefäße; Knospe schlank und elegant; meist in Dolden; Farbe goldgelb mit leichtem Kupferschimmer
Duft: duftet kaum
Wuchs: breitbuschig und kräftig; Laub dunkelgrün, glänzend und ledrig
Gesundheit: normal gesund, regenfest und hitzeverträglich
Pflege und Schnitt: wie Beetrosen stark zurückschneiden; wenn als Solitär, dann wie Strauchrosen um ein bis zwei Drittel
Gestaltung: vielseitig zu verwenden: in Gruppen, als Solitär, auch als Hochstämmchen; für Topfkultur geeignet; zum warmen Gelbton passen Taglilien (*Hemerocallis*) in Gelb und Orange, die Färberkamille (*Anthemis tinctoria*), blaue Glockenblumen, Ziersalbei und die Ochsenzunge (*Anchusa italica*) in strahlendem Enzianblau
Besonderheiten: Die Rose erhielt schon mehr als zehn internationale Auszeichnungen.

Estima

Noack 1998 / ADR-Rose 1998

HÖHE: 100–120 cm
BLÜTEZEIT: Juni bis Oktober
Beetrose / Bodendeckerrose

➤ *reichblühend und sehr gesund*

Blüte: dauerblühend; Blüte mittelgroß, gefüllt; schöne gerundete Blütenblätter; in Dolden; Farbe zartrosa mit gelber Mitte
Duft: duftet leicht
Wuchs: niedrigbuschig, bogig überhängend; Laub dunkelgrün, schwach glänzend, lange haftend
Gesundheit: sehr frosthart und sehr gesund; hitzeverträglich und regenfest
Pflege und Schnitt: wie Beetrosen zurückschneiden; als Solitär um ein bis zwei Drittel im Frühjahr
Gestaltung: als Solitär, für Gruppen, als Bodendecker, für Töpfe; für romantische Beete in Pastelltönen mit Stauden und Kräutern wie Lavendel, Spornblume (*Centranthus*) in Weiß, Ysop und Katzenminze; für spätsommerliche Blüten eignen sich auch lange blühende Bartfaden-Hybriden (*Penstemon*) in Weiß und Rosa; mit Rosen in changierenden Farben von apricot bis zartrosé
Besonderheiten: gehört zu der neuen Generation ausgesprochen gesunder Bodendeckerrosen des Züchters Noack

Gärtnerfreude

Kordes 1999 / ADR-Rose 2001

HÖHE: 50 cm
BLÜTEZEIT: Juni bis Oktober
Bodendeckerrose

➤ *dauerblühend und gesund*

Blüte: reichblühend; Blüte klein, stark gefüllt, in Dolden; Farbe leuchtend himbeerrot; nicht verblauend
Duft: duftet nicht
Wuchs: breitbuschig, einzelne Triebe überhängend; Laub zierlich, dunkelgrün, stark glänzend und ledrig
Gesundheit: sehr gesund und regenfest; hitzeverträglich
Pflege und Schnitt: alle 2–3 Jahre stark zurückschneiden
Gestaltung: In Gruppen, für Töpfe, lässt sich gut mit weiß blühenden Bodendeckerrosen kombinieren; geeignet für ein Beet in fröhlichen Bauerngartenfarben mit gelben und apricotfarbenen Rosen, Rittersporn, Margeriten und Ringelblumen. Niedrig bleibender Ehrenpreis wie *Veronica spicata* subsp. *spicata* mit silbrigen Blättern und dunkelblauen Blüten oder *Veronica teucricum* 'Knallblau' für eine fröhliche Wirkung passen ebenfalls gut.
Besonderheiten: gehört zur Serie der »Rigo-Rosen« (→ Seite 99); Goldmedaillen in Baden-Baden, Dublin, Paris

Gebrüder Grimm

Kordes 2002 / ADR-Rose 2002

HÖHE: 70–110 cm
BLÜTEZEIT: Juni bis September
Beetrose

➤ *robust und gesund*

Blüte: reichblühend; nach dem üppigen ersten Blütenflor folgen weitere, die schwächer sind; Blüte stark gefüllt, edelrosenartig und meist in Dolden; Farbe leuchtend orangerot bis pfirsichfarben
Duft: duftet nur schwach
Wuchs: breitbuschig, einzelne Triebe stehen aufrecht; Laub dunkelgrün und stark glänzend; die neuen Triebe rötlich
Gesundheit: sehr robust; resistent gegen Mehltau und Sternrußtau; relativ frosthart, hitzeverträglich
Pflege und Schnitt: kein starker Rückschnitt notwendig; wie Strauchrosen im Frühjahr um ein bis zwei Drittel zurückschneiden; nach der ersten Blüte nochmals düngen
Gestaltung: für Gruppenpflanzung und als Solitär; lässt sich gut mit gelb blühenden Stauden kombinieren und mit anderen Rosen in der Farbskala von apricot bis lachs
Besonderheiten: Beetrose mit auffallender Farbwirkung; gehört zur Serie »Märchenrosen«

Goldelse

Tantau 1999

HÖHE: bis 70 cm
BLÜTEZEIT: Juni bis Oktober
Beetrose

➤ *winterhart und gesund*

Blüte: groß, gut gefüllt, nostalgische Form; Farbe kupfergelb mit orange, im Verblühen aufhellend
Duft: leicht, fruchtig
Wuchs: dichtbuschig, kompakt; dunkles, sehr robustes Laub
Gesundheit: sehr gesund, relativ frosthart; hitzeverträglich, sehr regenfest
Pflege und Schnitt: bei flächiger Gestaltung stark zurückschneiden; als kleine Strauchrose für Beet und Topf nur leicht zurückschneiden
Gestaltung: als Solitär, in Gruppen und für niedrige Hecken, für Töpfe und als Hochstämmchen; mit lilafarbenen Stauden und Rosen in Lachs- und Orangetönen erzielen Sie einen frisch wirkenden Farb-Dreiklang
Besonderheiten: erhielt 1997 die Goldmedaille auf dem internationalen Rosenwettbewerb in Baden-Baden, schon vor der Einführung 1999; benannt nach der goldenen Statue auf der Siegessäule in Berlin, für die die Tochter des Künstlers mit dem Namen Else Modell gestanden haben soll

Gruß an Aachen

Hinner/Geduldig 1908

HÖHE: 50–70 cm
BLÜTEZEIT: Juni bis Oktober
Historische Polyantharose

➤ *reichblühend und kompakt*

Blüte: nach der Hauptblüte blüht sie immer wieder nach; Blüte mittelgroß, dicht gefüllt; Farbe rahmweiß mit gelblich rosa Schimmer; gute Schnittrose
Duft: lieblich; mit einem Anklang an Holunder
Wuchs: breitbuschig, aufrecht und kompakt; Blätter klein, mattgrün; dicht belaubt
Gesundheit: sehr widerstandsfähig und winterhart; regenempfindlich
Boden und Standort: wächst auch auf armen Böden
Pflege und Schnitt: wie Strauchrosen schneiden
Gestaltung: in Gruppen, als Solitär und für Hecken; auch als Hochstamm und im Kübel; ideal für kleine Gärten und als Vorpflanzung vor Alten Rosen
Besonderheiten: die erste Kreuzung zwischen einer Teehybride und einer Polyantharose; trotz ihres Alters keine Alte Rose; beliebt wegen ihrer nostalgischen Blütenfülle; im Handel sind noch eine weiße und eine rosa blühende Variante, mit ähnlichen Eigenschaften

Heidekönigin

Kordes 1985

HÖHE: 50 cm
BLÜTEZEIT: Ende Juni bis Juli
Bodendeckerrose / Rambler

➤ *spät blühend und gesund*

Blüte: blüht spät und lang anhaltend; Blüte groß, gut gefüllt, in Büscheln; Farbe klares Rosa; gelbe Staubgefäße
Duft: leicht, nach Wildrosen
Wuchs: wie Rambler, mit meterlangen, bogenförmigen Trieben; kann auch als Kletterrose gezogen werden, wird dann über 2 m hoch; Blätter klein bis mittelgroß, frischgrün, glänzend und üppig
Gesundheit: sehr robust und gesund; regenfest
Boden und Standort: auch für Halbschatten geeignet
Pflege und Schnitt: Schnitt wird erst nach einigen Jahren notwendig; als Bodendecker kann sie dann tief zurückgeschnitten werden; als Kletterrose wie einmalblühende Kletterrosen schneiden
Gestaltung: als Bodendecker auch für Böschungen, als Kaskadenrose und als Kletterrose; wenn 'Heidekönigin' klettern soll, müssen die langen Triebe regelmäßig aufgebunden werden
Besonderheiten: durch die späte Blütezeit als Blickfang in der allgemeinen Rosenpause sehr empfehlenswert

Heidetraum

Noack 1988 / ADR-Rose 1990

HÖHE: 70–80 cm
BLÜTEZEIT: Juni/Juli bis November
Bodendeckerrose

➤ *robust und reichblühend*

Blüte: überreich und spät blühend; Blüte mittelgroß, halbgefüllt, in großen Büscheln; Farbe karmin-rosarot
Duft: duftet nicht
Wuchs: breitbuschig, überhängend; Blätter klein, mittelgroß und glänzend; lange haftend
Gesundheit: robust und resistent gegen Krankheiten; regenfest, hitzeverträglich
Boden und Standort: auch für problematische Standorte geeignet: in öffentlichen Grünanlagen wird sie sogar als Unterpflanzung von Straßenbäumen eingesetzt
Pflege und Schnitt: kann alle 2–3 Jahre stark zurückgeschnitten werden
Gestaltung: in Gruppen, als Bodendecker, für Töpfe; auch als Stammrose zusammen mit niedrigen Stauden
Besonderheiten: Die weltbekannte Rose hat viele internationale Preise gewonnen. Sie war die Erste der Serie »Flower Carpet« (→ Seite 98). Diese Rosen sind sehr robust, blühwillig und krankheitsresistent.

Home & Garden

Kordes 2001

HÖHE: 60–80 cm
BLÜTEZEIT: Juni bis Oktober
Beetrose

➤ *reichblühend und robust*

Blüte: stark gefüllt, schalenförmig, nostalgisch geviertelt, stets in Dolden; Farbe reinrosa, im Verblühen aufhellend
Duft: duftet nicht
Wuchs: aufrecht, buschig; Laub dunkelgrün und stark glänzend
Gesundheit: robust und gesund; gute Frosthärte
Pflege und Schnitt: kann stark zurückgeschnitten werden oder wie Strauchrosen nur um ein bis zwei Drittel
Gestaltung: Für kleine Gruppen, als Halb- und Hochstamm, für Töpfe; zusammen mit kräftiger rosa getönten Rosen. Der Sternkugellauch (*Allium christophii*) betont die rundliche Blütenform der Rose, Sommerphlox (*Phlox paniculata*) macht mit seinem starken Duft den fehlenden Duft der Beetrose wett. Romantisch wirkt dazu der Steinquendel (*Calamintha nepetoides*) mit zartlila Blüten und frischem Minzeduft.
Besonderheiten: gehört zur Reihe der »Märchenrosen« mit reizvoll nostalgischen Blüten

Isarperle

Noack 2004 / ADR-Rose 2004

HÖHE: bis 80 cm
BLÜTEZEIT: Juni bis Oktober
Beetrose

➤ *schöne Blütenform, reichblühend*

Blüte: starker erster Flor und starke weitere Blüten; Blüte groß, schön geformt, Blütenblätter rollen sich leicht nach hinten, stark gefüllt; Farbe creme bis lachs, in der Mitte dunkler
Duft: leicht süßlich
Wuchs: breitbuschig, so breit wie hoch; Blätter groß, mittelgrün, glänzend; lange haftend
Gesundheit: sehr widerstandsfähig gegen Pilzkrankheiten; winterhart
Pflege und Schnitt: kann stark zurückgeschnitten werden; als Solitär wie Strauchrosen schneiden
Gestaltung: vielseitig einsetzbar: als Solitär, in Gruppen, für Töpfe und als Stammrose; mit Strauch- und Beetrosen innerhalb der Lachs-Apricot-Skala kombinieren; als Begleitpflanzen passen die lavendelblaue Jacobsleiter (*Polemonium caeruleum*) und *P. reptans* 'Blue Pearl', Katzenminze (*Nepeta × faassenii*), Lavendel und Ziersalbei
Besonderheiten: eine robuste Rose der neuen gesunden Beetrosen-Generation mit romantischem Flair

Katharina Zeimet

Lambert 1901

HÖHE: 60–130 cm und mehr
BLÜTEZEIT: Juni bis Oktober
Historische Polyantharose

➤ *dauerblühend und robust*

Synonym: 'White Baby Rambler'
Blüte: reichblühend; Blüte klein, locker gefüllt, zu 20–25 zusammen in großen Büscheln; Farbe reines Weiß, Knospen cremeweiß, gelbe Staubgefäße; kleine, runde, orangefarbene Hagebutten
Duft: leicht, würzig-süß
Wuchs: lockerer Wuchs, buschig und gut verzweigt; zierliches, sattgrünes Laub; keine Stacheln
Gesundheit: robust und gesund; sehr frosthart und langlebig
Boden und Standort: verträgt Halbschatten bei mindestens 4–5 Stunden Sonne; auch für ärmere Böden geeignet
Pflege und Schnitt: wie Strauchrosen schneiden; wird ohne Schnitt höher, als in den Katalogen angegeben; im Frühjahr und nach der ersten Blüte nochmals düngen
Gestaltung: Vielseitig zu verwenden: als Solitär mit Stauden kombiniert, in Gruppen, als Vorpflanzung und im Kübel; reizvoll als dauerblühender, romantisch wirkender Hochstamm; auch als kleiner Rambler. Silbrigblättrige Begleiter für einen friedvoll stimmenden Gesamteindruck sind Stauden wie Wermut (*Artemisia*) 'Powis Castle', der Salbei (*Salvia officinalis*) 'Berggarten', Wollziest (*Stachys byzantina*) und Zypressenkraut (*Santolina chamaecyparissus*). Dunkle Akzente setzen Schwarznessel (*Perilla frutescens*), Witwenblume (*Knautia macedonica)* und rotlaubige Gehölze.
Besonderheiten: 'Katharina Zeimet' gehört zu den bewährten älteren Polyantharosen. Diese z. T. schon über 100 Jahre alten Rosen gehören trotz ihres Alters zu den modernen Rosen, denn Rosen aus Klassen, die nach Einführung der Teerosen entstanden, zählen nicht mehr zu den Alten Rosen. Die ersten dieser Gruppe entstanden schon um 1875 in Frankreich. Sie tragen kleine Blüten in großen Büscheln und blühen sehr reich den ganzen Sommer hindurch. »Das fleißige Kätchen«, wie sie früher genannt wurde, hat die gleichen guten Eigenschaften wie die berühmte 'The Fairy', die als Einzige immer noch sehr beliebt ist. Folgende Polyantharosen finden Sie hier ebenfalls: 'Alberich', 'Betty Prior', 'Little White Pet', 'Yvonne Rabier' und in der Tabelle 'The Fairy' und '(Mevrouw) Nathalie Nypels'.

Knirps

Kordes 1997 / ADR-Rose 2004

HÖHE: 30–40 cm
BLÜTEZEIT: Juni bis Oktober
Bodendeckerrose

➤ *reich- und öfterblühend*

Blüte: klein, stark gefüllt, rosettenförmig, in dichten Dolden; Farbe karminrosa, etwas aufhellend
Duft: duftet nicht
Wuchs: kompakt, gut verzweigt, Triebe niederliegend; Blätter sehr klein, kräftig grün, stark glänzend
Gesundheit: robust und normal gesund; hitzeverträglich; relativ frosthart
Pflege und Schnitt: wie Beetrosen, kann im Frühjahr um die Hälfte zurückgeschnitten werden
Gestaltung: für kleine Flächen als Bodendecker zu verwenden; aber auch als Halb- und Hochstamm einsetzbar; für Kübel und sogar für Balkonkästen (wurzelecht); sehr gut in Kombination mit anderen niedrigen Beet- oder Bodendeckerrosen
Besonderheiten: Goldmedaille in Baden-Baden. 'Knirps' gehört zum wurzelechten Rekord-Sortiment von Kordes (→ Seite 99). Die Rosen aus dieser Reihe sind besonders robust und widerstandsfähig.

Leonardo da Vinci

Meilland/Strobel 1993

HÖHE: 50–100 cm und mehr
BLÜTEZEIT: Juni bis Oktober
Beetrose

➤ *reichblühend und sehr regenfest*

Blüte: unermüdlich blühend; Blüte sehr dicht gefüllt, wie Alte Rosen in der Mitte geviertelt; Farbe dunkelrosa; Blüten halten lange, auch als Schnittrose
Duft: duftet leicht
Wuchs: aufrecht und breitbuschig, sehr kompakt; Laub dunkelgrün, ledrig und glänzend
Gesundheit: frosthart und sehr robust; etwas Sternrußtau kann manchmal vorkommen; absolut regenfest und hitzeverträglich
Pflege und Schnitt: kann bei guten Bedingungen viel höher werden, bis zu 2 m und mehr sind möglich; dann nur leicht zurückschneiden und wie eine Strauchrose oder Kletterrose behandeln
Gestaltung: äußerst vielseitig einsetzbar, in Gruppen und als Solitär, auch als Halb- und Hochstamm erhältlich; gut geeignet für Pflanzgefäße
Besonderheiten: gehört zur Serie der Romantica-Rosen; 'Red Leonardo da Vinci' ist karminrot mit etwas mehr Duft, aber ähnlichen Eigenschaften

Lions-Rose

Kordes 2002 / ADR-Rose 2002

HÖHE: 90–110 cm
BLÜTEZEIT: Juni–Oktober
Beetrose

➤ *reichblühend und gesund*

Blüte: groß, gefüllt, in Dolden; Farbe cremeweiß mit pfirsichfarbenem Ton in der Mitte, später zu creme verblassend
Duft: leicht und angenehm
Wuchs: aufrecht und buschig, sehr wuchskräftig; das dichte Laub ist mittelgrün und glänzend; im Austrieb leicht rötlich
Gesundheit: sehr frosthart; gute Blattgesundheit; hitzeverträglich
Pflege und Schnitt: starker Rückschnitt ist möglich; als Solitär wie Strauchrosen um ein bis zwei Drittel zurückschneiden
Gestaltung: in Gruppen und als Solitär, auch als Hoch- und Halbstamm erhältlich; für Kübel geeignet
Besonderheiten: Die Rose mit dem nostalgischen Flair gehört zu den »Märchenrosen«. Aus dem Verkaufserlös werden Baumaßnahmen im Oberhausener Friedensdorf, in dem kriegsverwundete Kinder aus internationalen Krisengebieten betreut werden, unterstützt. 2003 in England zur »Rose of the year« gekürt

Little White Pet

Henderson 1879

HÖHE: 30–50 cm
BLÜTEZEIT: Juni bis Oktober
Historische Polyantharose

➤ *beliebte reichblühende Rose*

Synonym: 'Belle de Teheran'
Blüte: sehr reichblühend; Blüte klein, flach, dicht gefüllt; in großen Dolden; Farbe reinweiß, bei kühlem, feuchten Wetter mit rosa Hauch; Knospe rosafarben
Duft: leicht, nach Myrrhe
Wuchs: breitbuschig, gut verzweigt; Laub dunkelgrün, schmalblättrig; viele Stacheln
Gesundheit: relativ frosthart; regenempfindlich; etwas anfällig für Sternrußtau
Boden und Standort: wächst auch auf ärmeren Böden
Pflege und Schnitt: im Frühjahr um die Hälfte zurückschneiden
Gestaltung: als Vorpflanzung, in kleinen Gruppen, für Kübel und als Hochstämmchen; als kleiner Bodendecker
Besonderheiten: Sehr beliebt wegen ihrer reizenden Blüten, die wie kleine Schneebälle über dem dunkelgrünen Laub sitzen. 'Little White Pet' ist ein Sport der Ramblerrose 'Felicité et Perpétué', die jedoch nur einmal blüht.

Lovely Meidiland

Meilland/Strobel 1999

HÖHE: 40–50 cm
BLÜTEZEIT: Juni bis Oktober
Bodendeckerrose

➤ *reichblühend und nostalgisch*

Blüte: klein bis mittelgroß, dicht gefüllt, in Büscheln; Farbe hellrosa, mit dunklerer Mitte
Duft: duftet kaum
Wuchs: breitbuschig, schnell wachsend; Laub glänzend, dunkelgrün, ledrig
Gesundheit: resistent gegen Krankheiten; hitzeverträglich; bei Regen etwas empfindlich
Boden und Standort: auch für Halbschatten bei mind. 4–5 Stunden Sonne
Pflege und Schnitt: kann alle 2–3 Jahre stark zurückgeschnitten werden
Gestaltung: Als Bodendecker sehr gut geeignet, denn sie deckt Flächen schnell ab; für Gruppenpflanzungen, auch für Töpfe und als Hochstamm einsetzbar. Lässt sich gut mit Rosen in den verschiedensten Rosatönen kombinieren; dazu passt die grazile *Heucherella alba* 'Rosalie' mit rosa Miniglöckchen sowie der Staudenlein (*Linum perenne*) mit klarblauen Blüten; zartgelb blühende Stauden passen gut zu den gelben Staubgefäßen.

Magic Meidiland

Meilland/Strobel 1992 / ADR-Rose 1995

HÖHE: 50–90 cm
BLÜTEZEIT: Juni bis Oktober
Bodendeckerrose

➤ *gesund und wüchsig*

Blüte: reichblühend; Blüte klein, halb gefüllt, flach und schalenförmig, in Büscheln; Farbe dunkelrosa mit gelben Staubgefäßen
Duft: nach Lindenblüten
Wuchs: starkwüchsig, doppelt so breit wie hoch; niedrig, flach und langtriebig; Laub mittelgrün, glänzend, dicht
Gesundheit: sehr robust und gesund; frosthart und regenfest
Pflege und Schnitt: kann alle 2–3 Jahre stark zurückgeschnitten werden; ein Sommerschnitt, um Verblühtes zu entfernen, ist nicht nötig; zu lange, störende Triebe können jedoch eingekürzt werden
Gestaltung: als Bodendecker, deckt die Flächen schnell ab; auch als Hangbepflanzung geeignet; für Töpfe und als Hochstamm
Besonderheiten: Meidilandrosen mit guter Blattgesundheit (→ auch links und Seite 98) sind wurzelecht vermehrte, pflegeleichte Rosen, die für öffentliche Grünanlagen, aber auch für den Garten gut geeignet sind.

Marie Curie

Meilland/Strobel 1997

HÖHE: 50–70 cm
BLÜTEZEIT: Mai bis November
Beetrose

➤ *regenfest und hitzeverträglich*

Blüte: früh blühend; Blüte gut gefüllt, mit leicht gewellten Blütenblättern, in Dolden; Farbe von apricot bis kupfergelb changierend, rosé überhaucht
Duft: gut und reichlich
Wuchs: stark, aufrecht, buschig; Laub üppig und stark glänzend
Gesundheit: normale Blattgesundheit; relativ frosthart; regenfest und hitzeverträglich
Pflege und Schnitt: starker Rückschnitt ist möglich; als Solitär im Frühjahr nur um ein Drittel einkürzen
Gestaltung: für Beete und Gruppen, auch als Solitär, als Halbstamm; schön in Kombination mit lilablau blühenden Stauden, z. B. Glockenblumen, Lavendel, Ziersalbei; gut für die Topfkultur geeignet
Besonderheiten: Die Rose mit dem aparten Farbwechsel wurde nach der Physikerin und Chemikerin Marie Curie benannt. Sie erhielt als erste Frau 1903 den Nobelpreis (für die Entdeckung der Radioaktivität) und lehrte als erste Frau in Paris an der Sorbonne.

Medusa

Noack 1996 / ADR-Rose 1995

HÖHE: 80–110 cm
BLÜTEZEIT: Juni bis Oktober
Bodendeckerrose

➤ *reichblühend und gesund*

Blüte: mittelgroß, gefüllt, rosettenartig, in Büscheln; Farbe rosa, mit lavendel überhaucht, mit gelben Staubgefäßen; Knospe rötlich
Duft: duftet leicht
Wuchs: kräftig, buschig; Laub leicht glänzend, dunkelgrün, ledrig
Gesundheit: sehr gesund; regenfest und hitzeverträglich
Pflege und Schnitt: als Bodendecker alle 2–3 Jahre stark zurückschneiden; als Solitär wie Strauchrosen schneiden
Gestaltung: als Solitär, für Gruppen, als Bodendecker, in Töpfen; für den Naturgarten geeignet; schön zu zartrosa und hellgelb blühenden Stauden; zu Blau: Lavendel, Katzenminze, Ziersalbei, Rittersporn; für Hochsommer und Herbst sind Sommerphlox in hellem und dunklem Violett, *Origanum*-Hybriden und Herbstastern zu empfehlen
Besonderheiten: gehört zu den sehr gesunden, widerstandsfähigen und winterharten »Flower-Carpet-Rosen« (→ Seite 98); Goldmedaille bei der Bundesgartenschau 1991

Mirato

Tantau 1990 / ADR-Rose 1993

HÖHE: 60–70 cm
BLÜTEZEIT: Juni bis zum Frost
Beetrose / Bodendeckerrose

➤ *robust und reichblühend*

Blüte: mittelgroß, leicht gefüllt, in breiten Dolden; Farbe leuchtendes Pink; haltbare Schnittrose
Duft: duftet wenig; frisch
Wuchs: breit und aufrecht wachsend, bogig überhängend; Blätter klein, mittelgrün, glänzend
Gesundheit: sehr gesund, frosthart, regenfest und hitzeverträglich; gute Selbstreinigung
Boden und Standort: toleriert Halbschatten bei mindestens 4–5 Stunden Sonne
Pflege und Schnitt: alle 2–3 Jahre stark zurückschneiden
Gestaltung: als Bodendecker für große und kleine Flächen, auch als Beetrose einsetzbar; passende niedrig bleibende Stauden sind Mädchenauge (*Coreopsis*), Kissenastern, Storchschnabel (*Geranium*), Heiligenkraut (*Santolina*); schön mit einjährigen Sommerblumen; auflockernd wirken weiße Margeriten und Gräser
Besonderheiten: erhielt viele internationale Medaillen

Palmengarten Frankfurt

Kordes 1988 / ADR-Rose 1992

HÖHE: 70–90 cm
BLÜTEZEIT: Juni bis zum Frost
Beetrose / Bodendeckerrose

➤ *sehr reichblühend und gesund*

Blüte: öfterblühend bis zum Frost; Blüte mittelgroß, gut gefüllt, schalenförmig, in dicken Büscheln; Farbe kräftig karminrosa, verblasst etwas im Verblühen
Duft: duftet wenig
Wuchs: breit ausladend, Triebe aufrecht, teils bogig niederhängend; Laub sattgrün und glänzend
Gesundheit: sehr gesund; hitzeverträglich
Boden und Standort: toleriert Halbschatten bei mind. 4–5 Stunden Sonne
Pflege und Schnitt: kann im Frühjahr stark zurückgeschnitten werden
Gestaltung: in Gruppen, für niedrige Hecken, als Bodendecker, für Böschungen und Pflanzgefäße, als Stammrose; dazu passen Purpurglöckchen (*Heuchera*-Hybriden), *Heucherella* (Kreuzung aus Purpurglöckchen und Schaumblüte) und der niedrige, kräftig blaue Lavendel 'Munstedt Blue'
Besonderheiten: schöner Kontrast zwischen Blüte und Laub; benannt nach dem Palmengarten in Frankfurt

Play Rose

Meilland/Strobel 1989

HÖHE: 70–100 cm
BLÜTEZEIT: Juni bis Oktober
Beetrose

➤ *reichblühend und robust* ✿

Blüte: groß, halb gefüllt, in der Mitte leicht geviertelt, in Büscheln; Farbe leuchtend karminrosa bis reinrosa; Knospe dunkler; gute Schnittrose
Duft: duftet nur leicht
Wuchs: mäßig stark, aufrecht, buschig; Blätter mittelgroß, mittelgrün, ledrig und glänzend; Hagebutten groß, kugelig, hellorange
Gesundheit: wenig anfällig, sehr winterhart; regenfest und hitzeverträglich
Boden und Standort: anspruchslos, gedeiht auch auf ungünstigen Standorten; toleriert Halbschatten bei mindestens 4–5 Stunden Sonne
Pflege und Schnitt: kann im Frühjahr stark zurückgeschnitten werden
Gestaltung: in Gruppen, als Solitär und für Hecken; auch als Stammrose und Bodendecker; mit niedrigen Stauden und Kräutern kombinieren, wie Frauenmantel, Steinquendel (*Calamintha nepetoides*), Heiligenkraut (*Santolina*), Bergbohnenkraut (*Satureja montana*), Lavendel, *Origanum* und die Ziersalbei-Sorte 'Purpurascens'

Rhapsody in Blue

Cowlishaw/Warner 2002

HÖHE: bis 120 cm
BLÜTEZEIT: Juni bis Oktober
Beetrose

➤ *ungewöhnliche Farbe*

Blüte: mittelgroß, halb gefüllt, meist in Dolden; Farbe purpurviolett mit weißer Mitte und gelben Staubgefäßen, im Verblühen graublau
Duft: duftet nur leicht
Wuchs: straff aufrecht, buschig; Laub mittelgrün, leicht glänzend
Gesundheit: etwas anfällig für Pilzkrankheiten; hitzeverträglich, regenfest, relativ winterhart
Pflege und Schnitt: kann im Frühjahr wie Beetrosen stark zurückgeschnitten werden oder wie Strauchrosen um ein bis zwei Drittel
Gestaltung: als Solitär und für Gruppen; schön mit gelb und weiß blühenden Stauden, die die Farbe der Staubgefäße und der hellen Mitte wieder aufgreifen; lässt sich gut mit gelben Strauch- oder Beetrosen kombinieren
Besonderheiten: wegen der ungewöhnlichen Blütenfarbe sehr beliebt, zurzeit die »blaueste Rose«; benannt nach dem berühmten Klavierkonzert des Komponisten George Gershwin von 1924; Goldmedaille 2003 in London

Richard Strauß

Noack 1989

HÖHE: 80–130 cm
BLÜTEZEIT: Juni bis Oktober
Bodendeckerrose

➤ *dauerblühend und robust* ✿

Blüte: überreich blühend; Blüte klein, einfach, in großen Büscheln; Farbe rosarot mit fast weißer Mitte; gelbe Staubgefäße; im Verblühen aufhellend
Duft: duftet wenig
Wuchs: steif aufrecht, später breit, überhängend; Laub hellgrün, glänzend; haftet lange an den Zweigen
Gesundheit: sehr robust und widerstandsfähig gegen Krankheiten; relativ frosthart, regenfest
Pflege und Schnitt: ein Schnitt ist erst nach Jahren notwendig; dann wie Bodendecker stark zurückschneiden
Gestaltung: schön als Bodendecker, flächendeckend bereits nach zwei Jahren; einzeln in Kombination mit Stauden, im Topf; in Gruppen mit anderen dauerblühenden Beetrosen; als Vorpflanzung vor Gehölzen, wegen der natürlichen Ausstrahlung auch vor einer Wildrosenhecke
Besonderheiten: benannt nach dem gleichnamigen Komponisten, der die Operette »Der Rosenkavalier« und Rosenlieder komponierte

Sangerhäuser Jubliäumsrose

Kordes 2003

HÖHE: 60–70 cm
BLÜTEZEIT: Juni bis Oktober
Beetrose

➤ *sehr reichblühend und robust*

Blüte: groß, stark gefüllt, nostalgische Form, meist in Büscheln; Farbe apricot, im Verblühen rosa überhaucht
Duft: leicht, süßlich
Wuchs: mittelstark, gedrungen wachsend, buschig; Laub dunkelgrün, glänzend, dicht
Gesundheit: robust und frosthart; normal gesund; hitzeverträglich
Pflege und Schnitt: kann wie Beetrosen im Frühjahr stark zurückgeschnitten werden
Gestaltung: als Solitär und in Gruppen, als Stammrose und für Töpfe; mit gelben und apicotfarbenen Rosen kombinieren; dazu passen niedrige Stauden in zarten Pastelltönen und verschiedenen Blaunuancen, z. B. die lange blühende Katzenminze (*Nepeta*)
Besonderheiten: Gehört zur Reihe der »Märchenrosen«. Die Namensgebung erfolgte zu Ehren des 100-jährigen Jubiläums des Europa-Rosariums Sangerhausen, das Tausende von Rosensorten beherbergt. Das »lebende« Museum ist für Rosenliebhaber eine Reise wert.

Schneeflocke

Noack 1991 / ADR-Rose 1991

HÖHE: 60–80 cm
BLÜTEZEIT: Juni bis November
Bodendeckerrose / Beetrose

➤ *lange blühend und gesund*

Blüte: reichblühend; Blüte klein, halbgefüllt, in großen Dolden; Farbe leuchtendes Reinweiß; gelbe Staubgefäße
Duft: duftet nur leicht
Wuchs: aufrecht, buschig, bogig überhängend; treibt sehr gut nach; Laub glänzend, mittelgrün; lange haftend
Gesundheit: gute Widerstandskraft gegen Krankheiten; regenfest und hitzeverträglich
Boden und Standort: Dauerblüher auf guten Böden und bei ausreichender Düngung; toleriert Halbschatten bei mindestens 4–5 Stunden Sonne
Pflege und Schnitt: kann wie Beetrosen im Frühjahr stark zurückgeschnitten werden; auch als Stammrose ist ein starker Schnitt wie bei Beetrosen erforderlich
Gestaltung: als Solitär, für Gruppen, für Einfassungen, als Bodendecker, für Töpfe und als Hochstamm
Besonderheiten: ausgezeichnet mit mehreren Gold- und Silbermedaillen im In- und Ausland; gehört mit zu den besten weißen Beetrosen

Simply

Noack 2003 / ADR-Rose 2002

HÖHE: 80–120 cm
BLÜTEZEIT: Juni bis Oktober
Bodendeckerrose / Beetrose

➤ *dauerblühend und robust*

Blüte: sehr reich- sowie öfterblühend, sehr starker zweiter Flor bis in den Spätherbst hinein; Blüte klein, halb gefüllt, in Rispen; Farbe hellrosa, mit gelber Mitte
Duft: duftet kaum
Wuchs: aufrecht, buschig, so breit wie hoch, leicht bogig überhängend; Blätter mittelgroß, hellgrün und stark glänzend; lange haftend
Gesundheit: robust und gesund; hitzeverträglich, regenfest, frosthart
Pflege und Schnitt: benötigt die ersten Jahre keinen Schnitt, dann wie Beetrosen schneiden
Gestaltung: als Solitär, in Gruppen; als Bodendecker, dabei schnell deckend; passende Stauden verstärken die romantische Ausstrahlung, z. B. das silbrige Blattwerk der Silberraute (*Artemisia*), Salbei 'Berggarten' und Wollziest (*Stachys byzanthina*); weiße Blüten bringen Leichtigkeit, z. B. Duftsteinrich (*Lobularia*), Schleierkraut (*Gypsophila*) und die Spornblume (*Centranthus ruber*) 'Albiflorus'

WEITERE BEET-, BODENDECKER- UND ZWERGROSEN

Name	Blüte, Höhe, Hinweise
Beetrosen	
Blue Parfum Tantau 1978 Beetrose	Blüte silbrig violett, sehr groß, gut gefüllt, starker Duft, früh- und öfterblühend; Höhe 60 cm; anfällig; Liebhabersorte
Fortuna Kordes 2002/ ADR-Rose 2002 Beetrose	Blüte lachsrosa mit weißer Mitte, klein, ungefüllt, in Dolden, öfterblühend; Höhe bis 70 cm; sehr gesund
Lisa Noack 2003 Beetrose	Blüte intensiv gelb mit orange, gefüllt, kein Duft, öfterblühend; Höhe 60–70 cm; widerstandsfähig
Margaret Merill Harkness 1980 Beetrose	Blüte perlweiß mit rosa, gefüllt, berauschender Duft, öfterblühend; Höhe 30–50 cm; etwas anfällig
Maxi Vita Kordes 2001/ ADR-Rose 2000 Beetrose	Blüte orangerosa mit gelb, halbgefüllt, kein Duft, öfterblühend; Höhe 60–70 cm; sehr gesund
Nathalie Nypels Leenders 1919 Polyantharose	Blüte lachsrosa, locker gefüllt, in Büscheln, guter Duft, öfterblühend; Höhe 60–90 cm; normal gesund
Old Blush China vor 1790 Chinarose	Blüte rosa, locker gefüllt, in Büscheln, Duft leicht, öfterblühend; Höhe 1–1,5 m; etwas anfällig; Winterschutz
The Fairy Bentall 1932 Polyantharose	Blüte lachsrosa, dicht gefüllt, klein, in Dolden, Duft leicht, öfterblühend; Höhe bis 80 cm; widerstandsfähig
Vinesse Noack 2001/ ADR-Rose 2000 Beetrose	Blüte lachsrosa mit gelb, halb gefüllt, leichter Duft, öfterblühend; Höhe bis 60 cm; widerstandsfähig
Zwerg- und Bodendeckerrosen	
Baby Faurax Lille 1924 Zwergrose	Blüte violett, halb gefüllt, klein, in Büscheln, Duft nach Moschus, öfterblühend; Höhe bis 30 cm; etwas anfällig
Souvenir de Greuville Schultheis 2004 Bodendeckerrose	Blüte weiß und lilarosa, schönes Farbspiel, Duft zart, öfterblühend; Höhe 60–80 cm; widerstandsfähig

Sweet Haze

Tantau 2003 / ADR-Rose 2004

HÖHE: 50–70 cm
BLÜTEZEIT: Juni bis Oktober
Bodendeckerrose

➤ *dauerblühend und gesund*

Blüte: überreich blühend, starker erster Flor, gefolgt von weiteren, die schwächer sind; Blüte klein, ungefüllt, mit Wildrosencharakter; Farbe leuchtend rosa bis hellrosa; auffallend weinrote Staubgefäße; Knospe dunkler
Duft: nach Wildrose
Wuchs: locker breitbuschig, so breit wie hoch, einzelne Triebe niederliegend; Blätter mittelgroß, mittel- bis dunkelgrün, glänzend; Austrieb rötlich
Gesundheit: widerstandsfähig gegen Pilzkrankheiten; regenfest und sehr hitzeverträglich; vollständig selbstreinigend
Pflege und Schnitt: kann alle 2–3 Jahre im Frühjahr stark zurückgeschnitten werden
Gestaltung: für Flächenbepflanzung und Gruppen; für Böschungen und für naturnahe Bereiche; deckt den Boden gut ab; auch für Töpfe
Besonderheiten: ansprechender Gesamteindruck; aparte Farbe der Blüten zeigt zusammen mit Knospen und Staubgefäßen ein schönes Farbspiel

The Queen Elizabeth

Lammerts 1954

HÖHE: 120–150 cm
BLÜTEZEIT: Juni bis zum Frost
Beetrose

➤ *sehr robust und langlebig*

Blüte: reich- und dauerblühend; Blüte mittelgroß, edel, gut gefüllt, in großen Dolden; Farbe zartes Reinrosa; rötliche Knospe; gute Schnittrose
Duft: frisch, nach Farn und Moos
Wuchs: stark, straff aufrecht mit dicken und langen Trieben; Blätter groß, dunkelgrün, im Austrieb rötlich; schwach bestachelt
Gesundheit: robust und normal gesund; frosthart, regenfest
Pflege und Schnitt: kein starker Schnitt, der zu starke lange Stiele fördern würde; im Frühjahr wie Strauchrosen um ein Drittel zurückschneiden
Gestaltung: in den Hintergrund pflanzen; höher wachsende Stauden können ihre hoch aufgeschossenen Triebe umspielen
Besonderheiten: unkomplizierte Beetrose, die nach dem Zweiten Weltkrieg fast in allen Gärten wuchs und z. T. dort immer noch ohne viel Pflege wächst; genauso starkwüchsig und langlebig wie 'Gloria Dei' (→ Seite 93); leider derzeit weniger beliebt, da überall präsent

Versigny

Guillot 1998

HÖHE: 100–120 cm
BLÜTEZEIT: Juni bis Oktober
Beetrose / Strauchrose

➤ *mit Pfirsichduft*

Blüte: groß, dicht gefüllt, aufgeblüht als gleichmäßig runde Schalenform, in Büscheln; Farbe changierend von apricot bis rosa
Duft: fruchtig, nach Pfirsich
Wuchs: breitbuschig, kompakt; Laub dunkelgrün und glänzend
Gesundheit: robust und gesund
Pflege und Schnitt: wie Strauchrosen im Frühjahr um ein bis zwei Drittel zurückschneiden
Gestaltung: als Solitär für Staudenbeete; zusammen mit zartfarbigen Stauden, die das Farbspiel der Rose aufgreifen; als Kontrast Blüten in verschiedenen Blautönen, z. B. Rittersporn, Glockenblumen, Eisenhut (*Aconitum*) und Katzenminze (*Nepeta*)
Besonderheiten: Gehört zur Serie »Rosa Generosa«. Diese Rosen sind den Englischen Rosen mit ihrem altmodischen Flair ähnlich. Benannt wurde die Rose nach dem Veranstaltungsort Schloss Versigny in Frankreich, dort findet jährlich im Oktober ein Festival für Gartenliebhaber statt.

Viridiflora

Bambridge & Harrison 1856

HÖHE: 60–80 cm
BLÜTEZEIT: Ende Mai bis November
Chinarose

➤ *ungewöhnliche Rose mit Zimtduft*

Synonym: Grüne Rose
Blüte: mittelgroß, stark gefüllt, sehr lange haltbar, in größeren Büscheln; Farbe grün mit violetten Spitzen, verfärben sich im Herbst zu violettbronze, am Rand leicht gefranst; ungewöhnliche Schnittrose für floristische Gestecke
Duft: würzig, nach Zimt, Nelken und Pfeffer
Wuchs: aufrecht, buschig; Blätter mittelgrün, klein; wenig Stacheln
Gesundheit: robust und gesund
Pflege und Schnitt: wie Strauchrosen im Frühjahr um ein Drittel einkürzen
Gestaltung: für Beete und für Töpfe; passt am besten zu anderen Chinarosen oder zu rotlaubigen Sträuchern wie Berberitze und Perückenstrauch (*Cotynus coggygria*), auch zum Purpurglöckchen (*Heuchera micrantha*) 'Palace Purple' und zu niedrigen Gräsern
Besonderheiten: 'Viridiflora' ist eine Liebhaberpflanze, eine Kuriosität, die nicht jeder mag – eher eine Rose für den zweiten Blick. Die »Blüten« bestehen aus umgebildeten Laubblättern.

Yvonne Rabier

Turbat 1910

HÖHE: bis 120 cm
BLÜTEZEIT: Juni bis Oktober
Historische Polyantharose

➤ *dauerblühend und duftend*

Blüte: reichblühend; Blüte mittelgroß, kugelig, gefüllt, in großen Büscheln; Farbe leuchtendes Weiß mit gelblicher Mitte
Duft: lieblich, würzig
Wuchs: buschig, gut verzweigt; Laub frischgrün und glänzend; hat kaum Stacheln
Gesundheit: gesund und frosthart
Pflege und Schnitt: wie Strauchrosen im Frühjahr um ein Drittel zurückschneiden; Verblühtes im Sommer regelmäßig entfernen
Gestaltung: als Vorpflanzung vor höheren Rosen, für Töpfe und als Hochstamm; ideal für einen weißen Garten, zusammen mit weißen Hornveilchen, Glockenblumen in Weiß, dem Ziersalbei 'Schneehügel' und der Spornblume (*Centranthus ruber*) 'Albiflorus'; schön vor immergrünem Hintergrund
Besonderheiten: eine der besten weiß blühenden Rosen; gehört zu den fast vergessenen älteren Polyantharosen, die jetzt wiederentdeckt werden
(→ auch Seite 106)

Rosige Blütenformen

• • • Wohlproportioniert, geviertelt, gewirbelt oder etwas zerzaust, dicht- oder halb gefüllt, wildrosenhaft oder klassisch: Jede Blütenform findet ihre Liebhaber, und jede Rosenblüte ist auf ihre Weise schön.

• • •

RUNDLICH GEFÜLLT
Wohlgeordnet und in der Mitte geviertelt, die Blütenblätter sind gleich groß und elegant nach hinten gerollt.

• • •

FLACHE SCHALENFORM
Die unbekannte Schöne sieht gar nicht rosentypisch aus; ein Beispiel für die unendliche Vielgestaltigkeit der Rose.

KEGELFORM
Halb oder dicht gefüllte Blüten: Edelrosen behalten lange ihre perfekte Form.

EINFACH SCHLICHT
Fünf Blütenblätter, in der Mitte das goldgelbe Krönchen der Staubgefäße: bezaubernd, aber nicht lange haltbar

GEWIRBELT
Schalenförmig, ineinander gefältelt, unterschiedlich große Blütenblätter, manchmal etwas zerzaust, aber mit Charme.

Strauchrosen

Zu dieser vielgestaltigen Gruppe gehören Alte Rosen, moderne Rosen, darunter Englische Rosen, Nostalgierosen und Wildrosen-Hybriden, die in ihrer Erscheinungsform den Wildrosen nicht mehr so nahe stehen. Die unterschiedliche Abstammung in dieser Gruppe sorgt für große Vielfalt.

Unter dem Begriff Strauchrosen werden strauchförmig wachsende Rosen zusammengefasst, die zwischen 1 und 3 m hoch werden. Sie unterscheiden sich von den Edel- und den Beetrosen durch größere Wuchskraft. Mit einfachen oder gefüllten Blüten in allen Größen und vielen Farbnuancen, mit aufrechtem oder überhängendem Wuchs lassen sie sich in die verschiedensten Gartensituationen einfügen. Sie eignen sich für eine Einzelstellung genauso gut wie für kleine Gruppen und höhere Hecken an der Grundstücksgrenze.

Einmalblühend und öfterblühend

Eine wichtige Unterscheidung für die Gestaltung und Pflege ist, ob eine Strauchrose einmal- oder öfterblühend ist.

- Zu den **einmalblühenden Alten Rosen** gehören Gallicarosen, Albarosen und Zentifolien. Bei den Damaszener- und den Moosrosen gibt es schon einige remontierende Sorten (→ Seite 127).
- Die im 19. Jahrhundert entstandenen **Bourbon-, Remontant-** und **Portlandrosen** sind fast alle **öfterblühend.** In diesen Klassen finden Sie wunderbare Rosen mit dicht gefüllten Blüten in delikaten, sanften Farben bis hin zu dunklem Purpur, die herrlich duften.
- Zumeist öfterblühend sind die **modernen Strauchrosen,** die erst in den vergangenen hundert Jahren gezüchtet wurden. Durch den Einfluss der Chinarosen und der leuchtend gelben Fuchsrose *Rosa foetida* verwandelte sich die Farbpalette. Vorher nicht bekannte Farben wie Gelb, Rot und Orange wurden beliebt, das Ergebnis von relativ neuer Züchtungsarbeit. Für alle, die diese neue Farbigkeit als zu grell empfinden, sind die Anfang des 20. Jahrhunderts gezüchteten Moschatarosen zu empfehlen. Zu ihren Vorzügen gehören die zarten Pastelltöne, guter Duft und üppige Herbstblüte. Ein Versuch, die Vorteile Alter Rosen und moderner Rosen zu verbinden, sind die Englischen Rosen und die nostalgischen Rosen, die unter den Bezeichnungen Märchen- oder Romantikrosen im Handel sind. Im Trend liegen zurzeit die changierenden Farbtöne von pfirsich bis apricot, die mit den altmodisch geformten Blüten an Alte Rosen erinnern – mit den Farben von heute.

Die Englische Rose 'Charles Austin'®, begleitet von Katzenminze: Zuverlässig blühende Strauchrosen bilden das farbliche »Rückgrat« des Gartens.

Pflege und Schnitt

Einmalblühende Rosen brauchen wenig Pflege und kaum Schnitt, Formkorrekturen sind natürlich möglich. Öfterblühende können im Frühjahr um ein bis zwei Drittel zurückgeschnitten werden (→ Seite 76 f.), das fördert ihre Blühwilligkeit. Eine zweite Düngergabe, in der Regel nach der Blüte verabreicht, fördert die Blütenfülle und weitere Flore. Bei ausreichend Platz können aber alle Strauchrosen auch ohne Schnitt zu großen, imposanten Sträuchern heranwachsen. Betrachten Sie alle Schnitthinweise nur als Vorschläge, die Sie ganz nach Wunsch ausprobieren können.

Die Englische Rose 'Abraham Darby'® blüht unermüdlich bis zum Herbst. Ihre nostalgischen Blüten duften stark fruchtig, mit einer leicht herben Note.

Abraham Darby®

Austin 1985

HÖHE: 1,5–2 m
BLÜTEZEIT: Juni bis Oktober
Englische Rose

➤ *reichblühend und duftend*

Blüte: groß, stark gefüllt, nostalgische Form, einzeln oder in Büscheln, leicht überhängend; Farbe pfirsichrosa bis aprikosengelb, beim Verblühen aufhellend; gute Schnittrose
Duft: stark, fruchtig, herb-frisch
Wuchs: aufrecht, buschig, lange bogige Triebe, bis zu 2 m lang; Blätter mittelgroß, dunkelgrün, glänzend
Gesundheit: robust; etwas anfällig für Sternrußtau; hitzeverträglich und regenfest, frosthart
Boden und Standort: braucht guten Boden, um sich gut zu entwickeln
Pflege und Schnitt: im Frühjahr um ein bis zwei Drittel zurückschneiden; ausreichend düngen, Kalimagnesium fördert die Frostreife und festigt die oft zu dünnen Triebe
Gestaltung: als Solitär, in Gruppen, auch als Hochstamm; kann auch als kleine Kletterrose verwendet werden
Besonderheiten: braucht Zeit, um sich zu etablieren; die Rose stand Pate für das Parfüm »Darby Rose«, das nur in Frankreich erhältlich ist

Aicha

Petersen 1966

HÖHE: 1,5–2 m
BLÜTEZEIT: Juni/Juli und August
Strauchrose

➤ *reichblühend und gesund* ✿

Blüte: Hauptblütezeit im Juni/Juli, mit einer schwächeren Blüte im August; Blüte mittelgroß, einfach, schalenförmig; Farbe leuchtend goldgelb, zu weiß verblassend; mit schönen rötlichen Staubgefäßen
Duft: leicht bis mittel
Wuchs: breitbuschig, leicht überhängend, so breit wie hoch; Blätter klein und hellgrün; viele Stacheln; kleine schwarzrote Hagebutten
Gesundheit: robust, gesund und sehr frosthart; für raue Lagen; regenfest
Boden und Standort: stellt keine Ansprüche; auch für arme Böden geeignet
Pflege und Schnitt: braucht keinen Schnitt; nur alte Triebe regelmäßig entfernen
Gestaltung: für Wild- und Strauchrosengruppen; auch für Hecken
Besonderheiten: remontiert erst nach einigen Jahren, wenn sie sich etabliert hat; zu ihren Vorfahren gehört die Wildrose *Rosa pimpinellifolia* (→ Seite 172), die ihr Frosthärte und Gesundheit vererbt hat

Alfred de Dalmas

Portemer oder Laffay 1855

HÖHE: 1–1,2 m
BLÜTEZEIT: Juni bis Oktober
Moosrose

➤ *lange Blütezeit, herrlicher Duft*

Blüte: remontierend; Blüte mittelgroß, locker gefüllt; Farbe hellrosa bis weiß; goldgelbe Staubgefäße
Duft: lieblich, mit würziger Note
Wuchs: kompakt, dicht verzweigt; Laub mittelgrün; Blütenkelche mit hellgrünem, später bräunlichem Moos besetzt
Gesundheit: robust und widerstandsfähig gegen Krankheiten; etwas regenempfindlich, frosthart
Pflege und Schnitt: benötigt keinen Schnitt; blüht besser nach, wenn Verblühtes entfernt wird; nach der ersten Blüte nochmals düngen
Gestaltung: als Solitär, in Gruppen; ideal für den Vordergrund eines Rosenbeets; sehr gut geeignet auch für kleine Gärten
Besonderheiten: 'Alfred de Dalmas' zeigt Damaszener-Erbe (→ Seite 11): Sie blüht länger als alle anderen Moosrosen. Das weiche Moos duftet stark aromatisch, wenn es leicht mit dem Finger zerrieben wird. Der süße Zentifoliendurft wird so mit einer herben, harzigen Note bereichert.

Angela

Kordes 1984 / ADR-Rose 1982

HÖHE: 1–1,5 m
BLÜTEZEIT: Juni bis Oktober
Strauchrose

➤ *üppig und dauerblühend*

Blüte: reichblühend; Blüte mittelgroß, leicht gefüllt, schalenförmig, in Büscheln; Farbe reines Altrosa mit hellerer Mitte
Duft: duftet nicht
Wuchs: breitbuschig, aufrecht, gut verzweigt; etwas überhängend, so breit wie hoch; Blätter mittelgroß, dunkelgrün und glänzend
Gesundheit: robust und normal gesund; Sternrußtau kann im Herbst vorkommen; relativ frosthart, regenfest und hitzeverträglich
Boden und Standort: gedeiht auch an weniger guten Standorten
Pflege und Schnitt: im Frühjahr um ein bis zwei Drittel einkürzen; wenn Verblühtes regelmäßig entfernt wird, blüht die Rose fast ohne Pause
Gestaltung: als Solitär, in Gruppen und für Hecken; zum natürlichen Charme passen Fingerhut, Schafgarbe; für den Herbst Eisenhut (*Aconitum arendsii*), Astern und Silberkerzen (*Cimicifuga*)
Besonderheiten: eine dankbare Rose, die kaum Pflege erfordert

Astrid Lindgren

Poulsen 1989

HÖHE: 1–1,5 m
BLÜTEZEIT: Juni bis zum Frost
Strauchrose

➤ *edle Blüten, duftend*

Blüte: reichblühend bis zum Frost; Blüte mittelgroß, gefüllt, edel geformt; Knospe rundlich; Farbe hellrosa, in der Mitte dunkler getönt; gute Schnittrose
Duft: mittelstark
Wuchs: aufrecht, buschig; Laub mittel- bis dunkelgrün, glänzend
Gesundheit: normal gesund; hitzeverträglich und regenfest
Pflege und Schnitt: im Frühjahr um ein bis zwei Drittel zurückschneiden; Verblühtes regelmäßig entfernen; im Frühjahr und nach erster Blüte düngen
Gestaltung: als Solitär, in Gruppen, für Hecken; passt von der Blütenform gut zu Edelrosen; den romantischen Charakter unterstreichen Katzenminze (*Nepeta*), Schleierkraut (*Gypsophila*-Arten), Lavendel und Mutterkraut (*Chrysanthemum parthenium*), das sich überall selbst aussät; für den Herbst eignen sich Astern in Weiß und Lavendelblau
Besonderheiten: benannt nach der bekannten Kinderbuchautorin; erhielt die Goldmedaille in Baden-Baden und weitere internationale Medaillen

Belle Isis

Parmentier 1845

HÖHE: bis 1,2 m
BLÜTEZEIT: Juni/Juli
Gallicarose

➤ *nach Myrrhe duftend*

Blüte: sehr reichblühend; Blüte mittelgroß, stark gefüllt, flach; in Büscheln; Farbe zartrosa mit gelblicher Mitte
Duft: duftet stark nach Myrrhe
Wuchs: aufrecht, kompakt; Laub hellgrün
Gesundheit: sehr robust und gesund; sehr frosthart
Boden und Standort: wächst auch in ungünstigeren Lagen
Pflege und Schnitt: benötigt keinen Schnitt; einmal im Frühjahr düngen
Gestaltung: als Solitär, in Gruppen und als Vorpflanzung; auch für niedrige Hecken geeignet
Besonderheiten: Die kleine Rose trägt den Namen einer großen ägyptischen Göttin. Ihr Duft erinnert an die Opfergaben Weihrauch und Myrrhe, die Göttern dargebracht wurden. Er ist warm, erdig und würzig, ganz ohne die gewohnte Süße der Alten Rosen. 'Belle Isis' ist die Stammmutter der Englischen Rosen, von denen einige ihren Duft geerbt haben. Nicht alle empfinden diesen herben Duft als angenehm.

Belvedere

Tantau 2001

HÖHE: 1,2–1,5 m
BLÜTEZEIT: Juni bis Oktober
Strauchrose

➤ *üppige, nostalgische Blüten*

Blüte: reichblühend; Blüte sehr groß, üppig, gut gefüllt, nostalgisch gewirbelt, in Dolden; Farbe apricot-orange mit Pfirsichtönen; lange haltbare Blüten, auch in der Vase
Duft: duftet leicht
Wuchs: aufrecht, bogig überhängend; Laub dunkelgrün, stark glänzend
Gesundheit: normale bis gute Blattgesundheit; hitzeverträglich, regenfest
Boden und Standort: braucht guten, humosen Boden
Pflege und Schnitt: im Frühjahr um ein bis zwei Drittel einkürzen; Verblühtes regelmäßig entfernen; im Frühjahr und nach erster Blüte düngen, Kalimagnesium fördert Frosthärte
Gestaltung: als Solitär, in Gruppen; rotlaubige Gehölze wie Perückenstrauch (*Cotynus coggygria*) und Berberitze sowie der Schmetterlingsflieder (*Buddleja davidii*) in Lilablau setzen einen interessanten Kontrast zur leuchtenden Farbe
Besonderheiten: auffallender Kontrast von Laub und Blüte

Benjamin Britten

Austin 2001

HÖHE: 1,2–1,5 m
BLÜTEZEIT: Juni bis Oktober
Englische Rose

➤ *wunderschöne duftende Blüten*

Blüte: reichblühend; Blüte groß, pfingstrosenartig, dicht gefüllt; Farbe himbeerrot mit einem Hauch orange
Duft: intensiv fruchtig, nach Wein und Birne
Wuchs: aufrecht, buschig, dicht; Laub dunkelgrün und glänzend
Gesundheit: robust, resistent gegen Krankheiten; regenfest und hitzebeständig; relativ frosthart
Boden und Standort: auch für Halbschatten bei mindestens 4–5 Stunden Sonne
Pflege und Schnitt: im Frühjahr um ein bis zwei Drittel zurückschneiden; Verblühtes im Sommer regelmäßig entfernen; im Frühjahr und nach der ersten Blüte düngen, für bessere Frosthärte Kalimagnesium ausbringen
Gestaltung: als Solitär, in Gruppen; zusammen mit anderen Englischen Rosen in Gelb und Lachs; setzt farblich einen interessanten Akzent
Besonderheiten: benannt nach dem bekannten englischen Komponisten und Dirigenten

Boule de Neige

Lacharme 1867

HÖHE: 1,5–2 m
BLÜTEZEIT: Juni bis Oktober
Bourbonrose

➤ *blühwillig und wunderschön*

Synonym: 'Snowball'
Blüte: sehr reichblühend, remontierend; Blüte mittelgroß, kugelig, zurückgerollte Blütenblätter, Blütenform wie ein »Schneeball«, in Büscheln; Farbe rahmweiß, Rand oft dunkelrosa, manchmal rosa Flecken; Knospe rosa gestreift
Duft: sehr intensiv
Wuchs: schlank und hoch, kann als Kletterrose gezogen werden; Blätter mittelgroß, ledrig, dunkelgrün und glänzend; nur leicht bestachelt
Gesundheit: robust, normal gesund; Blüten können bei Regen verkleben
Boden und Standort: auch für Halbschatten mit mindestens 4–5 Stunden Sonne
Pflege und Schnitt: braucht wenig Schnitt; Winterschutz ist in rauen Lagen notwendig; im Frühjahr und nach der Blüte düngen, Kalimagnesium für bessere Frosthärte ausbringen
Gestaltung: als Solitär, in Gruppen, auch für Kübel und als kleine Kletterrose; wirkt sehr schön in einem Obelisken aus schwarz lackiertem Eisen

Bourbon Queen

Bréon/Mauget 1835

HÖHE: 1,8–3 m
BLÜTEZEIT: Juni
Bourbonrose

➤ *überreich blühend, stark duftend*

Blüte: nach der überreichen ersten Blüte kleine Nachblüte; Blüte mittelgroß, locker halb gefüllt, einzeln und in Büscheln; Farbe kräftig rosa, am Rand aufhellend
Duft: duftet sehr intensiv
Wuchs: ausladend, buschig, lange, biegsame Triebe, leicht überhängend; Laub hellgrün und matt; wenige, aber starke Stacheln; Hagebutten groß, rund und orange
Gesundheit: anspruchslos, robust; nicht ganz frosthart, Winterschutz ist in rauen Lagen notwendig
Pflege und Schnitt: braucht keinen Schnitt, nur auslichten und alte Zweige bodennah entfernen; bei wenig Platz im Frühjahr um ein bis zwei Drittel zurückschneiden; Kalimagnesium geben
Gestaltung: als Solitär, in Gruppen und für Hecken; kann auch als Kletterrose eingesetzt werden, die Zweige müssen dann aufgebunden werden
Besonderheiten: eine Rose mit starker Wuchskraft, blüht mit verschwenderischer Fülle

Bremer Stadtmusikanten

Kordes 2000

HÖHE: bis 1,2 m
BLÜTEZEIT: Juni bis Oktober
Strauchrose

➤ *nostalgische Blüten, süßer Duft*

Blüte: mittelgroß, stark gefüllt, erinnern an Kamelienblüten, meist in Rispen; Farbe cremerosa, dunklere Mitte
Duft: fein, süß; verströmend
Wuchs: kräftig, aufrecht; Blätter mittelgroß, dunkelgrün und glänzend
Gesundheit: widerstandsfähig gegen Krankheiten; hitzeverträglich
Pflege und Schnitt: im Frühjahr um ein bis zwei Drittel zurückschneiden; ausreichend düngen; Kalimagnesium fördert die Frosthärte, besonders für raue Lagen eine empfehlenswerte Maßnahme
Gestaltung: für kleinere Gärten; für Beete, in Gruppen, als Solitär und für Pflanzgefäße; mit goldgelben und zart lachsfarbenen Rosen kombinieren; als Begleitpflanzen passen Ziersalbei (*Salvia nemorosa*) 'Blauhügel' mit leuchtend blauen und 'Mainacht' mit nachtblauen Blüten, Thymian, Oregano, Katzenminze (*Nepeta*) und gelbe Lupinen
Besonderheiten: gehört zu den »Märchenrosen«; Gold- und Silbermedaillen auf internationalen Wettbewerben

Buff Beauty

Bentall 1939

HÖHE: bis 2 m
BLÜTEZEIT: Juni bis zum Herbst
Moschatarose

➤ *üppig blühend, stark duftend*

Blüte: reichblühend im Juni, eine zweite üppige Blüte im Herbst; Blüte mittelgroß, gefüllt, in Dolden; Farbe apricotgelb, zu creme verblassend; Knospe zartorange, schönes Farbspiel; Hagebutten mittelgroß, rund, orange
Duft: fruchtig, nach Teerose
Wuchs: breitbuschig, überhängende, starre Triebe; Laub dunkelgrün, im Austrieb rötlich; starke Stacheln
Gesundheit: robust und resistent gegen Krankheiten; nicht ganz winterhart
Boden und Standort: im Halbschatten behält die Rose besser ihre delikate Farbe; bleicht in der Sonne zu stark aus
Pflege und Schnitt: im Frühjahr um ein Drittel einkürzen; in rauen Lagen im Winter anhäufeln; ausreichend düngen; in Trockenzeiten nach der Blüte durchdringend wässern, fördert Nachblüte; Kalimagnesium erhöht die Frosthärte
Gestaltung: als Solitär oder in Gruppen; zu Rosen und Stauden in Apricot
Besonderheiten: mit ihrem schönen Farbspiel eine der schönsten gelben Rosen mit romantischer Ausstrahlung

Caramella

Kordes 2001

HÖHE: bis 1,2 m
BLÜTEZEIT: Juni bis Oktober
Strauchrose

➤ *reichblühend und üppig gefüllt*

Blüte: groß, stark gefüllt; Farbspiel in kupfer-orange, zu hellem Bernsteingelb aufhellend
Duft: duftet nur leicht
Wuchs: buschig, aufrecht, schnell wachsend; Laub mittelgrün, leicht glänzend
Gesundheit: robust, normale Gesundheit; hitzeverträglich und relativ frosthart
Pflege und Schnitt: im Frühjahr um ein Drittel zurückschneiden; Verblühtes im Sommer regelmäßig entfernen; ausreichend düngen, Kalimagnesium erhöht die Frosthärte
Gestaltung: als Solitär, in Gruppen, als Hochstamm; die lebhafte Blütenfarbe der Rose passt gut in ein fröhliches Ensemble im Bauergarten-Stil; Taglilie (*Hemerocallis*), Lupine, Rittersporn und Ziersalbei sind in vielen passenden Farbnuancen erhältlich
Besonderheiten: eine Rose mit schönem Farbwechsel und edler Blütenform; gehört zur Serie der »Märchenrosen« des Züchters Kordes

Cardinal de Richelieu

Parmentier vor 1847

HÖHE: 1,2–1,5 m
BLÜTEZEIT: Juni
Gallicarose

➤ *ungewöhnliche Farbe*

Blüte: reichblühend; Blüte mittelgroß, unregelmäßig bis halb gefüllt, flach; Farbe purpurrot, im Verblühen violett, Mitte weiß
Duft: leicht, pfeffrig-würzig
Wuchs: aufrecht, breitbuschig, kompakt; Laub tiefgrün; wenig Stacheln
Gesundheit: normal gesund; Sternrußtau kann vorkommen; relativ frosthart
Boden und Standort: braucht guten Boden sowie Halbschatten, damit die Blüten nicht verbrennen
Pflege und Schnitt: braucht keinen Schnitt; nur altes Holz regelmäßig entfernen
Gestaltung: für Gruppen und Hecken; die sehr dunkle Rose lässt sich mit rosa und weiß blühenden Alten Rosen besonders schön kombinieren
Besonderheiten: eine der berühmtesten Rosen; vermutlich eine Hybride zwischen einer Gallica- und einer Chinarose; braucht einige Zeit, um sich zu etablieren; nach dem einflussreichen Berater Kardinal de Richelieu am Hofe Ludwigs XIII. benannt

Celsiana

unbekannt, vor 1750

HÖHE: 1–1,3 m
BLÜTEZEIT: Juni
Damaszenerrose

➤ *gesund und sehr stark duftend*

Blüte: reichblühend; Blüte groß, flach, locker gefüllt, leicht zerknitterte Blütenblätter; gelbe Staubgefäße; Farbe durchscheinend zartrosa mit gelber Mitte
Duft: sehr stark, typischer Damaszenerduft
Wuchs: rundbuschig, locker überhängend; Laub graugrün; auch nach der Blüte noch attraktiv
Gesundheit: sehr gesund und frosthart; Rosenrost kann vorkommen, schadet aber der Rose nicht
Boden und Standort: Sonne bleicht die Blüten stark aus, deshalb ist ein Platz im Halbschatten besser geeignet.
Pflege und Schnitt: braucht keinen Schnitt, nur zu lange störende Triebe einkürzen; einmal im Frühjahr düngen
Vermehren: durch Ausläufer und Absenker
Gestaltung: als Solitär, in Gruppen und für Hecken, an Zäunen; deckt den Boden mit eigenem Laub gut ab
Besonderheiten: eine der schönsten Alten Rosen

Centenaire de Lourdes

Delbard-Chabert 1958

HÖHE: bis 1,5 m
BLÜTEZEIT: Juni bis Oktober
Strauchrose

➤ *sehr reichblühend*

Blüte: groß, locker gefüllt, leicht gewellte Blütenblätter, in kleinen Büscheln; Farbe silbriges Reinrosa, Mitte heller; gelbe Staubgefäße
Duft: leicht, nach Wildrosen
Wuchs: wuchsfreudig, buschig, bogig überhängend; Blätter groß, mittelgrün, glänzend
Gesundheit: normal gesund; regen- und wetterfest, frosthart
Boden und Standort: toleriert Halbschatten bei mindestens 4–5 Stunden Sonne
Pflege und Schnitt: im Frühjahr um ein Drittel zurückschneiden; Verblühtes regelmäßig entfernen; nach der ersten Blüte nochmals düngen
Gestaltung: als Solitär, in Gruppen, auch für Töpfe; vor dunklen Eibenhecken, zusammen mit Pfeifenstrauch (*Philadelphus*) und Deutzie (*Deutzia gracilis*); schön mit weiß blühenden Lupinen, Rittersporn und Glockenblumen in Weiß und Blau
Besonderheiten: 1994 zu den 10 schönsten Rosen der Welt gewählt

Charles Austin®

Austin 1973

HÖHE: bis 1,5 m
BLÜTEZEIT: Juni bis Oktober
Englische Rose

➤ *reichblühend und robust*

Blüte: groß, schalenförmig, stark gefüllt, geviertelt; Farbe apricot mit Gelb- und Rosatönen; gute Schnittrose
Duft: stark, fruchtig
Wuchs: straff aufrecht, buschig; Blätter groß
Gesundheit: robust und relativ frosthart; Sternrußtau ist möglich
Boden und Standort: braucht guten, humosen Boden
Pflege und Schnitt: im Frühjahr und nach der Blüte um ein bis zwei Drittel zurückschneiden, das erhöht die Standfestigkeit der Triebe, fördert die Blüte und neue Triebe aus der Basis; im Frühjahr und nach der ersten Blüte düngen
Gestaltung: einzeln oder in Gruppen; eine Kombination mit hoch aufragenden Stauden verdeckt bei Krankheitsbefall die kahlen Triebe
Besonderheiten: Sie ist dem Vater des Züchters gewidmet. Die in der Form ähnliche 'Yellow Charles Austin' hat mehr Gelbanteile in der Blütenfarbe; beide haben ein sehr veränderliches Farbspiel und duften intensiv fruchtig.

Charles de Mills

Herkunft unbekannt

HÖHE: 1,2–1,5 m
BLÜTEZEIT: Juni bis Juli
Gallicarose

➤ *sehr reichblühend*

Synonym: 'Bizarre Triomphant'
Blüte: blüht mehrere Wochen lang; Blüte groß, flach, stark gefüllt und geviertelt, in großen Büscheln; Farbe samtiges Dunkelpurpurrot, manchmal mit feinem weißem Rand; in der Mitte zuweilen mit grünem Knopfauge
Duft: leicht bis mittel
Wuchs: aufrecht, kompakt, überhängend; Laub dunkel-graugrün
Gesundheit: sehr robust, gesund und frosthart
Boden und Standort: toleriert auch weniger guten Boden und Halbschatten mit mindestens 4–5 Stunden Sonne
Pflege und Schnitt: braucht keinen Schnitt, nur altes Holz entfernen; einmal im Frühjahr düngen
Gestaltung: als Solitär, in Gruppen, für Hecken; als Kontrast zu dem rundlichen, kompakten Rosenhügel, den die Rose nach einigen Jahren bildet, passen die hoch aufragenden Blütenkerzen von Rittersporn, Lupinen und Fingerhut
Besonderheiten: eine der schönsten Gallicarosen

Citron-Fraise

Delbard 1998

HÖHE: bis 1,2 m
BLÜTEZEIT: Juni bis Oktober
Strauchrose

➤ *ungewöhnliches Farbspiel*

Blüte: mittelgroß, einfach; Farbe zitronengelb, im Verblühen erdbeerrosa bis fast weiß; schönes Farbspiel
Duft: leicht, nach Erdbeeren
Wuchs: kräftig, aufrecht, buschig; Laub dunkelgrün und glänzend
Gesundheit: gesund und regenfest; relativ frosthart und hitzeverträglich
Boden und Standort: braucht guten, humosen Boden
Pflege und Schnitt: im Frühjahr um ein Drittel einkürzen; düngen im Frühjahr und nach der ersten Blüte; Kalimagnesium fördert die Frosthärte
Gestaltung: für Rosenbeete, einzeln und in Gruppen; zusammen mit Stauden in Rosa, Violett und blassem Gelb, passend zum Farbspiel der Rose; damit das Bild nicht zu unruhig wird, sollte ein Farbton, z. B. ein sanftes Gelb, bei den Begleitpflanzen dominieren
Besonderheiten: reizvolle Farbmischung; beim Aufblühen zartgelb, später himbeerrosa, bei einigen Blüten mischen sich die Farben; Goldmedaille in Baden-Baden

Claude Monet

Delbard 1992

HÖHE: 1,2 m
BLÜTEZEIT: Juni bis Oktober
Strauchrose / Beetrose

➤ *auffälliges Farbspiel*

Blüte: blühfreudig; Blüte groß, locker gefüllt, leicht gewellte Blütenblätter, in Dolden; Farbe weiß, gelb und himbeer geflammt, schönes Farbspiel; Knospe karminrot; schöne Schnittrose
Duft: leicht; nach Zitrone, Mandel und Vanille
Wuchs: aufrecht; Laub dunkelgrün, matt
Gesundheit: normal gesund; Sternrußtau kann vorkommen; relativ frosthart
Pflege und Schnitt: im Frühjahr um ein Drittel einkürzen; nach der ersten Blüte ein zweites Mal düngen; Kalimagnesium erhöht die Frosthärte; in rauen Lagen im Winter anhäufeln
Gestaltung: als Solitär mit gelb und blau blühenden Stauden; in kleinen Gruppen kombiniert mit gelben Rosen; für Pflanzgefäße gut geeignet
Besonderheiten: gehört zu den »Malerrosen« Delbards, benannt nach dem Maler Claude Monet; der flammende Farbverlauf erinnert an die Gemälde der Impressionisten, die den Züchter inspirierten

Colette

Meilland 1993

HÖHE: 1,5–2 m
BLÜTEZEIT: Juni bis Oktober
Strauchrose

➤ *blüht sehr reich und ausdauernd*

Blüte: außerordentlich reichblühend; Blüte mittelgroß, rosettenförmig, dicht gefüllt; Farbe lachsrosa, wandelt sich im Verblühen zu goldbraun; gut zum Schnitt geeignet
Duft: fruchtig, verströmend
Wuchs: aufrecht und buschig, später leicht überhängend; Laub mittelgrün und leicht glänzend
Gesundheit: normal gesund und frosthart; für raue Lagen, regenfest
Pflege und Schnitt: im Frühjahr um ein bis zwei Drittel einkürzen; nach der Blüte noch ein zweites Mal düngen
Gestaltung: als Solitär, in Gruppen und in Hecken; auch als Hochstamm und in Kombination mit Stauden
Besonderheiten: Gehört zur Romantica-Serie von Meilland. Die erste dieser Gruppe ist die schon legendäre 'Eden-Rose 85' (→ Seite 126). 'Colette' wurde nach der berühmten französischen Schriftstellerin gleichen Namens benannt. Die Farbe der Rose erinnert an den Pfirsichlikör Pêche Royal, den sie gerne trank.

Constance Spry

Austin 1961

HÖHE: 2–3 m und mehr
BLÜTEZEIT: Juni bis Anfang Juli
Englische Rose

➤ *sehr reichblühend*

Blüte: sehr groß, stark gefüllt, pfingstrosenartig, im Stil Alter Rosen, in Büscheln; Farbe weiches Reinrosa bis Silbrigrosa
Duft: intensiv würzig, nach Myrrhe
Wuchs: stark, breit, bogig überhängend, sehr ausladend; Blätter mittelgroß, graugrün und matt
Gesundheit: robust, normal gesund und winterhart
Boden und Standort: für raue Lagen geeignet; wächst auch im Halbschatten bei mindestens 4–5 Stunden Sonne
Pflege und Schnitt: benötigt keinen Schnitt; störende Triebe nach der Blüte einkürzen; einmal im Frühjahr düngen
Gestaltung: als Solitär, in Gruppen, für Hecken, als Hochstamm; für Rosenbogen, Pergola und Wände
Besonderheiten: erste Englische Rose von Austin, eine Kreuzung zwischen der Gallicarose 'Belle Isis' (→ Seite 119) und der Floribunda-Rose 'Dainty Maid'; wurde zur Stammmutter und vererbte vielen späteren Züchtungen den ungewöhnlichen Myrrheduft von 'Belle Isis'

Cornelia

Pemberton 1925

HÖHE: bis 1,5 m
BLÜTEZEIT: Juni bis Oktober
Moschatarose

➤ *reichblühend und robust*

Blüte: klein, leicht gefüllt, in Büscheln; schöne Herbstblüte; Farbe zart lachsrosa mit gelber Mitte; gelbe Staubgefäße; Hagebutten klein, rund und orange
Duft: stark, moschusartig
Wuchs: aufrecht, breitbuschig, so breit wie hoch; Laub dunkelgrün, im Austrieb rötlich
Gesundheit: robust und relativ gesund; Sternrußtau kann vorkommen; nicht überall frosthart
Pflege und Schnitt: Verblühtes nach der Blüte ausschneiden, dann blüht sie im Herbst noch einmal üppig; im Frühjahr und nach der ersten Blüte düngen; verträgt gut abgelagerten Mist oder Kompost; Kalimagnesium erhöht die Frosthärte; in rauen Lagen anhäufeln
Gestaltung: Als Solitär; in Hecken zusammen mit anderen Moschata-Hybriden wie 'Penelope' und 'Felicia': Sie harmonieren mit ihren schönen Pastelltönen gut miteinander.
Besonderheiten: gehört zu den im Herbst nocheinmal sehr reich blühenden Moschatarosen

Cristata

Vibert 1864

HÖHE: bis 1,5 m
BLÜTEZEIT: Juni
Zentifolie

➤ *reizvolle Knospen, stark duftend*

Synonyme: 'Chapeau de Napoléon', 'Crested Moss'
Blüte: lange blühend; Blüte mittelgroß, sehr dicht gefüllt (über 60 Blütenblätter), kugelig; Farbe klares Rosa, silbrig überhaucht; Knospe rund, mit moosartigen Kelchblättern, die in der Form an den Dreispitz Napoleons erinnern
Duft: stark, süßlich-herb; Blütenblätter behalten den Duft auch getrocknet
Wuchs: leicht bogig und auseinander fallend; Laub etwas schütter, frisch graugrün, Blätter rundlich, stark gezackt; spitze Stacheln
Gesundheit: robust und gesund; frosthart; regenempfindlich
Pflege und Schnitt: benötigt keinen Schnitt; nur einmal im Frühjahr düngen
Gestaltung: in den Hintergrund pflanzen; für Hecken, in Gruppen
Besonderheiten: Obwohl die krausen Kelchblätter an Moosrosen erinnern, gehört 'Cristata' nicht zu dieser Gruppe. Sie ist eine Sonderform der Zentifolie. Die filigranen, an krause Petersilie erinnernden Kelchblätter duften nicht.

Dortmund

Kordes 1955 / ADR-Rose 1954

HÖHE: 3–4 m
BLÜTEZEIT: Juni bis Oktober
Strauchrose / Kletterrose

➤ *anspruchslos und sehr gesund*

Blüte: reichblühend; Blüte groß, einfach, leicht gewellte Blütenblätter; in großen Büscheln; Farbe blutrot mit weißem Auge und gelben Staubgefäßen; Knospe lang und spitz
Duft: duftet nur leicht
Wuchs: aufrecht bis überhängend, starkwüchsig; Blätter dunkelgrün, klein und glänzend; starke Stacheln; Hagebutten
Gesundheit: sehr frosthart und sehr gesund; regen- und hitzefest
Boden und Standort: auch für Problemstandorte; für Süd- und Nordlagen und arme Böden
Pflege und Schnitt: benötigt keinen Schnitt, ab und zu ältere Äste bodennah entfernen
Gestaltung: als hohe Strauchrose in Hecken; als Kletterrose für Wände, Spaliere und Rosenbogen
Besonderheiten: beliebter Klassiker mit dem Charme einer Wildrose; benannt nach der Stadt Dortmund: im Dortmunder Westfalenpark befindet sich das Deutsche Rosarium

Edenrose 85

Meilland/Strobel 1985

HÖHE: 1–1,5 m und mehr
BLÜTEZEIT: Juni bis Oktober
Strauchrose

➤ *üppige, regenfeste Blüten*

Synonyme: 'Pierre de Ronsard', 'Edenrose'
Blüte: öfter- und reich blühend; Blüte stark gefüllt, kugelförmig; in Büscheln; Blüte cremeweiß, rosa überlaufen
Duft: duftet leicht
Wuchs: buschig, sparrig; kann als kleine Kletterrose gezogen werden; Blätter groß, dunkelgrün und glänzend; dichtes Laub
Gesundheit: sehr robust und regenfest; resistent gegen Pilzkrankheiten; weniger frosthart
Pflege und Schnitt: braucht sonnigen Standort und nährstoffreichen Boden; im Frühjahr und nach der ersten Blüte düngen; Kalimagnesium fördert die Frosthärte
Gestaltung: als Solitär und kleine Kletterrose für Rankgerüste und Obelisken; auch in Töpfen
Besonderheiten: eine der ersten aus der Romantica-Reihe von Meilland; 'Red Edenrose' in Johannisbeerrot ist ihr ähnlich, duftet aber etwas mehr und ist weniger gesund

Erfurt

Kordes 1939

HÖHE: bis 1,5 m
BLÜTEZEIT: Juni bis zum Frost
Moschatarose

➤ *reichblühend und gesund*

Blüte: sehr gut nachblühend; Blüte mittelgroß, einfache bis halb gefüllte Blüten in Schalenform; in Büscheln. Farbe rosarot mit großer gelblich weißer Mitte; gelbe Staubgefäße; Knospe hellrot; im Halbschatten und bei kühlem Wetter intensiver gefärbt
Duft: duftet leicht
Wuchs: breit ausladend, überhängend; Laub dunkelgrün, glänzend; junger Austrieb rötlich; starke Stacheln
Gesundheit: robust und gesund; nicht ganz frosthart; regenfest
Boden und Standort: verträgt Halbschatten bei mindestens 4–5 Stunden Sonne
Pflege und Schnitt: benötigt keinen Schnitt; im Frühjahr und nach der ersten Blüte düngen; Kalimagnesium fördert die Frosthärte; in rauen Lagen ist Winterschutz ratsam
Gestaltung: für Hecken und für naturnahe Gärten; als Vorpflanzung vor Sträuchern und Koniferen; schön auch auch in Kombination mit Wildstauden und Gräsern

Eugéne Fürst

Soupert & Notting 1875

HÖHE: 1–1,5 m
BLÜTEZEIT: Juni bis Oktober
Remontantrose

➤ *stark duftend*

Blüte: reich blühend, gute Herbstblüte; große, becherförmige, dicht gefüllte Blüten mit zurückgeschlagenen Blütenblättern; in Büscheln; Farbe leuchtend samtiges Karmesinrot mit dunkleren, violetten Schattierungen
Duft: stark und süß
Wuchs: aufrecht, buschig; Laub dunkelgrün, matt; kräftige Triebe; wenig Stacheln
Gesundheit: frosthart und gesund; Mehltau kann vorkommen
Pflege und Schnitt: benötigt keinen starken Schnitt, nur leicht in Form schneiden; gut düngen, abgelagerter Mist wird bevorzugt
Gestaltung: als Solitär; in Kombination mit Alten Rosen und modernen Nostalgierosen in Weiß und in verschiedenen Rosatönen
Besonderheiten: Gehört zu den besten öfterblühenden Remontantrosen, die nicht wie die modernen Rosen wirklich öfter blühen. Remontieren bedeutet: Sie blühen mit einer großen Pause im Spätsommer schwächer nach.

Fantin Latour

unbekannt, vor 1860

HÖHE: bis 1,8 m
BLÜTEZEIT: Juni bis Anfang Juli
Zentifolie

➤ *intensiv duftend* ✿

Blüte: dicht gefüllt, schalenförmig, gewirbelt, in Büscheln; Farbe zartrosa, in der Mitte etwas dunkler
Duft: duftet intensiv
Wuchs: breit, rund, Triebe bogenförmig überhängend; Laub mattgrün; wenig Stacheln
Gesundheit: robust, sehr frosthart, für raue Lagen geeignet
Boden und Standort: wächst besser im Halbschatten statt in voller Sonne, dort verblassen die Blüten nicht so schnell; toleriert auch arme Böden
Pflege und Schnitt: braucht keinen Schnitt, ab und zu alte Äste bodennah entfernen; Formschnitt bei Platzmangel nach der Blüte
Gestaltung: als Solitär, für Hecken; auch als niedrige Kletterrose
Besonderheiten: Eine der schönsten Alten Rosen. Als Findelkind unbekannter Herkunft erhielt sie einen neuen Namen, ist aber vermutlich eine viel ältere Rose; benannt nach dem französischen Maler, der die dicht gefüllten Rosen besonders gern malte.

Felicia

Pemberton 1928

HÖHE: 1,5 m und mehr
BLÜTEZEIT: Juni bis Oktober
Moschatarose

➤ *reichblühend und duftend*

Blüte: besonders üppige Herbstblüte; Blüte mittelgroß, locker gefüllt; Farbe lachsrosa, mit Rosé und Gelb überhaucht
Duft: frisch, rosentypisch
Wuchs: breitbuschig, mit langen Trieben; auch als Kletterrose zu ziehen; Laub dunkelgrün, leicht glänzend; Triebe rötlich; keine Stacheln
Gesundheit: robust und gesund; wenig Sternrußtau ist möglich
Boden und Standort: braucht in rauen Lagen Winterschutz, treibt aber nach Frostschäden schnell wieder aus
Pflege und Schnitt: benötigt keinen Schnitt; kann aber bei Platzmangel im Frühjahr um ein bis zwei Drittel zurückgeschnitten werden
Gestaltung: als Solitär, für Hecken, auch zusammen mit anderen Moschatarosen; als kleine Kletterrose
Besonderheiten: Eine vielseitige, sehr reichblühende Rose, die wie alle Moschatarosen sehr gut mit Alten Rosen kombiniert werden kann. Die zarten Farben fügen sich überall gut ein.

Felicitas

Kordes 1998 / ADR-Rose 1996

HÖHE: 0,8–1,5 m
BLÜTEZEIT: Juni bis Oktober
Strauchrose

➤ *dauerblühend und gesund*

Blüte: früh blühend; Blüte mittelgroß, einfach, in Büscheln; Farbe leuchtendes Karminrosa, mit schönen orangefarbenen Staubgefäßen
Duft: sehr leicht
Wuchs: breitbuschig, bis 1,5 m breit, starkwüchsig, bogig überhängend; Blätter dunkelgrün, mittelgroß, dicht und stark glänzend; junge Triebe rötlich
Gesundheit: sehr frosthart, regenfest und hitzeverträglich; gut selbstreinigend; sehr gute Widerstandsfähigkeit gegen Krankheiten
Boden und Standort: für raue Lagen geeignet; bevorzugt sonnige Standorte
Pflege und Schnitt: wie Strauchrosen im Frühjahr um ein bis zwei Drittel zurückschneiden; nach der ersten Blüte ein zweites Mal düngen; Verblühtes regelmäßig entfernen
Gestaltung: als Solitär, in Gruppen, für niedrige Hecken und Böschungen, als Vorpflanzung; auch als kleine Kletterrose; für naturnahe Gärten geeignet, reizvoll in Kombination mit Gräsern und Wildstauden

Félicité Parmentier

unbekannt, vor 1836

HÖHE: bis 1,2 m
BLÜTEZEIT: Juni/Anfang Juli
Albarose

➤ *für kleine Gärten*

Blüte: sehr reich- und lange blühend, bis zu sechs Wochen; Blüte groß, rund, sehr dicht gefüllt, geviertelt, in Büscheln; Farbe klares, frisches Rosa, zu rahmweiß aufhellend, mit grünem Knopfauge; ideale Duftrose für die Vase
Duft: intensiv, süß
Wuchs: aufrecht, breitbuschig, überhängend; Laub hell-graugrün; Triebe stachelig
Gesundheit: robust und gesund; relativ frosthart
Boden und Standort: auch für ärmere Böden geeignet; wächst auch im Halbschatten bei 4–5 Stunden Sonne
Pflege und Schnitt: braucht keinen Schnitt, kann aber nach der Blüte in Form geschnitten werden; einmal im Frühjahr düngen
Vermehren: durch Absenker; Stecklinge gelingen nicht immer
Gestaltung: als Solitär, in Gruppen; für Rabatten
Besonderheiten: eine wunderschöne Alte Rose, die gut für kleine Gärten geeignet ist

Ferdinand Pichard

Tanne 1921

HÖHE: 1,2–1,5 m
BLÜTEZEIT: Juni bis Oktober
Remontantrose

➤ *bis zum Herbst blühend*

Blüte: reichblühend; Blüte sehr groß, dicht gefüllt, schalenförmig, einzeln und in Büscheln; Farbe karminrosa, rosa, weiß gestreift und marmoriert; verändert sich im Aufblühen zu sanftem Purpur; schöne Schnittrose
Duft: stark, nach Himbeeren
Wuchs: breitbuschig, straff aufrecht, so breit wie hoch; Laub matt, dunkelgrün; im Austrieb rötlich; viele Stacheln
Gesundheit: gesund und robust; Sternrußtau kann vorkommen; relativ frosthart
Boden und Standort: braucht guten, humosen Boden
Pflege und Schnitt: kräftiger Rückschnitt im Frühjahr fördert die Blütenfülle; im Frühjahr und nach der ersten Blüte düngen
Gestaltung: als Solitär mit Stauden; in Gruppen mit Alten Rosen in Weiß, Rosa oder Karminrosa, um die Farben der Blüten aufzugreifen
Besonderheiten: eine der schönsten gestreiften Rosen; bei Wärme ist die Grundfarbe mehr rosa statt weiß

Fritz Nobis

Kordes 1940

HÖHE: 1,5–2 m
BLÜTEZEIT: Juni/Juli
Strauchrose

➤ *sehr reichblühend und duftend*

Blüte: groß, gefüllt, schalenförmig; Farbe lachsrosa, innen gelblich, an den Rändern heller; mit gelben Staubgefäßen; Knospe lachsorange
Duft: intensiv, nach Nelken
Wuchs: kräftig, breitbuschig, so breit wie hoch, weit überhängend; Blätter groß, matt, hellgrün und dicht; Hagebutten orangerot, haltbar
Gesundheit: robust und normal gesund; relativ frosthart
Boden und Standort: gedeiht auch in Höhenlagen gut sowie im Halbschatten bei mindestens 4–5 Stunden Sonne
Pflege und Schnitt: benötigt keinen Schnitt; Formschnitt nach der Blüte; einmal im Frühjahr düngen
Vermehren: durch Ausläufer, wenn die Rose tief genug gepflanzt wird
Gestaltung: als Solitär, in Hecken, in Gruppen; auch als kleine Kletterrose verwendbar
Besonderheiten: Kreuzung zwischen einer Teehybride und einer *Rosa-Rubiginosa*-Hybride; in voller Blüte ein unvergesslicher Anblick

Frühlingsgold

Kordes 1937

HÖHE: 1,8–2,2 m
BLÜTEZEIT: Mai/Anfang Juni
Pimpinellifolia-Hybride

➤ *früh und überreich blühend*

Blüte: leicht nachblühend; Blüte groß, schalenförmig, leicht gefüllt; Farbe goldgelb, zu cremegelb verblassend; gelbe Staubgefäße
Duft: süß-würzig, verströmend
Wuchs: stark, so breit wie hoch; Laub zierlich, graugrün und ledrig; schwarze Hagebutten
Gesundheit: robust und frosthart; normal gesund
Boden und Standort: toleriert auch ärmere Böden
Pflege und Schnitt: alle 5–7 Jahre bodennah zurückschneiden, um Vergreisung zu verhindern
Gestaltung: als Hecke, im Hintergrund einer Rabatte; zusammen mit anderen Frühlingsrosen
Besonderheiten: Gehört zur Serie der früh im Mai blühenden Frühlingsrosen von Kordes, zu denen auch 'Frühlingsduft' (→ Abb. Seite 53) gehört. Für kleinere Gärten besonders empfehlenswert ist 'Frühlingsmorgen' (→ Tabelle Seite 152) in klarem Rosarot mit wunderbarem Wildrosenduft.

Gertrude Jekyll®

Austin 1986

HÖHE: 1,2–1,8 m
BLÜTEZEIT: Juni bis zum Frost
Englische Rose

➤ *wunderbar duftend*

Blüte: reichblühend; Blüte groß, gefüllt, nostalgische Form, in Büscheln; Farbe leuchtendes Rosa mit aufhellendem Rand; Schnittrose mit schönem Duft
Duft: sehr stark, nach Alten Rosen
Wuchs: aufrecht, buschig; Laub graugrün, dicht, matt
Gesundheit: gute Blattgesundheit; robust und relativ winterhart
Pflege und Schnitt: damit die Triebe nicht zu stark auseinander fallen, im Frühjahr um ein Drittel einkürzen; kann auch als kleine Kletterrose gezogen werden, wenn sie aufgebunden wird
Gestaltung: als Solitär, für Hecken, im Beet und im Topf; ideal in der Nähe von Sitzplätzen, um den Duft zu genießen
Besonderheiten: Eine sehr beliebte Englische Rose, die durch den wunderbaren Duft bezaubert. Namengebend ist die gleichnamige bekannte englische Gartengestalterin. In England wird von 'Gertrude Jekyll' Rosenessenz gewonnen, seit einigen Jahrhunderten derzeit wieder zum ersten Mal.

Golden Celebration®

Austin 1992

HÖHE: 1,2 m
BLÜTEZEIT: Juni bis zum Frost
Englische Rose

➤ *robust und vielseitig*

Blüte: reich- und zuverlässig blühend; Blüte sehr groß, schalenförmig, leicht nach innen gewölbte Blütenblätter, in Büscheln; Farbe sattes Goldgelb mit Kupferschein
Duft: intensiv, nach Teerose mit Wein- und Erdbeertönen
Wuchs: aufrecht, rundbuschig mit überhängenden Zweigen; kann auch als Kletterrose gezogen werden; Laub mittelgrün, leicht glänzend
Gesundheit: robust; normale bis gute Blattgesundheit
Pflege und Schnitt: im Frühjahr um ein bis zwei Drittel zurückschneiden und düngen; nach der Blüte ein zweites Mal düngen
Gestaltung: als Solitär, in Gruppen, für Rabatten, am Spalier und für Pflanzgefäße; reizvoll als Hecke zusammen mit anderen Englischen Rosen in verschiedenen Farbtönen, auch zur Trennung zweier Gartenbereiche
Besonderheiten: eine sehr verlässlich blühende Englische Rose, mit den größten und üppigsten Blüten dieser Gruppe

Golden Wings

Shephard 1956

HÖHE: 1,2–1,8 m
BLÜTEZEIT: Mai bis Oktober
Pimpinellifolia-Hybride

➤ *früh- und lange blühend*

Blüte: immer mit Blüten besetzt; Blüte groß, einfach, schalenförmig; Farbe blasses Gelb mit goldgelber Mitte; auffällige bronzefarbene Staubgefäße
Duft: duftet nur leicht
Wuchs: aufrecht, wenig verzweigt; Laub hellgrün; kräftige Stacheln; gelborange Hagebutten
Gesundheit: sehr gesund und sehr frosthart
Boden und Standort: auch für ärmere Böden und für raue Lagen geeignet
Pflege und Schnitt: ab August Verblühtes nicht mehr ausschneiden, wenn Hagebutten gewünscht sind
Gestaltung: für kleine Gärten geeignet; als Solitär, in Gruppen und für Hecken; sehr schön mit dunkellaubigen Stauden kombinierbar, z. B. mit dem Wasserdost (*Eupatorium rugosum*) 'Chocolate'
Besonderheiten: Wie die Frühlingsrosen von Kordes (→ Seite 129 und 52) ist 'Golden Wings' eine *Pimpinellifolia*-Hybride, die wegen ihrer frühen Blütezeit und den ausdrucksvollen, einfachen Blüten geschätzt wird.

Graham Thomas®

Austin 1983

HÖHE: 1–1,5 m
BLÜTEZEIT: Juni bis zum Frost
Englische Rose

➤ *üppig blühend, starker Duft*

Synonyme: 'English Yellow', 'Graham Stuart Thomas'
Blüte: reichblühend; Blüte groß, dicht gefüllt, becherförmig, in Büscheln; Farbe goldgelb bis bernsteinfarben, etwas verblassend; schöne Schnittrose
Duft: stark, nach Teerose
Wuchs: aufrecht, buschig, auch als Kletterrose; Laub hellgrün, glänzend
Gesundheit: robust, Sternrußtau kann vorkommen; regenfest, relativ frosthart
Boden und Standort: auch für ärmere Böden geeignet
Pflege und Schnitt: im Frühjahr um ein bis zwei Drittel zurückschneiden und nach der ersten Blüte ein zweites Mal düngen; Kalimagnesium fördert die Frosthärte
Gestaltung: als Solitär vor dunklem Hintergrund besonders schön; auch als Hochstamm und für große Pflanzgefäße
Besonderheiten: benannt nach dem englischen Rosenkenner Graham Thomas; wegen der leuchtenden Blütenfarbe und der zuverlässigen Blüte eine der beliebtesten Englischen Rosen

Great Maiden's Blush

unbekannt / vor 1500

HÖHE: bis 2 m
BLÜTEZEIT: Juni
Albarose

➤ *dicht gefüllt und duftend*

Synonyme: 'Maiden's Blush', 'Cuisse de Nymphe'
Blüte: überreich und lange blühend; Blüte groß, dicht gefüllt; Farbe altrosa bis weißlich rosa; mit gelben Staubgefäßen
Duft: duftet intensiv und würzig
Wuchs: stark, buschig, überhängend; Laub graugrün; vereinzelt rote, borstige Hagebutten
Gesundheit: sehr frosthart und gesund; Rosenrost kann vorkommen, beeinträchtigt aber nicht die Vitalität und Blühqualität
Pflege und Schnitt: benötigt keinen Schnitt; einmal im Frühjahr düngen
Vermehren: durch Stecklinge und Ausläufer
Gestaltung: für Hecken, in Gruppen, für den Hintergrund von Rabatten; zusammen mit Stauden und Kräutern
Besonderheiten: Die Rose verdankt ihren Namen den zart errötenden Blüten. Sie war früher sehr beliebt und stand seit dem 15. Jahrhundert einer ganzen Reihe von Malern Modell.

Gruß an Teplitz

Geschwind 1897

HÖHE: 1,8 m und mehr
BLÜTEZEIT: Juni bis Oktober
Bourbonrose

➤ *blüht unermüdlich, stark duftend*

Blüte: mittelgroß, gut gefüllt, schön geformt, die äußeren Blütenblätter sind zurückgebogen; spitze Knospe; in lockeren Büscheln; Farbe leuchtend karmesinrot
Duft: stark, würzig
Wuchs: sehr stark, mit überhängenden Trieben; Blätter groß, spärlich, mittelgrün; im Austrieb rötlich
Gesundheit: etwas Sternrußtau möglich; an trockenen, sonnigen Plätzen kann Mehltau vorkommen; relativ winterhart
Pflege und Schnitt: im Frühjahr um ein bis zwei Drittel einkürzen oder wie öfterblühende Kletterrosen schneiden; nach der ersten Blüte ein zweites Mal düngen
Gestaltung: als Solitär, in Gruppen; auch als Kletterrose
Besonderheiten: mit seinen »Ungarischen Schlingrosen« wurde der Züchter Geschwind auf der Pariser Weltausstellung 1886 berühmt; benannt nach der Heimatstadt des Züchters (gehörte ehemals zu Österreich-Ungarn)

Hebe's Lip

Paul 1912

HÖHE: bis 1,5 m
BLÜTEZEIT: Juni
Rubiginosa-Hybride

➤ *reizvolle Blüten, guter Duft*

Synonyme: 'Reine Blanche', 'Rubrotincta'
Blüte: sehr üppig blühend; Blüte halb gefüllt, schalenförmig, in Büscheln; Farbe rahmweiß mit karminrosa Flecken an den Rändern der Blütenblätter; mit bräunlich gelben Staubgefäßen; Knospe rosarot überhaucht
Duft: nach Moschus
Wuchs: kompakt, straff aufrecht; Laub frischgrün; kleine spitze Stacheln
Gesundheit: robust, gesund, frosthart
Pflege und Schnitt: braucht keinen Schnitt; nur einmal im Frühjahr düngen; ältere Äste regelmäßig entfernen
Gestaltung: Für Hecken, in Gruppen; für naturnahe Gärten; zu den karmesinroten Flecken passen sehr gut die Spornblume (*Centranthus ruber*), ihre weiß blühende Sorte 'Albiflorus' und andere Stauden in Rosa und Rahmweiß. Auch Rosen in diesen Farbtönen sind eine gute Ergänzung, wie z. B. 'Mozart' (→ Seite 140), die sich während der ganzen Saison mit ihren fröhlichen Blüten schmückt.

Henri Martin

Laffay 1863

HÖHE: bis 2,5 m
BLÜTEZEIT: Juni
Moosrose

➤ *reichblühend und duftend*

Synonym: 'Old Red Moss'
Blüte: sehr lange blühend; Blüte mittelgroß, locker gefüllt, kamelienartig flach; mit schönen gelben Staubgefäßen; in Büscheln; Farbe rosarot bis karminrot
Duft: stark würzig
Wuchs: aufrecht, leicht überhängend, so breit wie hoch; braucht viel Platz; Laub dicht und dunkelgrün; dichtes, rötliches, später gelbbraunes Moos mit Harzduft; Hagebutten groß, bemoost, orangefarben
Gesundheit: robust, widerstandsfähig gegen Krankheiten; frosthart, relativ regenfest
Boden und Standort: Wie die Zentifolien, von denen die Moosrosen abstammen, benötigt sie leicht feuchte, tiefgründige, humose Böden. Ein luftiger Standort verhindert Mehltau; auch für Nordlagen geeignet.
Pflege und Schnitt: nach der Blüte nicht ausschneiden: bildet interessante Hagebutten aus; altes Holz regelmäßig bis zum Boden herausschneiden; nur einmal im Frühjahr düngen
Gestaltung: Zusammen mit anderen Alten Rosen in Gruppen, in Hecken oder in Rosenbeeten. Die langen Triebe können aufgebunden und die Rose als Kletterrose eingesetzt werden. Auch als Stammrose erhältlich. Dicht an einen Weg gepflanzt, können die bemoosten Knospen für eine kleine »Schnupperprobe« im Vorbeigehen berührt werden.
Besonderheiten: 'Henri Martin' zählt wegen ihrer Reichblütigkeit und dem schönen Kontrast zwischen den leuchtenden karminroten Blüten und den auffallenden Staubgefäßen zu den besten Moosrosen. Die Blüten halten sich auch bei Regen gut und sind immer ein erfreulicher Anblick. Die Rose wurde nach einem bedeutenden Historiker und Politiker benannt, der für seine »Geschichte Frankreichs« mit mehreren Preisen ausgezeichnet wurde. Moosrosen sind eine Laune der Natur und durch Knospenmutation der *Rosa centifolia* entstanden. Das klebrige Moos, das aus Duftdrüsen besteht, duftet wunderbar balsamisch-harzig. Im 18. und 19. Jahrhundert waren die üppig blühenden Moosrosen sehr beliebt. Heute sind sie leider etwas in Vergessenheit geraten.

Henri Matisse

Delbard 1990

HÖHE: bis 1,2 m
BLÜTEZEIT: Juni bis Oktober
Strauchrose / Beetrose

➤ *dezentes Farbspiel*

Blüte: unermüdlich blühend; Blüte sehr groß, gefüllt, elegante Form, einzeln und in Büscheln; Farbe rosa, rot und weiß gestreift und marmoriert; gute Schnittrose
Duft: leicht, nach Rose und Himbeere
Wuchs: wuchskräftig, kompakt; Blätter groß, hellgrün, matt; Stacheln groß
Gesundheit: normal gesund; nicht sicher winterhart
Boden und Standort: nicht für raue Lagen geeignet
Pflege und Schnitt: im Frühjahr um ein Drittel zurückschneiden; nach der ersten Blüte nochmals düngen; Kalimagnesium fördert Frosthärte; im Winter anhäufeln und mit Reisig schützen
Gestaltung: als Vorpflanzung vor weißen Rosen; in kleinen Gruppen, für Pflanzgefäße; mit rosa und weißen Rosen kombinieren, eine Unterpflanzung mit Frauenmantel (*Alchemilla mollis*) setzt frische Akzente
Besonderheiten: gehört zu den »Malerrosen«, benannt nach dem berühmten Impressionisten

Hermosa

Marcheseau 1840

HÖHE: 0,6–1 m
BLÜTEZEIT: Juni bis Oktober
Chinarose

➤ *zierlich und robust*

Synonym: 'Armosa', 'Mélanie Lemaire', 'Madame Neumann'
Blüte: blüht mit Pausen; Blüte mittelgroß, locker gefüllt, erst becherförmig, später schalenförmig, fast geviertelt, in Büscheln; Farbe silbrig rosa
Duft: zart
Wuchs: mittel, zierlich und dünntriebig, bogig überhängend; Laub kleinblättrig, graugrün und dicht
Gesundheit: robust, für eine Chinarose recht winterhart; etwas anfällig für Mehltau
Pflege und Schnitt: wie öfterblühende Strauchrosen schneiden; in rauen Lagen im Winter anhäufeln; nach der ersten Blüte ein zweites Mal düngen; Kalimagnesium fördert die Frosthärte
Gestaltung: für kleine Gärten; als kleinere Gruppe, als Vorpflanzung zu Alten Rosen und nostalgischen Rosen; für Pflanzgefäße
Besonderheiten: kann im Gegensatz zu anderen Chinarosen im Garten überwintern; für die meisten frostempfindlichen Chinarosen ist Topfkultur besser

Herzogin Frederike

Noack 2002

HÖHE: bis 1,5 m
BLÜTEZEIT: Juni bis November
Strauchrose

➤ *lange blühend und robust*

Blüte: blüht bis zum Frost; Blüte mittelgroß, schalenförmig, leicht gefüllt, in großen Büscheln; Farbe zartes Lachsrosa mit hellgelber Mitte; gelbe Staubgefäße; schönes Farbspiel
Duft: duftet nur leicht
Wuchs: aufrecht, buschig, locker überhängend; Laub dunkelgrün, leicht glänzend, dicht; lange haftend
Gesundheit: gute Resistenz gegen Pilzkrankheiten; regenfest und relativ frosthart
Pflege und Schnitt: im Frühjahr um ein bis zwei Drittel zurückschneiden; nach der ersten Blüte ein zweites Mal düngen
Gestaltung: als Solitär, in Gruppen; schön mit Stauden in der Farbskala zwischen gelb und lachsrosa; gut passen auch Frauenmantel (*Alchemilla mollis*), Storchschnabel (*Geranium himalayense*) in Violettblau, Mutterkraut (*Tanacetum parthenium* 'Aureum') und gelbe Ringelblumen; zur Herbstblüte können auch Astern in verschiedenen Blaunuancen neue Akzente setzen

Honorine de Brabant

Herkunft unbekannt

HÖHE: 1,8–2,5 m
BLÜTEZEIT: Juni bis zum Herbst
Bourbonrose

➤ *blühwillig und frosthart*

Blüte: remontierend, einige Blüten erscheinen noch bis zum Herbst; Blüte groß, locker gefüllt, fast kugelig bis schüsselförmig, in kleinen Sträußen; Farbe zart lilarosa, karminrosa und weiß gestreift und marmoriert
Duft: duftet intensiv
Wuchs: stark, Triebe überhängend, weit ausladend; Laub graugrün; wenige, große Stacheln
Gesundheit: normal gesund und sehr frosthart
Pflege und Schnitt: benötigt keinen Schnitt; nur ältere Äste regelmäßig entfernen, damit sie besser nachblüht, und Verblühtes regelmäßig ausschneiden; nach der ersten Blüte ein zweites Mal düngen
Gestaltung: als Solitär im Hintergrund einer Rabatte mit höheren Stauden; als Kletterrose für Spalier und Obelisken; niedrige Damaszenerrosen in zartem Rosa wie 'Jacques Cartier' (→ Seite 135) und 'Madame Boll' (→ Seite 138), die beide öfter blühen, sind im Vordergrund eine harmonische Ergänzung

Inermis Morlettii

Morlet 1883

HÖHE: 3–5 m
BLÜTEZEIT: Mai bis Juni
Strauchrose

➤ *orangerote Herbstfärbung*

Synonym: 'Morletti', *Rosa pendulina* 'Plena'
Blüte: reich- und früh blühend; Blüte mittelgroß, locker gefüllt, flach, einzeln und in kleinen Büscheln; Farbe lebhaftes Rosa bis Magenta-Rosa und Hellrot, weithin leuchtend; gelbe Staubgefäße
Duft: leicht, süßlich
Wuchs: starkwüchsig, aufrecht, bogenförmig überhängend; Zweige sehr lang, bis 4 m lange Triebe; Laub graugrün, mit rötlichen Blattadern und Stielen; im Austrieb kupferrot, im Herbst leuchtend orangerot; fast stachellos; bildet nur wenige kleine, orangerote Hagebutten aus
Gesundheit: sehr frosthart und auffallend gesund
Boden und Standort: Auch für Nordlagen und Halbschatten geeignet, bei mindestens 4–5 Stunden Sonne. Die Färbung ist jedoch an einem sonnigen Standort ausgeprägter.
Pflege und Schnitt: braucht keinen Schnitt; in regelmäßigen Abständen alte Äste bodennah entfernen; zu lange Zweige bei Platzmangel einkürzen; nur einmal im Frühjahr düngen
Gestaltung: Für Hecken, als Solitär und als Kletterrose für Pergola, Rosenbogen und für Wände; als frei wachsender Strauch braucht sie viel Platz. Das weithin leuchtende Herbstlaub lässt sich mit beerentragenden Gehölzen und Wildrosen mit Herbstfärbung unterstützen, z. B. Eberesche und Weißdorn mit roten Früchten und Liguster mit schwarzen Beeren. Als Vorpflanzung eignen sich die Glanzrose (*Rosa nitida*), die Kartoffelrose (*Rosa rugosa*) und die Bibernellrose (*Rosa pimpinellifolia*). Zu dem naturnahen Charakter mit goldenen und rötlichen Laubtönen und Hagebuttenschmuck passen Gräser, lilablaue Herbstastern, Stauden mit Herbstfärbung wie die grazile China-Wiesenraute (*Thalictrum delavayi*) in Ockergelb und der Storchschnabel *Geranium wlassowianum* mit rötlich verfärbten Blättern.
Besonderheiten: Die lange anhaltende Herbstfärbung, das attraktive Laub im Sommer und die rotbraunen Zweige im Winter machen sie zu einer Vier-Jahreszeiten-Rose. Über die Herkunft dieser Rose ist wenig bekannt. Vermutlich ist es eine alte Sorte, die von Morlet in Italien wiedergefunden wurde.

Ispahan

Persien / vor 1832

HÖHE: bis 1,5 m
BLÜTEZEIT: Ende Mai bis Juli
Damaszenerrose

➤ *intensiv duftend*

Blüte: früh und sehr lange blühend, bis zu 6 Wochen; Blüte groß, gut gefüllt, seidig rosa, in der Mitte dunkelrosa; als Schnittrose geeignet
Duft: stark, typischer Damaszenerduft
Wuchs: breit aufrecht wachsend, überhängend; wenig Stacheln; Blätter rundlich, dicht wachsend, sattgrün
Gesundheit: sehr robust und normal gesund; extrem frosthart
Boden und Standort: wächst auch an ungünstigen Standorten sowie im Halbschatten bei mindestens 4–5 Stunden Sonne
Pflege und Schnitt: braucht keinen Schnitt; im Frühjahr nur auslichten; nur einmal im Frühjahr düngen
Gestaltung: als Solitär, in Gruppen, für Hecken, auch für Kübel; zu dem zarten Rosa passen Alte Rosen in tiefen Purpur-Karmesintönen gut, z. B. 'Charles de Mills' (→ Seite 123) oder 'Rose de Resht' (→ Seite 145)
Besonderheiten: 'Ispahan' wird zur Herstellung von Parfüm verwendet, wie »Rose Ispahan« von Yves Rocher

Jacques Cartier

Moreau-Robert 1868

HÖHE: 1–1,2 m
BLÜTEZEIT: Juni bis Oktober
Portlandrose

➤ *ideal für kleine Gärten*

Synonyme: 'Marchesa Bocella', 'Marquise Bocella'
Blüte: reichblühend; Blüte groß, stark gefüllt, nostalgisch geviertelt, mit Knopfauge, in Büscheln; zartrosa, in der Mitte lebhaft rosa
Duft: stark, typischer Damaszenerduft
Wuchs: stark, aufrecht, buschig, überhängend; Laub blaugrün
Gesundheit: gute Krankheitsresistenz; frosthart, regenfest und hitzeverträglich
Boden und Standort: toleriert auch arme Böden sowie Halbschatten bei mindestens 4–5 Stunden Sonne
Pflege und Schnitt: benötigt keinen Schnitt; regelmäßig alte Äste bodennah entfernen; nach der ersten Blüte nochmals düngen
Gestaltung: als Solitär, in kleinen Gruppen mit anderen Portlandrosen, für niedrige Hecken; in Kombination mit niedrigen Stauden und Kräutern; gut für kleine Gärten geeignet
Besonderheiten: Seltener erhältlich ist die weiß blühende, sonst ähnliche Varietät 'White Jacques Cartier'.

Jenny Duval

unbekannt / vor 1842

HÖHE: 1,2–1,8 m
BLÜTEZEIT: Juni
Gallicarose

➤ *veränderliche Blütenfarbe*

Blüte: lange Blütezeit; Blüte groß, locker gefüllt, geviertelt, gewellte Blütenblätter; Farbe purpurn und rosa, verändert sich zu violett, mauve und silbergrau; gelbe Staubgefäße
Duft: intensiv, nach Alten Rosen
Wuchs: aufrecht, überhängend; Laub graugrün; Stacheln stark
Gesundheit: robust und gesund; sehr frosthart
Pflege und Schnitt: alle paar Jahre um ein bis zwei Drittel zurückschneiden, damit sie nicht zu stark auseinander fällt; nur einmal im Frühjahr düngen
Gestaltung: in Gruppen, für Hecken; in Kombination mit rosa und purpurn blühenden Alten Rosen; mit weißen, zartgelben und blauen Stauden kombinieren; schön auch mit weißen Herbstanemonen (*Anemone japonica*)
Besonderheiten: Eine der schönsten Alten Rosen, benannt nach der Mätresse Baudelaires. Die Blüten verändern sich während des Aufblühens, das vielseitige Farbspiel ist abhängig vom Entwicklungsstadium und vom Wetter.

Kaiser von Lautern

Michler 2002 / ADR-Rose 2004

HÖHE: bis 1,5 m
BLÜTEZEIT: Juni bis Oktober
Strauchrose

➤ *anmutige Blüten*

Blüte: starker erster Blütenflor, folgende sind schwächer; Blüte groß, halb gefüllt, flach; karamellfarben mit dunklerer Mitte und schönen rötlichen Staubgefäßen; Knospe edel, rötlich überhaucht
Duft: duftet nur leicht
Wuchs: locker, aufrecht, so breit wie hoch; Blätter groß, dunkelgrün und glänzend; neue Triebe rötlich
Gesundheit: gute Resistenz gegen Pilzkrankheiten; regenfest und hitzefest
Pflege und Schnitt: im Frühjahr um ein bis zwei Drittel zurückschneiden; nach der ersten Blüte ein zweites Mal düngen; Kalimagnesium fördert die Frosthärte
Gestaltung: als Solitär, für kleine Gruppen; in Kombination mit Stauden in hellen und dunkleren Gelbtönen und Storchschnabel in verschiedenen Blaunuancen, z. B. 'Mrs Kendall Clark' in Silberblau
Besonderheiten: elegantes Aussehen; schöne Kombination von Blatt- und Blütenfarbe, ausdrucksvolle Staubgefäße

Königin von Dänemark

Booth 1816

HÖHE: bis 1,5 m
BLÜTEZEIT: Juni bis Juli
Albarose

➤ *dicht gefüllt und duftend*

Blüte: reich- und lange blühend; Blüte mittelgroß, üppig gefüllt, rosettenförmig, geviertelt, mit Knopfauge in der Mitte, in großen Büscheln; Farbe silbrig rosa, mit dunkler Mitte
Duft: duftet wunderbar
Wuchs: starkwüchsig, breitbuschig, aufrecht, überhängende Zweige; graugrünes, typisches Albalaub; reich bestachelt
Gesundheit: robust und gesund; Rosenrost kann vorkommen; frosthart und regenfest
Boden und Standort: auch für Halbschatten mit mindestens 4–5 Stunden Sonne, nicht jedoch für heiße Standorte geeignet
Pflege und Schnitt: benötigt keinen Schnitt; Formschnitt bei Platzmangel erst nach der Blüte
Gestaltung: als Solitär, in kleinen Gruppen, für Hecken und für Pflanzgefäße; das graugrüne Laub sieht auch nach der Blüte noch gut aus
Besonderheiten: eine der schönsten Albarosen mit perfekt geformten Blüten

Lavender Lassie

Kordes 1959

HÖHE: 1,5–2 m
BLÜTEZEIT: Juni bis Oktober
Strauchrose / Kletterrose

➤ *reichblühend*

Blüte: mittelgroß, gefüllt, ballförmig, in großen Büscheln; Farbe violettrosa bis lavendel; mit gelben Staubgefäßen
Duft: mittelstark bis stark
Wuchs: starkwüchsig, buschig, verzweigt; Laub hellgrün, glänzend
Gesundheit: robust und gesund; regenfest und frosthart
Boden und Standort: verträgt auch ärmere Böden
Pflege und Schnitt: im Frühjahr um ein bis zwei Drittel zurückschneiden; nach der ersten Blüte noch einmal düngen; Kalimagnesium verbessert die Frosthärte
Gestaltung: als Solitär, in Gruppen, in der Rabatte, auch als Kletterrose; passt gut zu Stauden und Rosen in zarten Pastellnuancen und Rittersporn in verschiedenen Blautönen; zur Herbstblüte passen Astern und Japananemonen (*Anemone hupehensis*)
Besonderheiten: ungewöhnliche Farbe; mit ihren zahlreichen kleinen Blütenblättern in Rosettenform erinnert sie an eine Alte Rose

Leander

Austin 1982

HÖHE: 1,8 m und mehr
BLÜTEZEIT: Juni bis Oktober
Englische Rose

➤ *sehr gesund, stark duftend*

Blüte: Hauptblütezeit im Sommer, mit schwächerer Nachblüte; Blüte mittelgroß, gut gefüllt, rosettenförmig, perfekt geformt, in Büscheln; Farbe apricot, später verblassend
Duft: kräftig, fruchtig
Wuchs: stark, aufrecht; Blätter dunkelgrün, groß, leicht glänzend; im Austrieb rötlich
Gesundheit: sehr gesund und sehr frosthart
Boden und Standort: wächst auch im Halbschatten bei mindestens 4–5 Stunden Sonne
Pflege und Schnitt: als Strauchrose im Frühjahr um ein bis zwei Drittel zurückschneiden, als Kletterrose wie öfterblühende Kletterrosen
Gestaltung: als Solitär, auch als Kletterrose; lässt sich gut mit blau blühenden Clematis kombinieren
Besonderheiten: ein Sämling von 'Charles Austin' (→ Seite 123), der sie auch ähnelt; eine der gesündesten und starkwüchsigsten der Englischen Rosen; Bronzemedaille in Den Haag

Leda

unbekannt / vor 1827

HÖHE: bis 1,2 m
BLÜTEZEIT: Juni bis Juli
Damaszenerrose

➤ *stark duftend und sehr frosthart*

Synonym: 'Painted Damask'
Blüte: etwas remontierend; Blüte mittelgroß, ballförmig, später flach, in Büscheln; Farbe zart milchweiß, rosa überhaucht, äußere Blütenblätter mit karminrosa Spitzen am Rand; mit Knopfauge in der Mitte; Knospe rotbraun
Duft: stark, typischer Damaszenerduft
Wuchs: kompakt, stark verzweigt, Zweige bogig auseinander fallend; tief dunkelgrünes Laub, dunkles Holz
Gesundheit: robust und gesund; sehr frosthart
Pflege und Schnitt: kann nach der Blüte um ein Drittel zurückgeschnitten werden, um ein Auseinanderfallen zu verhindern; von Zeit zu Zeit ältere Äste entfernen
Gestaltung: als Solitär, in Gruppen; kombiniert mit karminroten Rosen und Stauden; für niedrige Hecken
Besonderheiten: benannt nach der Königin, der sich Zeus in Gestalt eines Schwans nähert; schöner Kontrast zwischen zarten Blüten, dunklem Holz und dunklem Laub

Lichtkönigin Lucia

Kordes 1966 / ADR-Rose 1968

HÖHE: bis 1,5 m
BLÜTEZEIT: Mai bis Oktober
Strauchrose

➤ *besonders blühfreudig*

Blüte: früh und sehr reichblühend, fast dauerblühend; schöner Herbstflor; Blüte groß, gefüllt, einzeln und in kleinen Büscheln; Farbe leuchtend hellgelb bis zitronengelb; rötliche Staubgefäße; Knospen mit rötlichen Tupfern; Blüten halten lange
Duft: gut, nach Wildrose
Wuchs: aufrecht, buschig; Blätter groß, ledrig, sattgrün, glänzend
Gesundheit: normale bis gute Gesundheit; regenfest, hitzeverträglich, sehr frosthart
Boden und Standort: verträgt Nordlagen sowie Halbschatten bei mindestens 4–5 Stunden Sonne
Pflege und Schnitt: im Frühjahr um ein bis zwei Drittel zurückschneiden; nach der ersten Blüte nochmals düngen
Gestaltung: als Solitär, besonders schön vor dunklem Hintergrund; in Gruppen, als Hecke; in Kombination mit Stauden; für Spaliere, Säulen und Obelisken
Besonderheiten: immer noch eine der besten gelb blühenden Strauchrosen

Louise Odier

Margottin 1851

HÖHE: 1,5–1,8 m
BLÜTEZEIT: Juni bis Oktober
Strauchrose / Kletterrose

➤ *sehr reichblühend und duftend*

Blüte: reichblühend im Sommer; remontiert im Herbst; Blüte mittelgroß, dicht gefüllt, schöne rundliche Form, geviertelt, in Büscheln; Farbe rosa mit lila Hauch
Duft: duftet intensiv
Wuchs: buschig, überhängende Triebe, kann auch als Kletterrose gezogen werden; Laub mattgrün
Gesundheit: robust; Sternrußtau ist möglich; sehr frosthart
Boden und Standort: keine heißen Lagen; Halbschatten mit mindestens 4–5 Stunden Sonne wird besser vertragen
Pflege und Schnitt: regelmäßig Verblühtes ausschneiden, um eine kontinuierliche Blüte zu fördern; ältere Äste ab und zu entfernen
Gestaltung: als Solitär und für Gruppen; als kleine Kletterrose an Spalier oder Zaun; für Pflanzgefäße; romantisch kombiniert mit Fingerhut (*Digitalis purpurea*)
Besonderheiten: sehr beliebte Rose; braucht etwas Pflege, um Befall mit Sternrußtau zu verhindern

Madame Boll

Boll/Boyan 1859

HÖHE: 1–1,2 m
BLÜTEZEIT: Juni bis zum Frost
Portlandrose

➤ *wundervoll duftend*

Synonym: 'Comte de Chambord'
Blüte: gut remontierend; Blüte groß, dicht gefüllt, zuletzt flach, schön geviertelt, äußere Blütenblätter zurückgerollt, in Büscheln; mit kurzen Blütenstielen, Blüten sitzen (wie bei allen Portlandrosen) direkt über dem Laub; Farbe kräftig rosa mit einem Hauch von flieder, am Rand etwas heller; schöne, duftende Schnittrose
Duft: sehr intensiv, süß
Wuchs: aufrecht, kompakt, rundlich; Laub dicht, hell- bis mittelgrün
Gesundheit: robust, gesund und frosthart; regenempfindlich; Blüten können bei Regen verkleben
Boden und Standort: braucht einen gut belüfteten Platz, damit die Rosen bei Feuchtigkeit schneller abtrocknen können, dadurch wird Mumienbildung vermindert; braucht nahrhaften Boden
Pflege und Schnitt: im Frühjahr um ein Drittel zurückschneiden; Verblühtes während des Sommers regelmäßig entfernen; nach der ersten Blüte ein zweites Mal düngen; regelmäßige Kalimagnesiumgaben können das Verkleben der Blüten bei Regen abmildern
Gestaltung: als Solitär, in kleinen Gruppen und für niedrige Hecken; gut für kleine Gärten geeignet; schön zusammen mit anderen niedrig bleibenden Portlandrosen wie 'Jacques Cartier' und 'White Jacques Cartier' (→ Seite 135); als farbliche Ergänzung passen alle blaustichigen Rosatöne besonders gut, ebenso blau und lila blühende Sommerblumen und Stauden
Besonderheiten: 'Madame Boll' gehörte im 19. Jahrhundert zur Elite der »100 allerschönsten Rosen« und ist noch heute besonders wertvoll; sie ist häufig auch als 'Comte de Chambord' im Handel, eine ähnliche Sorte, die aber als verschollen gilt. Sie ist der Inbegriff der Alten Rose, üppig gefüllt und mit wunderbarem Duft, und gilt als beste der Portlandrosen. Diese heute nur noch kleine Gruppe steht den Damaszenerrosen nahe. Ihre Winterhärte, die gute Resistenz gegen Pilzkrankheiten sowie ihr gemäßigter Wuchs machen sie wieder zu begehrenswerten Rosen, besonders gut geeignet für kleine Gärten. Benannt wurden sie nach der Herzogin von Portland. Sie entstanden Ende des 18. Jahrhunderts.

Madame Hardy

Hardy 1832

HÖHE: bis 1,8 m
BLÜTEZEIT: Juni
Damaszenerrose

➤ *robuste Rose für Halbschatten* ✿

Blüte: sehr reich- und lange blühend; Blüte mittelgroß, stark gefüllt, geviertelt, flach, perfekt geformt, in Büscheln; Farbe schneeweiß mit grünem Knopfauge in der Mitte
Duft: stark, mit zitroniger Note
Wuchs: aufrecht, später überhängend; kann auch als kleine Kletterrose gezogen werden; Laub hellgrün und matt; starke Stacheln
Gesundheit: robust und widerstandsfähig gegen Krankheiten; sehr frosthart
Boden und Standort: auch für raue Lagen und für Halbschatten geeignet
Pflege und Schnitt: einmal im Frühjahr düngen; braucht keinen Schnitt, kann aber in kleinen Gärten einen Formschnitt erhalten; erst nach der Blüte schneiden
Gestaltung: als Solitär und für Hecken; auch als Kletterrose für Zäune, Säulen und für Rankgitter einsetzbar; passt gut zu dem bläulich bereiften Blattwerk der Hechtrose (→ Seite 170).
Besonderheiten: eine elegante, sehr robuste Rose in strahlendem Weiß

Madame Isaac Pereire

Garçon 1881

HÖHE: bis 2 m
BLÜTEZEIT: Juni bis Oktober
Bourbonrose

➤ *romantische Duftrose*

Blüte: reichblühend, relativ gut nachblühend; Blüte sehr groß, locker gefüllt, schön gewirbelt; in üppigen Büscheln, wegen ihrer Schwere leicht überhängend; Farbe dunkel karminrosarot mit purpur
Duft: stark, nach Rose und Himbeere
Wuchs: kräftig aufrecht, mit langen Trieben; Laub dunkelgrün und ledrig; viele breite Stacheln
Gesundheit: nicht sehr frosthart, Winterschutz ist empfehlenswert; etwas anfällig für Sternrußtau
Boden und Standort: braucht guten, humosen Boden
Pflege und Schnitt: im Frühjahr um ein Drittel zurückschneiden, im Sommer Verblühtes entfernen; als Kletterrose wie öfterblühende Kletterrosen schneiden; nach der ersten Blüte noch einmal düngen
Gestaltung: als Solitär, in Gruppen, auch als kleine Kletterrose für Säulen und Obelisken; wegen ihres wundervollen Dufts ist sie ideal in der Nähe eines Sitzplatzes

Maigold

Kordes 1953

HÖHE: 2–4 m
BLÜTEZEIT: Mai bis Juni
Strauchrose / Kletterrose

➤ *früh blühend und robust*

Blüte: überreich blühend, mit vereinzelter Nachblüte bis zum Herbst; Blüte groß, halb gefüllt; Farbe bronzegelb, später aufhellend; Knospe orange
Duft: duftet intensiv
Wuchs: stark, buschig, aufrecht, später überhängend; kann auch als Kletterrose gezogen werden; Laub mittelgrün und glänzend; starke Stacheln; schöne Hagebutten
Gesundheit: robust und sehr frosthart; ziemlich widerstandsfähig gegen Pilzkrankheiten
Boden und Standort: auch für raue Lagen geeignet; toleriert arme Böden
Pflege und Schnitt: als Strauchrose im Frühjahr um ein bis zwei Drittel einkürzen; als Kletterrose wie öfterblühende Kletterrosen schneiden
Gestaltung: braucht als Solitär viel Platz, bei wenig Platz ist es günstiger, sie als Kletterrose zu ziehen; für Hecken mit anderen frühblühenden Rosen, wie z. B. 'Frühlingsgold', 'Frühlingsduft', 'Nevada' (→ Seite 141) und 'Marguerite Hilling'

Mary Rose

Austin 1983

HÖHE: 1–1,2 m
BLÜTEZEIT: Juni bis zum Frost
Englische Rose

➤ *reichblühend und gesund*

Blüte: früh und lange blühend; Blüte mittelgroß, zuerst becherförmig, dann flach, locker gefüllt, nostalgische Form; Farbe leuchtend rosarot, im Verblühen aufhellend
Duft: leicht; nach Alten Rosen, Honig und Mandeln
Wuchs: buschig, aufrecht, gut verzweigt, überhängend; kann auch als Kletterrose eingesetzt werden; Laub ähnelt dem Alter Rosen, mittelgrün und glänzend; stachelig
Gesundheit: robust und gesund; relativ frosthart, regenfest und hitzeverträglich
Pflege und Schnitt: im Frühjahr um ein Drittel zurückschneiden; nach der ersten Blüte ein zweites Mal düngen
Gestaltung: in Gruppen, als Solitär, als Hochstämmchen und für Töpfe; als kleine Kletterose für Spalier, Wand oder Obelisk; in Kombination mit Stauden
Besonderheiten: eine sehr lohnenswerte, unermüdlich blühende Englische Rose, die sich gut für kleine Gärten eignet; sie gehört zu den widerstandsfähigsten Englischen Rosen

Mozart

Lambert 1937

HÖHE: 1,2–1,5 m
BLÜTEZEIT: Juni bis Oktober
Moschatarose

➤ *sehr reichblühend und gesund*

Blüte: öfterblühend; Blüte klein, einfach, in großen Büscheln; Farbe leuchtend dunkelrosa mit weißer Mitte
Duft: duftet kaum
Wuchs: breitbuschig, aufrecht, bogenförmig überhängend; Blätter dunkelgrün und glänzend, zierlich; kleine, runde, orangefarbene Hagebutten in Büscheln
Gesundheit: sehr robust und gesund; sehr frosthart
Pflege und Schnitt: Gedeiht ohne viel Pflege; Schnitt ist nicht notwendig. Wenn sie öfter blühen soll, Verblühtes herausschneiden, denn sonst bildet sie Hagebutten aus und blüht dann kaum nach. Um trotzdem in den Genuss der Hagebutten zu kommen, können Sie einige Zweige unbeschnitten lassen.
Gestaltung: als Solitär, im Staudenbeet; in Gruppen zusammen mit gefüllt blühenden Rosen, sorgt überall für Auflockerung
Besonderheiten: dem berühmten Komponisten Wolfgang Amadeus Mozart gewidmet

Mrs John Laing

Bennet 1887

HÖHE: bis 2 m
BLÜTEZEIT: Juni bis zum Herbst
Remontantrose

➤ *edle Blüten mit Duft*

Blüte: sehr reichblühend, gut remontierend; Blüte sehr groß, ballförmig, gefüllt; Farbe lachsrosa bis silbrig rosa, mit Knopfauge; gute Schnittrose
Duft: stark, süß und fruchtig
Wuchs: wuchsfreudig, sehr schmal und aufrecht mit langen Trieben; Laub graugrün; fast stachellos
Gesundheit: robust und normal gesund; Sternrußtau kann vorkommen; regenfest und frosthart
Boden und Standort: auch für rauere Lagen geeignet
Pflege und Schnitt: im Frühjahr um ein Drittel zurückschneiden; nach der ersten Blüte nochmals düngen
Gestaltung: als Solitär, am besten durch einen Rosenstab gestützt; auch für einen Obelisken
Besonderheiten: Eine der schönsten Remontantrosen. 'Mrs John Laing' gehört zu den ersten Sorten des 18. Jahrhunderts, die mehrmals blühten. Sie war die Lieblingsrose des Dichters Rainer Maria Rilke, dem wir wunderbare Rosengedichte verdanken.

Münsterland

Noack 1986

HÖHE: bis 1,8 m
BLÜTEZEIT: Juni bis Oktober
Strauchrose

➤ *dauerblühend und duftend*

Blüte: groß, gefüllt, in Dolden; Farbe lachsrosa, gelblich überhaucht, zum Rand hin aufhellend; aufgeblüht mit sichtbaren Staubgefäßen
Duft: intensiv und rosentypisch
Wuchs: wüchsig, aufrecht, buschig; Laub dunkelgrün, lange haftend
Gesundheit: robust und normal gesund; regenfest und hitzeverträglich, frosthart
Pflege und Schnitt: im Frühjahr um ein bis zwei Drittel zurückschneiden; nach der ersten Blüte nochmals düngen
Gestaltung: als Solitär, in Gruppen, für Hecken; für Staudenbeete besonders schön zusammen mit der hohen Glockenblume (*Campanula persicifolia*) 'Grandiflora Alba', der Spornblume (*Centranthus ruber*), mit Rittersporn und Eisenhut; als Einfassung passt das weißfilzige Hornkraut (*Cerastium tomentosum*)
Besonderheiten: Eine ältere Strauchrose dieses Züchters, die nicht so resistent ist wie seine neueren Züchtungen, aber dafür wunderbar duftet.

Muscosa

Holland / vor 1696

HÖHE: 1,5–2 m
BLÜTEZEIT: Juni/Juli
Moosrose

➤ *süßer Duft, würziges Moos*

Blüte: wochenlang blühend; Blüte mittelgroß, dicht gefüllt, kuppelförmig, Blütenblätter biegen sich nach hinten; Knospe dicht mit bräunlich grünem Moos besetzt; Farbe helles Rosa, innen intensiver
Duft: intensiv, süß, würziges Moos
Wuchs: kräftig, aufrecht, bogig überhängend; Laub mittelgrün; viele rötliche Stacheln
Gesundheit: robust und gesund; sehr frosthart; Mehltau ist an ungünstigen Standorten möglich; regenempfindlich
Pflege und Schnitt: damit sie nicht auseinander fällt, aufbinden oder durch einen Schnitt nach der Blüte in Form bringen; Kalimagnesium verringert die Gefahr der Mumienbildung
Gestaltung: in Gruppen und Hecken, wo sie durch die Nachbarsträucher gestützt wird
Besonderheiten: 'Muscosa' gilt allgemein als die schönste der Moosrosen, sie stand früher in vielen Bauerngärten. Das würzige Moos gibt dem süßen Duft eine herbe Komponente.

Mutabilis

Italien / unbekannt

HÖHE: 2–2,4 m
BLÜTEZEIT: Juni bis zum Frost
Chinarose

➤ *reizvolles Farbspiel*

Synonym: 'Tipo Ideale'
Blüte: mittelgroß, einfach; Farbe zartgelb, lachs, rosa und karminrot; goldgelbe Staubgefäße; Knospe spitz und kupferrot
Duft: duftet nicht
Wuchs: aufrecht, kräftig, locker; Laub dunkelgrün; purpurfarbene Stacheln; Hagebutten rot, klein und rund
Gesundheit: widerstandsfähig gegen Krankheiten; regenfest, nicht winterhart
Boden und Standort: nur für geschützte Lagen; Winterschutz ist notwendig; am besten in einen Topf pflanzen und im Winter frostfrei stellen
Pflege und Schnitt: wenig schneiden
Gestaltung: als Solitär vor einer warmen Wand oder auf einer geschützten Terrasse im Topf
Besonderheiten: 'Mutabilis' ist ein Elternteil von 'Plaisanterie' (→ Tabelle Seite 152), eine fruchtig duftende, vermutlich frosthärtere Moschata-Hybride des belgischen Züchters Lens, mit ähnlichem Farbspiel; eine Alternative für raue Lagen.

Nevada

Dot 1928

HÖHE: 1,5–2,4 m
BLÜTEZEIT: Mai/Juni bis Herbst
Strauchrose

➤ *anmutig und duftend*

Blüte: lange und reichblühend, im September noch einmal volle Nachblüte; Blüte sehr groß, einfach bis leicht gefüllt; Farbe rahmweiß, manchmal rosa überhaucht; gelbe Staubgefäße; Knospe rosa bis apricot
Duft: süßlich, leicht
Wuchs: aufrecht, buschig, bogenförmig überhängend, braucht viel Platz; Zweige rot, Blätter mittelgrün, klein, dichtes Laub; wenige kleine Stacheln
Gesundheit: robust und widerstandsfähig; Sternrußtau kann vorkommen; frosthart
Pflege und Schnitt: Alle 6–8 Jahre ist ein starker Rückschnitt bis auf 10 cm über dem Boden erforderlich, um die Vitalität zu erhalten.
Gestaltung: als Solitär, für Hecken; zusammen mit ihrem Sport 'Marguerite Hilling' mit karminrosa Blüten; für naturnahe Gärten gut geeignet
Besonderheiten: bezaubert durch ihre anmutige Blütenfülle; wegen der roten Zweige ist sie auch noch im Winter attraktiv

Pat Austin

Austin 1995

HÖHE: bis 1,5 m
BLÜTEZEIT: Juni bis Oktober
Englische Rose

➤ *mit Teerosenduft*

Blüte: reichblühend bis zum Herbst; Blüte groß, tief schalenförmig, gefüllt und überhängend; Farbe innen intensiv kupferfarben, außen helles, kupfriges Gelb
Duft: warmer Teerosenduft mit Vanille
Wuchs: kräftig, aufrecht, buschig; kann auch klettern; Laub dunkelgrün, matt
Gesundheit: normal gesund, gut winterhart
Boden und Standort: gedeiht auch im Halbschatten bei mindestens 4–5 Stunden Sonne
Pflege und Schnitt: im Frühjahr um ein bis zwei Drittel zurückschneiden; nach der ersten Blüte ein zweites Mal düngen; Kalimagnesium fördert die Frostreife und erhöht die Festigkeit der Triebe
Gestaltung: als Solitär, in kleinen Gruppen; zusammen mit lachs- und kupferfarbenen Stauden, Taglilien in Lachs und Gelb und Ringelblumen in Orange und Gelb; mit den farbenprächtigen einjährigen Zinnien lassen sich neue Farbkombinationen erproben

Pax

Pemberton 1918

HÖHE: 1,5–1,8 m
BLÜTEZEIT: Juni bis Oktober
Moschatarose

➤ *wunderbar duftend*

Blüte: überreich und unermüdlich blühend; Blüte mittelgroß, locker gefüllt, in großen Büscheln; Farbe reinweiß mit gelber Mitte; goldgelbe Staubgefäße
Duft: intensiv; nach Moschus; verströmend
Wuchs: kräftig, aufrecht, sehr breit, ausladend; Laub dunkelgrün, glänzend; Triebe und Blätter mit einem Hauch von Purpurrot; wenige, aber spitze Stacheln
Gesundheit: gesund; nicht ganz frosthart
Boden und Standort: toleriert auch ärmere Böden; nicht für raue Lagen geeignet; auch für Halbschatten bei mindestens 4–5 Stunden Sonne
Pflege und Schnitt: Winterschutz ist in rauen Lagen empfehlenswert. Um zu dünne Triebe mit hängenden Blüten zu vermeiden, im Frühjahr um ein Drittel zurückschneiden, dünne Triebe ganz entfernen. Benötigt einige Jahre, um sich zu etablieren. Nach der ersten Blüte nochmals düngen, abgelagerter Mist im Winter wirkt als Wachstumsanreiz. Kalimagnesium fördert Frosthärte.
Vermehren: durch Absenker und Stecklinge
Gestaltung: Als Solitär, in Gruppen, für Hecken; auch als Kletterrose geeignet; passt gut zu purpurvioletten Rosen, z. B. zur Ramblerrose 'Russeliana', auch zu gelb- und apricotfarbenen Strauchrosen. Kombinationen mit gelb blühenden Stauden wiederholen die gelbe Mitte und die Farbe der Staubgefäße und wirken dadurch harmonisch. Lupinen in Gelb und Weiß, Rittersporn und Eisenhut mit aufstrebenden Kerzenblüten setzen gestalterische Akzente.
Besonderheiten: Der sich verströmende Moschusduft ist besonders bei warmem Wetter und hoher Luftfeuchtigkeit gut wahrzunehmen. Die eigentliche Abstammung von *Rosa moschata* liegt in der Ahnenreihe weit zurück, dennoch hat sich der Name Moschata-Hybriden oder Moschatarosen eingebürgert. Sie blühen in gut zueinander passenden Pastelltönen und erfreuen durch überreiche Blüte, die besonders im Herbst noch einmal sehr üppig ausfällt. Die Urahnin 'Trier' vererbte den Moschatarosen die Eigenschaft, Blüten bis zum Frost hervorzubringen. Berühmte Nachkommen sind 'Schneewittchen' (→ Seite 168) und 'Mozart' (→ Seite 140).

Penelope

Pemberton 1924

HÖHE: bis 1,5 m
BLÜTEZEIT: Juni bis Oktober
Moschatarose

➤ *üppig blühend und romantisch*

Blüte: reichblühend, gute Herbstblüte; Blüte mittelgroß, halb gefüllt, in Büscheln; Farbe lachs bis rosa, zu weiß verblassend; Knospe lachsorange
Duft: leicht bis mittel, nach Moschus
Wuchs: starre Triebe, sehr breit wachsend; Laub dunkelgrün und glänzend; starke Stacheln; Hagebutten korallenrosa, spätfärbend
Gesundheit: normal gesund; Sternrußtau kann vorkommen; nicht überall frosthart, Winterschutz ist ratsam
Boden und Standort: toleriert auch Halbschatten bei mindestens 4–5 Stunden Sonne
Pflege und Schnitt: im Frühjahr um ein Drittel zurückschneiden; nach der ersten Blüte nochmals düngen; in rauen Lagen im Winter anhäufeln
Gestaltung: als Solitär, in Gruppen, zusammen mit Stauden; als Hecke mit anderen Moschatarosen in Pastelltönen; in der Rabatte mit Stauden in Rosa, Weiß und zartem Gelb; schön auch mit Frauenmantel (*Alchemilla mollis*) unterpflanzt

Postillion

Kordes 1998 / ADR-Rose 1996

HÖHE: 1,6–1,8 m
BLÜTEZEIT: Mai bis Oktober
Strauchrose

➤ *lieblich duftend* ✿

Blüte: reichblühend; Blüte mittelgroß, gefüllt, meist in Dolden; Farbe leuchtendes Gelb, im Verblühen mit Kupferschimmer; mit bräunlichen Staubgefäßen; Knospe rötlich
Duft: gut, fruchtig
Wuchs: kräftig, aufrecht, breitbuschig; Blätter mittelgroß, dunkelgrün und glänzend
Gesundheit: relativ resistent; frosthart und regenfest
Pflege und Schnitt: im Frühjahr um ein bis zwei Drittel einkürzen; Verblühtes regelmäßig ausschneiden; nach der ersten Blüte nochmals düngen
Gestaltung: als Solitär, für Hecken- und Gruppenpflanzung; als leuchtender Blickfang vor dunklem Hintergrund und rotlaubigen Gehölzen; auch bronzelaubige Stauden passen gut, wie der Wasserdost (*Eupatorium rugosum*) 'Chocolate' und der Gilbweiderich (*Lysimachia ciliata*) 'Firecracker'
Besonderheiten: neben 'Lichtkönigin Lucia' (→ Seite 137) eine weitere wertvolle gelbe Strauchrose

Reine des Ceintfeuilles

unbekannt, 1824

HÖHE: bis 1,5 m
BLÜTEZEIT: Juni
Zentifolie

➤ *dicht gefüllt und stark duftend* ✿

Synonym: 'Reine des Centifeuilles'
Blüte: sehr reichblühend; Blüte mittelgroß, stark gefüllt, hängend; Farbe reines, strahlendes Rosa, teilweise dunkler; mit Knopfauge in der Mitte; Knospe rötlich
Duft: typischer Zentifolienduft
Wuchs: breit, verzweigt, überhängend, oft auseinander fallend; Laub mattgrün; kleine Stacheln
Gesundheit: robust und gesund; sehr frosthart; etwas regenfester als andere Zentifolien
Boden und Standort: wächst auch auf ärmeren Böden
Pflege und Schnitt: braucht kaum Pflege und keinen Schnitt; überlange Triebe können nach der Blüte zurückgeschnitten werden; die Rose sollte gestützt oder aufgebunden werden; einmal im Frühjahr düngen
Gestaltung: als Solitär, in der Gruppe, für Hecken; besonders schön kombiniert mit rosa und purpurvioletten Alten Rosen in verschiedenen Farbtönen; romantisch mit Fingerhut (*Digitalis purpurea*)

Reine des Violettes

Mille-Mallet 1860

HÖHE: 1,5 m und mehr
BLÜTEZEIT: Juni bis Oktober
Remontantrose

➤ *üppig gefüllt und duftend*

Blüte: reichblühend; Blüte mittelgroß, flach, dicht gefüllt, geviertelt; mit Knopfauge; Farbe samtiges Purpurviolett, im Verblühen dunkler
Duft: stark, mit einem Hauch von Flieder
Wuchs: kräftig, buschig, dünne Triebe; kann klettern und wird dann höher als angegeben; Laub graugrün; kaum Stacheln
Gesundheit: robust, relativ frosthart
Boden und Standort: braucht guten, humosen Boden sowie bevorzugt Halbschatten, damit die Blüten nicht verbrennen
Pflege und Schnitt: nicht zu stark zurückschneiden; Verblühtes regelmäßig aussschneiden; nach der ersten Blüte ein zweites Mal düngen
Gestaltung: als Solitär, in Hecken, für kleine Bäume und Rankgerüste; schön zusammen mit weißen Rosen, z. B. mit 'Madame Hardy' (→ Seite 138)
Besonderheiten: im Handel gibt es hellere und dunklere Varianten unter diesem Namen

Rokoko

Tantau 1987

HÖHE: 1,2–1,5 m
BLÜTEZEIT: Juni bis Oktober
Strauchrose

➤ *elegante Blüte mit Wildrosenduft*

Blüte: groß, gefüllt, leicht gewellte Blütenblätter; goldgelbe Staubgefäße; Farbe Mischung aus apricot-rosa mit cremerosa, Unterseite der Blüten weiß; haltbare Blüten, auch als Schnittrose
Duft: gut, nach Wildrosen
Wuchs: straff aufrecht, breitbuschig, gut verzweigt; Laub mittel- bis dunkelgrün, matt; Austrieb zartrötlich
Gesundheit: robust und normal gesund; Sternrußtau kann vorkommen; regenfest und hitzeverträglich; sehr frosthart
Pflege und Schnitt: im Frühjahr um ein bis zwei Drittel einkürzen; düngen im Frühjahr und nach der ersten Blüte
Gestaltung: als Solitär für Beete und Hecken, auch als Stammrose erhältlich; Ergänzung in Lachs mit der Schafgarbe (*Achillea*) 'Lachsschönheit', dazu Storchschnabel (*Geranium*) in Blau und Rittersporn in verschiedenen Blaunuancen, für den Herbst Eisenhut.
Besonderheiten: eine Rose mit märchenhaftem Flair und wunderschöner, eleganter Blüte

Rosario

Tantau 1993

HÖHE: 1,2–1,5 m
BLÜTEZEIT: Juni bis Oktober
Strauchrose

➤ *romantische Blüten*

Blüte: groß, gefüllt; in lockeren Dolden; Farbe leuchtendes Reinrosa
Duft: leicht und rosentypisch
Wuchs: stark, bogig überhängend; Laub dunkelgrün und glänzend
Gesundheit: normal gesund; regenfest und hitzeverträglich
Pflege und Schnitt: im Frühjahr um ein bis zwei Drittel zurückschneiden; nach der ersten Blüte nochmals düngen; Kalimagnesium erhöht die Frosthärte
Gestaltung: als Solitär, in kleinen Gruppen mit Rosen in dunklerem Rosa; mit Phlox in Rosa und Weiß, schön auch mit der Riesenglockenblume (*Campanula lactiflora*) 'Loddon Anne' und 'Prichard' in zurückhaltenden Rosa- oder Lilatönen; Sommer- und Herbstastern, Rittersporn, Ziersalbei, Lavendel und Katzenminze (*Nepeta*) fügen Blautöne dazu
Besonderheiten: Silbermedaille auf der Buga in Gelsenkirchen 1997; besonders schöner Kontrast zwischen Blüten und Blättern

Rosarium Uetersen

Kordes 1977

HÖHE: bis 2 m
BLÜTEZEIT: Juni bis Oktober
Strauchrose / Kletterrose

➤ *üppige Blüten mit Duft*

Blüte: reichblühend; Blüte groß, stark gefüllt, nostalgische Form, in Büscheln; Farbe leuchtend rosa, später aufhellend
Duft: stark, nach Wildrose
Wuchs: aufrecht, breitbuschig, eher strauchförmig; Laub dunkelgrün, leicht glänzend
Gesundheit: robust und normal gesund; regenfest und relativ frostfest
Boden und Standort: wächst auch im Halbschatten bei mindestens 4–5 Stunden Sonne
Pflege und Schnitt: wie öfterblühende Kletterrosen schneiden; als Strauch im Frühjahr um ein bis zwei Drittel zurückschneiden; nach der ersten Blüte nochmals düngen
Gestaltung: als kleine Kletterrose an Spalier und Mauer, für Obelisken; nicht geeignet für Pergola und Rosenbogen; frei wachsend als Strauch und in der Hecke; auch als Stammrose erhältlich; schön mit Clematis in Blautönen
Besonderheiten: nach dem Rosarium in Uetersen benannt; erhielt auf internationalen Wettbewerben Goldmedaillen

Rose des Cisterciens

Delbard 1998

HÖHE: bis 1,2 m
BLÜTEZEIT: Juni bis Oktober
Strauchrose / Beetrose

➤ *ungewöhnliche Farbmischung*

Blüte: gute Herbstblüte; Blüte groß, mit tief eingeschnittenen Blütenblättern; Farbe helles Rosa, Gelb und Himbeer, »wie gemalt«
Duft: nach Zitrone und Himbeere
Wuchs: aufrecht, verzweigt; Laub dunkel-graugrün; starke Stacheln
Gesundheit: relativ gesund; nicht ganz frosthart; hitzeverträglich
Pflege und Schnitt: im Frühjahr um ein Drittel zurückschneiden; düngen im Frühjahr und ein zweites Mal nach der ersten Blüte; Kalimagnesium fördert die Frosthärte; sollte im Winter angehäufelt werden
Gestaltung: mit pastellfarbenen Stauden und mit Ysop und Lavendel kombinieren; für einen ruhigen Hintergrund rotlaubige Gehölze oder Stauden mit dunklen Blättern wählen, z. B. rotblättriger Wasserdost (*Eupatorium rugosum*) 'Chocolate'
Besonderheiten: gehört zu den »Malerrosen«; wurde zu Ehren der 900-Jahrfeier der ehemaligen Zisterzienserabtei Abbay de Valloires benannt

Rose de Resht

Persien vor 1880

HÖHE: bis 1,2 m
BLÜTEZEIT: Mai/Juni bis Herbst
Damaszener- oder Portlandrose

➤ *robust und sehr winterhart*

Blüte: blüht in mehreren Schüben; Blüte groß, dicht gefüllt, rosettenförmig; Farbe fuchsien- bis purpurrot, im Verblühen lila
Duft: süß, etwas herb
Wuchs: aufrecht und kompakt; Laub robust, dunkel; dicht bestachelt
Gesundheit: robust und normal gesund; sehr frosthart, regenfest
Boden und Standort: braucht guten Boden
Pflege und Schnitt: im Frühjahr um ein Drittel zurückschneiden; bleibt gesund, wenn regelmäßig alle 3- bis 5-jährigen Triebe entfernt werden; ein zweites Mal nach der ersten Blüte düngen
Gestaltung: als Stammrose, als Solitär für kleine Gärten, in kleinen Gruppen; für Hecken
Besonderheiten: einzige dauerblühende Damaszenerrose; wie bei den Portlandrosen sitzen die Blüten direkt über dem Laub; wird wegen des ähnlichen Wuchsverhaltens manchmal auch als Portlandrose eingestuft

Rosenresli

Kordes 1986 / ADR-Rose 1984

HÖHE: 1,5 m und mehr
BLÜTEZEIT: Juni bis Oktober
Strauchrose / Kletterrose

➤ *duftende Schnittrose*

Blüte: mittelgroß, gut gefüllt, edel, einzeln und in Büscheln; Farbe orangerosa mit karminrot; Blüten halten lange, auch in der Vase
Duft: duftet stark
Wuchs: stark, breitbuschig, bogig überhängend; kann auch als Kletterrose gezogen werden
Gesundheit: resistent, regenfest, hitzebeständig; nicht überall winterhart
Boden und Standort: auch für Halbschatten mit mindestens 4–5 Stunden Sonne
Pflege und Schnitt: als Strauchrose im Frühjahr um ein bis zwei Drittel zurückschneiden; als Kletterrose wie öfterblühende Kletterrosen schneiden; nach der ersten Blüte nochmals düngen; in rauen Lagen anhäufeln
Gestaltung: für Spaliere und Obelisken; als Solitär, für Gruppen, Hecken und in Töpfen
Besonderheiten: sehr lohnenswert; eine ältere Kordesrose mit eleganter Blüte, wundervollem Duft und guter Blattgesundheit

Salet

Lacharme 1854

HÖHE: 1,2–1,5 m
BLÜTEZEIT: Juni bis zum Frost
Moosrose

➤ *früh und reichblühend*

Blüte: remontiert mit einzelnen Blüten bis zum Frost; Blüte groß, gefüllt, oft geviertelt; Farbe lebhaftes Reinrosa; Knospe rötlich; schlanke, nur leicht bemooste Kelchblätter
Duft: stark, Moos mit würziger Note
Wuchs: kräftig, aufrecht; hellgrünes Laub
Gesundheit: robust und gesund; sehr frosthart
Boden und Standort: Ein luftiger Standort und ein humoser, durchlässiger Boden verhindern Mehltau.
Pflege und Schnitt: im Frühjahr um ein Drittel zurückschneiden; nach der ersten Blüte nochmals düngen; altes Holz regelmäßig entfernen
Gestaltung: als Solitär, in Gruppen; gut geeignet für kleine Gärten
Besonderheiten: Früher wurde empfohlen, Moosrosen wie auch Zentifolien wurzelecht (→ Seite 183) zu ziehen, weil sie dann gedrungener wachsen und besser blühen. Heutige Erfahrungen damit liegen bisher jedoch noch nicht vor.

Schneewittchen

Kordes 1958

HÖHE: 1–1,5 m
BLÜTEZEIT: Juni bis zum Frost
Strauchrose

➤ *reich- und dauerblühend*

Synonyme: 'Iceberg', 'Fée des Neiges'
Blüte: überreich blühend; Blüte groß, leicht gefüllt, edle Knospe; in Büscheln; Farbe reinweiß, bei Regen rosa Flecken
Duft: leicht, lieblich
Wuchs: aufrecht, breitbuschig, bogig überhängend; Laub mittelgrün und glänzend; wenig Stacheln
Gesundheit: sehr frosthart, regen- und hitzefest; anfällig für Sternrußtau
Boden und Standort: ein luftiger Standort verringert die Anfälligkeit für Sternrußtau
Pflege und Schnitt: gut düngen und im Winter abgelagerten Mist um die Rose verteilen; ein Rückschnitt im Frühjahr um zwei Drittel ist vorteilhaft
Gestaltung: für Beete, als Solitär und als Hochstamm
Besonderheiten: 'Schneewittchen' wurde 1983 zur Weltrose gekürt. Wegen ihrer Blühwilligkeit gehört sie immer noch zu den schönsten weißen Rosen. Aufgrund ihrer Anfälligkeit für Sternrußtau wurde ihr leider das ADR-Prädikat entzogen.

Sidonie

Vibert 1847

HÖHE: 0,8–1 m
BLÜTEZEIT: Juni bis Oktober
Remontantrose

➤ *mit Damaszenerduft*

Blüte: fast dauerblühend; Blüte mittelgroß, dicht gefüllt, kugelig, geviertelt, mit Knopfauge; in kleinen Büscheln; Farbe frisches Rosa; Knospe dick, karminrosa, mit sehr langen, eleganten Kelchblättern; Blüte hält lange, auch in der Vase
Duft: stark, typischer Damaszenerduft
Wuchs: breitbuschig, aufrecht, bogenförmig überhängend; Laub dicht, etwas derb, dunkel
Gesundheit: robust, normal gesund; Mehltau ist möglich
Pflege und Schnitt: im Frühjahr um ein Drittel zurückschneiden; Verblühtes laufend entfernen; nach der ersten Blüte nochmals düngen
Gestaltung: als Solitär, in kleinen Gruppen; gut für kleine Gärten, auch für Töpfe; schön als Vorpflanzung vor purpurvioletten Rosen, zusammen mit dunkelrosa und weißen Rosen; im Staudenbeet mit Glockenblumen, Nelken, Lavendel und rotlaubigem Salbei (*Salvia officinalis*) 'Purpurascens', auch mit Ziersalbei und Katzenminze (*Nepeta*)

Soupert & Notting

Pernet/Ducher 1874

HÖHE: 1–1,5 m
BLÜTEZEIT: Juni bis Oktober
Moosrose

➤ *sehr gute Moosrose*

Blüte: gut remontierend; Blüte mittelgroß, stark gefüllt, becherförmig; Farbe dunkelrosa bis lilarosa, außen heller; schönes Farbspiel
Duft: süß, mit würzigem Moos
Wuchs: rundbuschig; dichtes Laub; Kelchblätter, Stiele und Blätter sind nur leicht bemoost
Gesundheit: robust und gesund; winterhart
Pflege und Schnitt: im Frühjahr um ein Drittel zurückschneiden; Verblühtes regelmäßig herausschneiden; nach der ersten Blüte nochmals düngen
Gestaltung: als Solitär, in Gruppen; für den vorderen Teil einer Rabatte gut geeignet; ideal für kleine Gärten; zusammen mit anderen niedrig bleibenden Rosen wie 'Belle Isis' (→ Seite 119), 'Salet' (→ Seite 146) und 'Sidonie' (→ links)
Besonderheiten: den erfolgreichen Rosenzüchtern Pierre Notting und Jean Soupert aus Luxemburg gewidmet, die in der Mitte des 19. Jahrhunderts weltweit berühmt waren

Souvenir de la Malmaison

Béluze 1843

HÖHE: bis 1 m
BLÜTEZEIT: Juni bis Oktober
Bourbonrose

➤ *stark duftend*

Blüte: öfterblühend bis zum Frost; Herbstblüte meist schöner als im Sommer; Blüte groß, stark gefüllt, geviertelt, flach, in Büscheln; Farbe zartrosa, später verblassend
Duft: stark, süß und fruchtig
Wuchs: aufrecht, niedrig; Laub hellgrün, teerosenartig; wenig Stacheln
Gesundheit: normale Gesundheit; nicht regenfest: Blüten verkleben bei Regen; nicht frosthart, verträgt Hitze schlecht; leicht anfällig für Mehltau
Boden und Standort: braucht guten Boden; vor Regen schützen
Pflege und Schnitt: wie Strauchrosen schneiden; im Winter anhäufeln; Kalimagnesium fördert die Winterhärte und verringert Mumienbildung
Gestaltung: eignet sich gut für Topfkultur, um sie vor Regen und im Winter vor Kälte besser schützen zu können
Besonderheiten: Trotz ihrer Mängel ist 'Souvenir de la Malmaison' immer noch sehr beliebt. Sie wurde in Erinnerung an den Rosengarten der Kaiserin Joséphine in Malmaison benannt.

Souvenir du Docteur Jamain

Lacharme 1865

HÖHE: bis 1,8 m
BLÜTEZEIT: Juni bis Herbst
Remontantrose

➤ *stark duftend und attraktiv*

Blüte: reichblühend im Juni; im Spätsommer remontierend; Blüte mittelgroß, gefüllt, flach; Farbe reines Rot, im Verblühen dunkel karmesinrot bis violett; gelbe Staubgefäße
Duft: duftet intensiv
Wuchs: locker, schmal; kann als Kletterrose gezogen werden; Laub mittelgrün, matt; im Austrieb rötlich
Gesundheit: robust; Sternrußtau kann vorkommen; frosthart
Boden und Standort: braucht lichten Schatten, in der Sonne verbrennen die Blüten; geeignet für Nordwand mit ausreichend Licht von oben
Pflege und Schnitt: im Frühjahr um ein Drittel zurückschneiden; Verblühtes im Sommer regelmäßig entfernen; nach der ersten Blüte nochmals düngen
Gestaltung: als Kletterrose für Wände und Pergola, auch als Strauch
Besonderheiten: Eine der attraktivsten dunkelroten Remontantrosen mit wundervollem Duft. In alten Katalogen wird sie unter den Violett-Weinfarbigen aufgeführt.

Stanwell Perpetual

Lee 1838

HÖHE: 1,5 m und mehr
BLÜTEZEIT: Mai/Juni bis November
Pimpinellifolia-Hybride

➤ *sehr reichblühend, robust*

Blüte: früh und bis zum Frost blühend; Blüte klein, locker gefüllt, geviertelt, flach, mit Knopfauge; in Büscheln; Farbe zartrosa, zu weiß verblassend; Knospe weiß mit rosa Hauch; im Herbst ist das Rosa intensiver
Duft: stark; würziger, frischer Damaszenerduft
Wuchs: mittelstark, breitwüchsig, rundlich, so breit wie hoch, mit graziös überhängenden, dünnen bogigen Zweigen; dicht bestachelt; Laub feingliedrig, zierlich, grau-grün, typisch für Bibernellrosen; keine Hagebutten
Gesundheit: Robust, gesund und unkompliziert, sehr frosthart. Rötlich braune Verfärbungen auf den Blättern sind keine Pilzkrankheit, sondern ein Erbe der *Pimpinellifolia*-Rosen, vermutlich durch Witterungseinflüsse hervorgerufen.
Boden und Standort: benötigt einen warmen, sonnigen Standort; toleriert auch ärmere Böden; auch für raue Lagen geeignet
Pflege und Schnitt: kein Schnitt nötig; nur altes Holz entfernen, es kann aber auch als Stütze im Innern des Strauchs belassen werden; bei Platzmangel kann auch ein Formschnitt erfolgen; nach der ersten Blüte nochmals düngen; braucht einige Zeit, bis sie sich etabliert hat
Vermehren: Stecklinge bewurzeln sich nicht immer gut.
Gestaltung: Mit Stütze als Solitär, in Gruppen und für Hecken; auch als Hochstämmchen. Wirkt natürlich und passt daher auch in einen naturnahen Garten in Kombination mit Wildrosen, Gräsern und Wildstauden. Sieht besonders malerisch an einer Wasserstelle aus Natursandstein aus.
Besonderheiten: Einzige öfterblühende Sorte der Bibernellrosen, die fast nie ohne Blüten ist, sie blüht unermüdlich bis zum Frost. Vermutlich ist 'Stanwell Perpetual' eine Zufallskreuzung zwischen der Bibernellrose *Rosa pimpinellifolia* und der herbstblühenden *Rosa* × *damascena* fo. *bifera*, von der sie den typischen Damaszenerduft geerbt hat. Benannt wurde sie nach dem Fundort in einem Garten in dem Ort Stanwell in Middlesex, England. Eine bezaubernd schlichte Rose. Das Findelkind wurde von dem englischen Züchter Lee eingeführt.

Suaveolens

unbekannt, vor 1750

HÖHE: 1,5–2 m
BLÜTEZEIT: Juni/Juli
Albarose

➤ *romantisch und süß duftend*

Blüte: überreich blühend; Blüte mittelgroß, halb gefüllt, in kleinen, lockeren Büscheln; Farbe milchweiß; goldgelbe Staubgefäße
Duft: süß, lieblich
Wuchs: stark, aufrecht, bogig überhängende Zweige; Laub graugrün; spitze Stacheln; Hagebutten lackrot, eiförmig
Gesundheit: robust und pflegeleicht; Rosenrost kann vorkommen, schadet aber der Vitalität und Blütenfülle nicht; sehr frosthart
Boden und Standort: verträgt Halbschatten; auch für raue Lagen geeignet
Pflege und Schnitt: pflegeleicht; braucht nicht geschnitten zu werden
Gestaltung: in den Hintergrund einer Rabatte pflanzen, um eventuell befallene Blätter zu verdecken; für Hecken gut geeignet
Besonderheiten: 'Suaveolens' wurde früher zur Gewinnung von Rosenöl genutzt. Wie ihre »Schwester«, die Albarose 'Maxima' mit stärker gefüllten Blüten, wuchs sie früher in vielen Bauerngärten.

The Countryman

Austin 1987

HÖHE: bis 1,2 m
BLÜTEZEIT: Juli bis Oktober
Englische Rose

➤ *wundervoll duftend*

Blüte: groß, perfekt rosettenförmig, im Stil Alter Rosen; Farbe kräftiges, frisches Rosarot, zum Rand hin verblassend
Duft: köstlich, nach Alten Rosen mit Erdbeernote
Wuchs: niedrig, breitbuschig, überhängend; Laub mittelgrün, Blätter länglich, ähneln dem Laub der Portlandrosen
Gesundheit: normal bis gut; regenfest
Boden und Standort: wächst auch im Halbschatten bei mindestens 4–5 Stunden Sonne
Pflege und Schnitt: im Frühjahr um ein Drittel zurückschneiden; nach der ersten Blüte ein zweites Mal düngen
Gestaltung: als Solitär, in Gruppen; zusammen mit anderen Englischen Rosen; in Kombination mit Stauden in blassem Lila, Rosa und Lilablau
Besonderheiten: 'The Countryman' ist eine Rückkreuzung zwischen einer Englischen Rose und einer alten Portlandrose, von der sie vermutlich den wundervollen Duft nach Alten Rosen geerbt hat.

The Pilgrim

Austin 1991

HÖHE: bis 1,3 m
BLÜTEZEIT: Juni bis Oktober
Englische Rose

➤ *mit fruchtigem Duft*

Synonym: 'Gartenarchitekt Günther Schulze'
Blüte: groß, flach, stark gefüllt; hellgelbe Blüten, außen cremeweiß, innen dunkler
Duft: sehr gut; fruchtig, mit einem Hauch von Zitrone
Wuchs: stark, aufrecht, verzeigt; auch als Kletterrose; Laub dunkelgrün und glänzend
Gesundheit: sehr gesund, robust; relativ frosthart
Pflege und Schnitt: im Frühjahr um ein Drittel zurückschneiden; als Kletterrose wie öfterblühende Kletterrosen schneiden; nach der ersten Blüte ein zweites Mal düngen
Gestaltung: als Solitär, in Gruppen mit anderen Englischen Rosen; auch als kleine Kletterrose; passt gut zu dunklen, violetten oder purpurfarbenen Rosen wie 'Veilchenblau' (→ Seite 167) oder 'Super Excelsa' (→ Seite 166)
Besonderheiten: eine der besten und gesündesten unter den Englischen Rosen

Tom Wood

Dickson 1896

HÖHE: bis 1 m
BLÜTEZEIT: Juni/Juli, August/Oktober
Remontantrose

➤ *für kleine Gärten*

Blüte: reichblühend, geringere Nachblüte; Blüte sehr groß, sehr dicht gefüllt, vollkommen rund, gewirbelt, in Büscheln; Farbe kirschrot, im Verblühen mit bläulichem Schimmer; Knospe dunkelrot
Duft: gut, fruchtig
Wuchs: aufrecht, niedrig bleibend; Laub dunkelgrün, üppig; wenige kleine Stacheln
Gesundheit: robust und gesund; relativ frosthart
Boden und Standort: für Halbschatten mit mindestens 4–5 Stunden Sonne besser geeignet als für Vollsonne, damit die Blüten nicht verbrennen
Pflege und Schnitt: im Frühjahr um ein Drittel zurückschneiden; nach der ersten Blüte ein zweites Mal düngen
Gestaltung: als Solitär, für kleine Gruppen zusammen mit anderen niedrig bleibenden Alten Rosen; auch für Töpfe; für kleine Gärten gut geeignet
Besonderheiten: Gehört zur Klasse der Remontantrosen. Die schönsten samtigen Purpurtöne sind hier zu finden.

Tuscany Superb

unbekannt, vor 1848

HÖHE: 1,5–1,8 m
BLÜTEZEIT: Juni
Gallicarose

➤ *berühmte Alte Rose*

Blüte: groß, leicht gefüllt; gelbe Staubgefäße; Farbe tiefes Dunkelrot mit kastanienbraunen Schattierungen und samtigen Flecken
Duft: duftet nur leicht
Wuchs: aufrecht; Laub dunkelgrün, matt; wenig Stacheln
Gesundheit: robust und gesund; sehr frosthart
Pflege und Schnitt: braucht keinen Schnitt
Vermehren: durch Ausläufer
Gestaltung: in Gruppen und Hecken; als Vorpflanzung eignen sich niedriger bleibende Gallicarosen wie 'Versicolor' (→ Seite 151) und die Apothekerrose *Rosa gallica* 'Officinalis'
Besonderheiten: Vermutlich ein Sport von *Rosa gallica* 'Tuscany', die schon seit Jahrhunderten als Alte Samtrose ('Old Velvet Rose') bekannt war. 'Tuscany Superb' ist in Wuchs, Laub und Blüte insgesamt größer als die Stammform, die weniger gefüllt ist und Hagebutten ausbildet. Eine der schönsten Gallicarosen mit ungewöhnlicher Farbe.

Ulrich Brunner Fils

Lefet 1881

HÖHE: bis 1,8 m
BLÜTEZEIT: Mai bis Oktober
Remontantrose

➤ *Schnittrose mit Duft*

Blüte: früh blühend, etwas remontierend; Blüte sehr groß, gut gefüllt, becherförmig, einzeln und in Büscheln; Farbe kirschrot, Unterseite und Ränder heller; hält lange in der Vase
Duft: süß, mit einem Hauch von Zitrone
Wuchs: stark, aufrecht, schmal, etwas überhängend; Blätter mittelgroß, robust, glänzend; stachelig
Gesundheit: sehr gesund und sehr frosthart
Pflege und Schnitt: verträgt kräftigen Schnitt und blüht dann besser; im Frühjahr um ein Drittel zurückschneiden; ältere Äste regelmäßig entfernen
Gestaltung: als Solitär, als Kletterer für kleinkronige Bäume; mit hohen Stauden wie Rittersporn, Lupinen (Russel-Hybriden), die oft zweifarbig sind, sowie Fingerhut (*Digitalis purpurea*) in rosa Tönen und in Weiß, um den etwas staksigen Wuchs zu kaschieren
Besonderheiten: benannt nach dem Rosenzüchter Ulrich Brunner aus Lausanne, Sohn (franz.: fils) des Gärtners Ulrich Brunner

Versicolor

unbekannt, vor 1581

HÖHE: bis 1,2 m
BLÜTEZEIT: Juni/Anfang Juli
Gallicarose

➤ *frische Farbwirkung*

Synonym: 'Rosa mundi'
Blüte: groß, locker gefüllt; Farbe unregelmäßig karminrosa und weiß gestreift; auffallende gelbe Staubgefäße
Duft: duftet nur leicht
Wuchs: rund, überhängend; Blätter hellgrün, länglich; wenig Stacheln; Hagebutten rot, rund, mit Borsten
Gesundheit: sehr robust und gesund; regenfest, sehr winterhart; Mehltau nach der Blüte möglich
Boden und Standort: für raue Lagen und für Halbschatten geeignet
Pflege und Schnitt: kein Schnitt nötig, nur auslichten; Verblühtes nicht abschneiden, bildet Hagebutten aus
Gestaltung: für niedrige Hecken und in Gruppen, z. B. zusammen mit der Apothekerrose
Besonderheiten: Sport von *Rosa gallica* 'Officinalis', der Apothekerrose, die früher wegen der adstringierenden Wirkung gegen Durchfall verwendet wurde. Ihr Synonym 'Rosa mundi' geht auf die Geliebte des englischen Königs Heinrich II., Fair Rosamunde, zurück.

Vogelpark Walsrode

Kordes 1988 / ADR-Rose 1989

HÖHE: bis 1,5 m
BLÜTEZEIT: Juni bis Oktober
Strauchrose

➤ *widerstandsfähig*

Blüte: guter Herbstflor; Blüte groß, halb gefüllt, in Büscheln; mit gelben Staubgefäßen; Farbe zartrosa, später aufhellend; gut als Schnittrose
Duft: duftet nur wenig
Wuchs: breitbuschig; Laub zierlich, mittel- bis dunkelgrün, glänzend; orangefarbene Hagebutten
Gesundheit: widerstandsfähig gegen Pilzkrankheiten; regenfest, sehr frosthart
Boden und Standort: toleriert auch Halbschatten mit mindestens 4–5 Stunden Sonne
Pflege und Schnitt: wie Strauchrosen schneiden; nach der Blüte nochmals düngen
Gestaltung: als Solitär, in Gruppen, auch für Pflanzgefäße; zum zarten Rosaton und der schönen Herbstblüte ist die Bartblume (*Caryopteris* × *clandonensis*) eine schöne Ergänzung, im Sommer Lavendel und Katzenminze
Besonderheiten: benannt nach dem größten Vogelpark der Welt in Walsrode, der mit vielen Rosen bepflanzt ist

Westerland

Kordes 1969 / ADR-Rose 1974

HÖHE: 1,5–2 m
BLÜTEZEIT: Mai/Juni bis Oktober
Strauchrose

➤ *reichblühend, intensiv duftend*

Blüte: fast immer mit Blüten; Blüte groß, halb gefüllt, in großen Büscheln; Farbe leuchtendes Kupferorange, im Verblühen apricotrosa, schönes Farbspiel; sichtbare Staubgefäße; haltbare Blüten
Duft: intensiv, süß
Wuchs: kräftig, buschig, aufrecht; kann mit einer Kletterhilfe oder an einer Wand wachsen und wird dann höher als angegeben; Laub frischgrün, glänzend
Gesundheit: robust, normal gesund; Sternrußtau kann vorkommen; regenfest und hitzeverträglich; relativ winterhart
Boden und Standort: gedeiht auch im Halbschatten bei mindestens 4–5 Stunden Sonne
Pflege und Schnitt: im Frühjahr um ein bis zwei Drittel zurückschneiden; nach der ersten Blüte nochmals düngen
Gestaltung: Als Solitär, in Gruppen und in Hecken. Die Herbstblüte harmoniert mit beerentragenden Sträuchern und Bäumen besonders gut, z. B. Eberesche und Weißdorn.

WEITERE STRAUCHROSEN

Name	Blüte, Höhe, Hinweise
Bantry Bay Mc Gredy 1967 Strauchrose/ Kletterrose	Blüte hellrosa-lachs, halb gefüllt, leichter Duft, öfterblühend; Höhe bis 2 m; normal gesund
Clair Matin Meilland 1960 Strauchrose/ Kletterrose	Blüte zartrosa, halb gefüllt, leichter Duft, dauerblühend, rötliche Austriebe; Höhe 2 m; etwas anfällig
Duchesse de Montebello Laffay vor 1829 Gallicarose	Blüte perlmuttrosa, dicht gefüllt, süßer Duft, einmal sehr lange blühend; Höhe 1,5 m; widerstandsfähig
Duchesse de Rohan Frankreich vor 1880 Damaszenerrose	Blüte rosa mit lavendel, dicht gefüllt, starker Damaszenerduft; remontierend; Höhe 1 m; gesund
Frühlingsmorgen Kordes 1941 Strauchrose	Blüte kirschrosa, einfach, Mitte gelb, süßer Wildrosenduft; etwas remontierend; Höhe bis 1,8 m; widerstandsfähig
Madame Ernest Calvat Schwartz 1888 Bourbonrose	Blüte rosa, dicht gefüllt, stark duftend; remontierend; Höhe 1,5 m; robust
Marie de Blois Robert 1852 Moosrose	Blüte rosa mit lila, gefüllt, wunderbarer Duft, einmal lange blühend; etwas remontierend; Höhe bis 1,5 m; gesund
Maxima um 1450 Albarose	Blüte rahmweiß mit zartrosa, locker gefüllt, süßer Duft, einmalblühend; Höhe 2 m; widerstandsfähig
Paul Bocuse Guillot 1997 Strauchrose	Blüte pfirsich bis apricot, dicht gefüllt, fruchtiger, intensiver Duft, öfterblühend; Höhe 1,2–1,5 m; gesund
Plaisanterie Lens 1996 Strauchrose	Blüte gelb-rot, einfach, klein, öfterblühend, kein Duft; Höhe bis 2 m; gesund; Abkömmling von 'Mutabilis' (→ Seite 141)
Saremo Noack 1999/ ADR-Rose 1998 Strauchrose	Blüte dunkelrosa, gefüllt, in Dolden, leichter Duft, spät und öfterblühend; Höhe bis 1,2 m; widerstandsfähig

William Lobb

Laffay 1855

HÖHE: 2–3 m
BLÜTEZEIT: Juni/Juli
Moosrose

➤ *stark duftend*

Synonym: 'Old Velvet Rose'
Blüte: groß, locker gefüllt, schalenförmig; Farbe karmesinpurpur, im Verblühen violett bis grauviolett, Rückseite der Blüten und Mitte silbrig; gelbe Staubgefäße
Duft: süß und stark; Moos mit intensivem Harzaroma
Wuchs: buschig, bogig überhängend, starkwüchsig; dunkelgrünes Laub; Knospen und Stängel dicht mit Moos besetzt; stark bestachelt
Gesundheit: robust, gesund; frosthart
Boden und Standort: auch für ärmere Böden geeignet
Pflege und Schnitt: damit der Strauch nicht auseinander fällt, im Frühjahr um ein Drittel zurückschneiden
Gestaltung: für Hecken, Zäune und Pergola, als Strauch- oder Kletterrose; für den Hintergrund; schön zusammen mit einem weiß blühenden Rambler
Besonderheiten: nach dem Botaniker William Lobb benannt, der seltene Pflanzen aus Chile, Brasilien und Amerika beschrieb

William Morris

Austin 1998

HÖHE: 1,2–2 m
BLÜTEZEIT: Juni bis Oktober
Englische Rose

➤ *zuverlässig blühend und duftend*

Blüte: groß, rosettenförmig, stark gefüllt; Farbe apricot-rosa, am Rand verblassend
Duft: intensiv
Wuchs: aufrecht, leicht überhängend; kann als Kletterrose gezogen werden, wird dann höher als angegeben; Laub mittelgrün, glänzend
Gesundheit: robust und widerstandsfähig gegen Krankheiten; hitzeverträglich, regenfest und winterhart
Pflege und Schnitt: gut düngen; als Strauchrose im Frühjahr um ein bis zwei Drittel zurückschneiden; als Kletterrose wie öfterblühende Kletterrosen schneiden
Gestaltung: für kleine Gruppen, als Solitär; eignet sich gut für den Hintergrund eines Beetes und als kleine Kletterrose, zusammen mit anderen Englischen Rosen in einem Beet
Besonderheiten: nach dem gleichnamigen Kunsthandwerker und zu Ehren der Universität von Ost-London aus Anlass des 100-jährigen Bestehens benannt

William Shakespeare 2000®

Austin 2000

HÖHE: 1–1,2 m
BLÜTEZEIT: Juni/Juli bis Oktober
Englische Rose

➤ *romantische Blüte mit Duft*

Blüte: groß, stark gefüllt, nostalgisch gewirbelt; in Büscheln; Farbe sattes, samtiges Dunkelrot mit Purpurtönen im Verblühen
Duft: nach Wildrosen und Veilchen
Wuchs: aufrecht und sehr buschig; Laub dunkelgrün und matt; starke, rote Stacheln
Gesundheit: normal gesund, Sternrußtau ist möglich; regenfest und hitzeverträglich, relativ frosthart
Boden und Standort: wächst auch im Halbschatten, die Blüten verbrennen dort nicht so stark
Pflege und Schnitt: im Frühjahr um ein Drittel zurückschneiden, nach der ersten Blüte nochmals düngen
Gestaltung: als Solitär, in kleinen Gruppen mit weißen und rosa Rosen; kombiniert mit silberblättrigen, rotblättrigen und weiß blühenden Stauden; auch für Töpfe
Besonderheiten: Benannt nach dem berühmten englischen Dichter William Shakespeare. In seinen Werken spielte die Rose eine bedeutende Rolle.

Yellow Romantica

Meilland 1999

HÖHE: bis 1,5 m
BLÜTEZEIT: Juni bis Oktober
Strauchrose

➤ *üppige Blütenfülle, duftend*

Blüte: sehr reichblühend; Blüte groß, rosettenartig, stark gefüllt, in Büscheln; Farbe leuchtendes Reingelb, später heller werdend
Duft: duftet mittelstark
Wuchs: aufrecht, buschig und gut verzweigt; Laub dunkelgrün, glänzend; sehr stachelig
Gesundheit: normal gesund; regenfest und hitzeverträglich
Pflege und Schnitt: wie Strauchrosen schneiden, zweimal düngen
Gestaltung: als Solitär, in Gruppen; in Kombination mit Stauden, z. B. mit den von Juli bis November blühenden Salbei-Sorten *Salvia uliginosa* mit pfeffrigem Aroma und himmelblauen Blüten oder *Salvia verticillata* 'Purple Rain' mit Blüten in dunklem Violett sowie mit dem Mädchenauge (*Coreopsis verticillata*) 'Moonbeam' in kühlem Hellgelb
Besonderheiten: eine Tochter von 'Colette' (→ Seite 124), mit ähnlich guten Eigenschaften wie diese; beide gehören zur Reihe der Romanticarosen

Zigeunerknabe

Geschwind/Lambert 1909

HÖHE: 2 m und mehr
BLÜTEZEIT: Juni
Bourbonrose

➤ *sehr frosthart und wuchskräftig*

Synonym: 'Gipsy Boy'
Blüte: mittelgroß, gefüllt, in Büscheln; Farbe purpurviolett; goldgelbe Staubgefäße
Duft: duftet nur leicht
Wuchs: kräftig, breit ausladend, so breit wie hoch; kann auch als Kletterrose gezogen werden, sie wird dann bis zu 4 m hoch; Laub dunkelgrün, dicht; bestachelt; Hagebutten rund, orangerot
Gesundheit: robust und gesund; sehr frosthart
Boden und Standort: gedeiht auch auf schwierigen Standorten
Pflege und Schnitt: kein Schnitt nötig; altes Holz regelmäßig entfernen
Gestaltung: an Wänden, Spalier und Pergola; frei stehend als Strauch, braucht dann aber viel Platz; auch als Kletterrose für kleinkronige Bäume
Besonderheiten: wird oft dem Züchter Lambert, der mit seinen Moschata-Hybriden bekannt geworden ist, zugeschrieben; stammt aber stattdessen aus der Züchtungsreihe mit *Rosa gallica* von Geschwind

Kletterrosen

Ausdauernde Blütenfülle bis in den Herbst oder verschwenderischer Überfluss nur einmal im Jahr, dafür aber unvergesslich: Kletterrosen sind so vielseitig wie unersetzbar, besonders in kleinen Gärten. Eine wichtige Zugabe ist ihr Duft, der den Garten verzaubert.

KLETTERROSEN SIND Rosen mit langen Trieben, die alle mehr oder weniger auf Kletterhilfen angewiesen sind. Sie erschließen im Garten die dritte Dimension. Ob Mauern, Zäune, Pergolen und Bäume, es gibt fast nichts, was sie nicht – mit etwas Nachhilfe – beranken können. Nach englischem Vorbild unterscheiden wir zwischen den mehr steiftriebigen Climbern mit größeren Blüten – von einfach und schalenförmig bis stark gefüllt und edelrosenartig – und den weichtriebigen Ramblern mit kleineren Blüten in dichten Büscheln.
Climber eignen sich für eine »geordnete« Bekleidung von Wänden, Spalier und Pergola, die Rambler hingegen liefern den Dornröscheneffekt mit wildnishaftem Wachstum und atemberaubender Blütenfülle für Bäume, Hecken, Pergola und Gartenhaus.

Der Stammbaum

An der Entstehung von Kletterrosen sind u. a. mehrere Arten aus Asien beteiligt, deren Einflüsse leicht erkennbar sind, z. B.:

- *Rosa wichuraiana* hat dunkelgrüne, glänzende Blätter, mittelgroße, duftende Blüten, lange kriechende niederliegende, Triebe mit lange haftendem Laub. Ihre berühmteste »Tochter« ist die Kletterrose 'New Dawn'.
- *Rosa multiflora* mit hellgrünen, mattglänzenden Blättern und kleinen Blüten in großen Dolden ist besonders schattenverträglich. Zu ihren Abkömmlingen gehören einige sehr gesunde Rambler wie 'Veilchenblau', 'Ghislaine de Féligonde' und 'Bleu Magenta'.
- Von *Rosa helenae,* die überreich blühend und sehr frosthart ist, sind im Handel Sämlinge ohne Namen erhältlich. Zu ihren Nachkommen gehört die wunderbare, absolut gesunde und frostharte 'Lykkefund'.

Wichtige Stammeltern für die Kletterrosenzucht sind außerdem *Rosa arvensis* und *Rosa moschata*. Letztere ist ein Elternteil der Noisetterosen, die manchmal weniger frostempfindlich sind als vermutet, wie die reizende, nach Gewürznelken duftende 'Blush Noisette'.

Pflege und Schnitt

Kletterrosen brauchen Zeit, um sich einzugewöhnen. Eine Gabe von gut verrottetem Stallmist kann dabei manchmal Wunder bewirken. Doch spätestens ab dem dritten Standjahr zeigen sie ihre üppige Blütenfülle. Bei den Climbern werden durch fächerförmiges und leicht bogiges Anbinden gleichmäßige Verzweigungen gefördert, es entwickeln sich kurze Seitentriebe, an deren Ende die Blüten erscheinen. Nach der Blüte werden sie zurückgeschnitten (→ Seite 78 f.), um weitere Blütenflore zu fördern. Rambler bringen Jahr für Jahr ihre Überfülle an Blüten auch ohne Schnitt. Für pflegeleichte Gärten mit romantischem Flair sind sie absolut empfehlenswert.
Kletterrosen lassen sich leicht durch Stecklinge (→ Seite 82 f.) vermehren. Besonders bei Ramblern ist die Bewurzelungsquote gut.

Dornröscheneffekte erzielen Sie mit der romantischen Überfülle der Ramblerrosen. Die Moschatarose 'Francis E. Lester' verhüllt mit ihren langen Trieben Bäume und Pergolen.

Die beliebte, reichblühende Kletterrose 'Raubritter' mit kugeligen Blüten in hellem Purpurrosa kann auch als Strauchrose gezogen werden.

Albéric Barbier

Barbier 1900

HÖHE: 4–6 m
BLÜTEZEIT: Juni
Rambler

➤ *starker, fruchtiger Duft*

Blüte: gelegentlich nachblühend; Blüte mittelgroß, locker gefüllt, einzeln, selten zu mehreren; Farbe rahmweiß mit gelblicher Mitte; Knospe edel geformt, gelb
Duft: stark, nach Äpfeln
Wuchs: starkwüchsig, lange, biegsame Triebe; Laub dunkelgrün, stark glänzend, im Austrieb rötlich, haftet lange bis in den Winter; starke Stacheln; große, runde, orange Hagebutten
Gesundheit: robust und gesund, regenfest; nicht sicher frosthart
Boden und Standort: gedeiht auch im Halbschatten und an einer Nordwand; nicht für sonnige Wände, da Mehltaugefahr; Winterschutz ist ratsam
Pflege und Schnitt: Verblühtes regelmäßig herausschneiden; nach der Blüte noch einmal düngen fördert Nachblüte
Gestaltung: für Pergola, Lauben und Rosenbögen und als Kaskadenrose; auch für Wände
Besonderheiten: gehört zu einer Reihe von Wichuraiana-Ramblern (→ Seite 155) des Züchters Barbier

Albertine

Barbier 1921

HÖHE: bis 5 m
BLÜTEZEIT: Juni
Rambler

➤ *romantische Blütenfülle*

Blüte: sehr üppig und lange blühend; Blüte groß, locker gefüllt, in Büscheln; Farbe kupfriges Lachsrosa, Mitte dunkler, im Verblühen aufhellend; Knospe lachsfarben
Duft: stark, fruchtig; verströmend
Wuchs: starkwüchsig, gut verzweigt, lange, biegsame Triebe; Laub dunkelgrün, kleine Blätter
Gesundheit: robust; Sternrußtau und Mehltau an ungünstigen Plätzen möglich; in rauen Lagen ist Winterschutz empfehlenswert
Boden und Standort: luftiger Standort, nicht an heiße Südwände setzen; Halbschatten wird vertragen bei mindestens 4–5 Stunden Sonne
Pflege und Schnitt: benötigt kaum Schnitt; zu dichte Triebe nach der Blüte auslichten
Gestaltung: für Zäune, Pergola und Rosenbögen, kann auch in kleine Bäume ranken; schön als Kaskadenrose
Besonderheiten: eine der beliebtesten Ramblerrosen; wird in England häufig angepflanzt

Alchymist

Kordes 1956

HÖHE: 2–3,5 m
BLÜTEZEIT: Juni/Juli
Climber

➤ *nostalgische Blüte, starker Duft*

Blüte: reichblühend; Blüte groß, stark gefüllt, nostalgisch geviertelt; Farbe goldgelb mit apricot schönes Farbspiel
Duft: stark, nach Teerose und Honig
Wuchs: kräftig, buschig, aufrecht; Laub dunkelgrün und glänzend, im Austrieb bronzefarben; stachelige Triebe
Gesundheit: robust und gering anfällig; Sternrußtau kann vorkommen; sehr frosthart
Boden und Standort: braucht einen luftigen Standort; nicht in heißen Lagen anpflanzen; wächst auch im Halbschatten bei mindestens 4–5 Stunden Sonne
Pflege und Schnitt: wenig schneiden; nach der Blüte in Form bringen
Gestaltung: für Pergola, Rosenbögen und Obelisken; auch frei wachsend als Strauch
Besonderheiten: Gehört zu den Klassikern des Züchters; beliebt wegen der überreichen Blütenfülle, des besonderen Farbtons und der üppig gefüllten Blüten. In ihrem Aussehen erinnert 'Alchymist' an Englische Rosen, die aber erst viel später entstanden sind.

Alexandre Girault

Barbier 1908

HÖHE: 4–5 m
BLÜTEZEIT: Juni
Rambler

➤ *leuchtende Farbe*

Blüte: mittelgroß, gefüllt; Farbe karminrosarot mit lachsfarbenem Hauch, mit feinen weißen Streifen; Rückseite weißliches Rosa; beim Aufblühen schöne Staubgefäße
Duft: sehr fruchtig
Wuchs: dicht verzweigt, bogig überhängend; Laub dunkelgrün, glänzend; wenig Stacheln
Gesundheit: sehr gesund; nicht sicher frosthart
Boden und Standort: toleriert Halbschatten bei mindestens 4–5 Stunden Sonne; nicht für raue Lagen geeignet
Pflege und Schnitt: braucht keinen Schnitt; Formschnitt nach der Blüte
Gestaltung: Für Laube, Gartenhaus, Pergola und Rosenbogen geeignet; braucht viel Platz. Die Kombination mit einer öfterblühenden Kletterrose wie 'New Dawn' in zartem Rosé (→ Seite 163) verlängert die Blütezeit.
Besonderheiten: gehört zu einer Reihe von *Wichuraiana*-Ramblern (→ Seite 155), die Barbier Anfang des 20. Jahrhunderts züchtete

Bleu Magenta

Herkunft unbekannt, um 1900

HÖHE: 4–5 m
BLÜTEZEIT: Ende Juni bis Juli
Rambler

➤ *blüht über mehrere Wochen*

Blüte: spät und überreich blühend; Blüte klein, stark gefüllt, rosettenförmig, nickend, in Büscheln; Farbe kirschrot bis magenta mit violetten Schattierungen, z. T. kleine weiße Flecken
Duft: leicht, nach Alten Rosen
Wuchs: buschig, breit, überhängende Triebe; Laub glänzend, dunkelgrün; kräftige Stacheln
Gesundheit: gesund und sehr frosthart
Boden und Standort: toleriert arme Böden; im Halbschatten verbrennen die Blüten weniger
Pflege und Schnitt: braucht keinen Schnitt; Formschnitt nach der Blüte
Gestaltung: Für Pergola und Rosenbogen, wunderschön in Kombination mit zartrosa oder weiß blühenden Rosen. Mit der öfterblühenden Ramblerrose 'Frau Eva Schubert' (→ Seite 158) und mit später blühenden weißen Clematis wird die Blütezeit verlängert.
Besonderheiten: einer der besten dunkelvioletten Rambler (Multiflora-Hybride); durch die späte Blütezeit sehr wertvoll

Blush Noisette

Noisette 1817

HÖHE: bis 2,5 m
BLÜTEZEIT: Juni bis Oktober
Rambler

➤ *stark duftend*

Blüte: klein, locker gefüllt, flach, in Büscheln; Farbe lilarosa bis zartrosa, im Verblühen aufhellend, Blütenmitte hellgelb; Knospe rosa; schöner Farbverlauf: rosa Knospen und weiße und rosafarbene Blüten gleichzeitig
Duft: stark, nach Gewürznelken
Wuchs: kräftig, locker, mit dünnen, bogigen Zweigen; Laub mattgrün, dicht; wenig Stacheln
Gesundheit: robust und gesund; nicht ganz frosthart
Boden und Standort: für raue Lagen nicht geeignet; Winterschutz ist empfehlenswert
Pflege und Schnitt: braucht keinen Schnitt; Formschnitt nach der Blüte
Gestaltung: als Strauch- oder Kletterrose einsetzbar, auch für Kübel geeignet; schön zu dunklen Rosen wie 'William Lobb' (→ Seite 152) oder 'Veilchenblau' (→ Seite 167)
Besonderheiten: die erste Noisetterose, die in den Handel kam, vermutlich die winterhärteste; Winterschutz ist jedoch trotzdem ratsam

Bobby James

Sunningdale Nurseries 1961

HÖHE: bis 10 m
BLÜTEZEIT: Juni
Rambler

➤ *sehr wuchskräftig*

Blüte: sehr reichblühend; Blüte klein, kugelig, kaum gefüllt, in sehr großen Rispen; Farbe rahmweiß, mit schönen goldgelben Staubgefäßen
Duft: intensiv, nach Moschus; verströmend
Wuchs: extrem stark, aufrecht, kräftige, lange Triebe; Laub üppig, mittelgrün, glänzend; starke Stacheln mit Widerhaken; Hagebutten orangerot, eiförmig, in Büscheln
Gesundheit: resistent gegen Pilzkrankheiten; nicht ganz frosthart
Boden und Standort: nicht für raue Lagen geeignet; wächst auch im Halbschatten bei mindestens 4–5 Stunden Sonne; auch für Nordlagen
Pflege und Schnitt: braucht keinen Schnitt; von Zeit zu Zeit ältere Äste entfernen
Gestaltung: für große, kräftige Bäume und für starke Pergolen geeignet; für kleine Gärten weniger geeignet: braucht viel Platz
Besonderheiten: gehört zu den *Wichuraiana*-Ramblern (→ Seite 155)

Flammentanz

Kordes 1955 / ADR-Rose 1952

HÖHE: 4–5 m
BLÜTEZEIT: Juni
Climber

➤ *sehr gesund und reichblühend*

Blüte: mittelgroß, gut gefüllt, in großen Büscheln; Farbe feuriges Blutrot, verändert sich beim Verblühen kaum
Duft: duftet nicht
Wuchs: stark, aufrecht; lange, ausladende Triebe, fast samblerartig; Laub dicht, mattgrün; große Hagebutten, reifen spät aus
Gesundheit: sehr robust, widerstandsfähig gegen Sternrußtau; sehr frosthart, hitzeverträglich, regenfest
Boden und Standort: für raue Lagen geeignet; auch für Halbschatten bei mindestens 4–5 Stunden Sonne; freier Standort empfehlenswert, um Mehltau vorzubeugen
Pflege und Schnitt: braucht keinen Schnitt; nur altes Holz entfernen, Formschnitt erst nach der Blüte
Gestaltung: für Rosenbögen und Pergolen, als Bodendecker und für Bäume; auch als Stammrose geeignet
Besonderheiten: gehört zu den gesündesten roten Rosen; gilt als verbesserte 'Paul's Scarlet Climber', die anfällig für Sternrußtau ist

Frau Eva Schubert

Tepelmann 1937

HÖHE: 2–3 m
BLÜTEZEIT: Juni bis Oktober
Rambler

➤ *blüht unermüdlich*

Synonym: 'Gela Tepelmann'
Blüte: reichblühend; Blüte klein, gefüllt, in Büscheln; Farbe leuchtend hellrosa, in der Mitte dunkler, später aufhellend
Duft: lieblich, leicht
Wuchs: breit aufrecht, biegsame Triebe, überhängend; Blätter klein, hellgrün und glänzend; kleine Stacheln
Gesundheit: gering anfällig, relativ frosthart
Pflege und Schnitt: wie öfterblühende Kletterrosen schneiden; Verblühtes regelmäßig entfernen
Gestaltung: für Pergola, Rosenbogen und Spalier; schön zusammen mit 'New Dawn' (→ Seite 163) oder in Kombination mit Clematis, z. B. mit Sorten aus der robusten Viticella-Gruppe wie die sehr reichblühende 'Etoile Violette' (lila) und 'Prince Charles' (hellblau)
Besonderheiten: 'Frau Eva Schubert' gehört zu den wenigen öfterblühenden Ramblern, sie wird nicht so hoch wie einmalblühende. Sie eignet sich gut für kleine Gärten.

Ghislaine de Féligonde

Turbat 1916

HÖHE: bis 2 m
BLÜTEZEIT: Juni bis Oktober
Rambler

schönes Farbspiel

Blüte: erster Flor überreichlich, dann schwächer nachblühend; Blüte klein, gefüllt, in Büscheln; Farbe apricot-rosa, zu cremeweiß verblassend, Knospe orangegelb
Duft: zart, fruchtig
Wuchs: breitbuschig, überhängend; Laub zierlich, glänzend, Fiederblättchen zugespitzt; Triebe fast stachellos
Gesundheit: sehr gesund und robust; frosthart und regenfest
Pflege und Schnitt: braucht keinen Schnitt; Verblühtes nach der ersten Blüte herausschneiden
Gestaltung: für Spaliere und kleine Bäume; auch als Strauch; kombiniert mit Clematis 'Jackmanii' in Blau-Violett
Besonderheiten: 'Ghislaine de Féligonde' gehört zu den wenigen öfterblühenden Multiflora-Hybriden. Ihr Farbspiel ist in der Sonne ausgeprägter, im Halbschatten blasser. 'Ghislaine Feuerwerk' ist ein Sport von ihr, mit gleichem Wuchs und gleichen Blüheigenschaften, aber kräftiger im Farbton und stärker duftend.

Goldfassade

Baum 1967

HÖHE: 3,5–4 m
BLÜTEZEIT: Juni bis zum Frost
Climber

edle Blüten und robust

Blüte: außerordentlich reich- und dauerblühend; Blüte groß, gut gefüllt, edelrosenartig; Farbe goldgelb, im Verblühen heller, manchmal rosa überhaucht; Knospe orangerot gesäumt
Duft: intensiv
Wuchs: kräftig, aufrecht; Laub dunkelgrün glänzend
Gesundheit: anspruchslos und sehr robust; normale Blattgesundheit; winterhart; Sternrußtau im unteren Bereich möglich, Pflanze wächst dies aus
Pflege und Schnitt: nach der ersten Blüte noch einmal düngen; Verblühtes regelmäßig herausschneiden; im Frühjahr wie öfterblühende Kletterrosen schneiden
Gestaltung: für Rosenbogen und Pergola; schön zusammen mit robusten Clematis wie der himmelblauen 'Perle d'Azur' oder der violetten 'Etoile Violette'; lebhaftes Bild zusammen mit Rosen in changierenden Apricottönen, die einen höheren Gelbanteil haben
Besonderheiten: bewährte Sorte; eine der besten gelben Kletterrosen

Graciosa

Noack 2002

HÖHE: bis 3 m
BLÜTEZEIT: Juni bis zum Frost
Climber

reichblühend und gesund

Blüte: erst edelrosenartig, dann flach, gefüllt, einzeln und zu mehreren; Farbe zartes Rosa, zu cremeweiß verblassend; dekorative bräunliche Staubgefäße
Duft: intensiv
Wuchs: aufrecht; Laub dunkelgrün, glänzend, lange haftend; starke Stacheln
Gesundheit: gute Resistenz gegen Pilzkrankheiten; frosthart und regenfest, hitzeverträglich
Pflege und Schnitt: Verblühtes nach der ersten Blüte ausschneiden und dann noch einmal düngen; im Frühjahr wie öfterblühende Kletterrosen schneiden
Gestaltung: für Wände, Pergola und Rosenbogen; schön mit der robusten, samtig purpurroten *Clematis viticella* 'Royal Velours', die wie die Rose ebenfalls rötlich braune Staubgefäße hat; auch Blau-und Lilatöne passen gut
Besonderheiten: anmutige Kletterrose mit guter Gesundheit; eine neuere Kletterrose des Züchters Noack, die Gesundheit mit Duft verbindet

Guirlande d'Amour

Lens 1993

HÖHE: 3–4 m
BLÜTEZEIT: Juni bis Oktober
Rambler

➤ *zuverlässig blühend*

Blüte: gut durchblühend; Blüte klein, locker gefüllt, flach, in dichten Büscheln; Farbe leuchtendes Reinweiß; gelbe Staubgefäße, die im Verblühen grau werden
Duft: leicht, nach Vanille
Wuchs: aufrecht, überhängend; Laub mittelgrün, glänzend; orange Hagebutten, in Büscheln
Gesundheit: sehr gesund, regenfest und hitzeverträglich
Boden und Standort: auch für Halbschatten geeignet bei mindestens 4–5 Stunden Sonne
Pflege und Schnitt: nach der ersten Blüte Verblühtes herausschneiden und nochmals düngen
Gestaltung: für Torbögen, Pergola, Zäune und Wände; für kleine Bäume und über Sträucher wachsend; auch als Kaskadenrose
Besonderheiten: gehört zu den Moschata-Hybriden des belgischen Züchters Lens, die durch Kreuzung mit Wildrosen entstanden und deshalb winterhärter als andere aus der Gruppe sind

Kir Royal

Meilland 1995 / ADR-Rose 2002

HÖHE: 3–4 m und mehr
BLÜTEZEIT: Juni/Juli und September
Climber

➤ *reich- und lange blühend*

Blüte: sommerblühend, mit starkem Hauptflor und schwacher Nachblüte im Herbst; Blüte mittelgroß, halb gefüllt, schalenförmig; Blütenblätter mit kleinen Spitzen; Farbe seidiges Rosa, mit unregelmäßigen magentafarbenen Tupfern und Streifen
Duft: duftet nur leicht
Wuchs: aufrecht, buschig, überhängend, schnell wachsend; Laub mittelgrün und glänzend
Gesundheit: sehr robust und sehr gesund; frosthart und regenfest
Boden und Standort: für raue Lagen geeignet; wächst auch im Halbschatten bei 4–5 Stunden Sonne
Pflege und Schnitt: nach der Blüte Verblühtes herausschneiden; wie öfterblühende Kletterrosen schneiden
Gestaltung: für Rankgerüste, Wände, Rosenbögen und Pergola; malerisch kombiniert mit Stauden in zarten Rosé- und Magentatönen
Besonderheiten: ungewöhnliche Blüte in Farbe und Form, erinnert an Kamelienblüten

Laura Ford

Warner 1990

HÖHE: 0,7–3 m
BLÜTEZEIT: Juni bis Oktober
Mini-Climber

➤ *reichblühend*

Synonym: 'Normandie'
Blüte: klein, gefüllt, edelrosenartig, später flach, einzeln und in kleinen Dolden; Farbe goldgelb, beim Verblühen leicht rosa überhaucht, dunkle Staubgefäße; spitze Knospen
Duft: leicht, fruchtig
Wuchs: aufrecht, buschig, Blätter klein, hellgrün und glänzend; spitze Stacheln
Gesundheit: normal gesund, frosthart
Pflege und Schnitt: nach der Blüte nochmals düngen; Verblühtes regelmäßig herausschneiden; wie öfterblühende Kletterrosen schneiden
Gestaltung: für Rankgitter, Wände und Zäune, auch für Kübel; mit Rosen in satten Purpur- und Violetttönen kombinieren; harmoniert auch gut mit rotblättrigen Stauden und mit grünlaubigem oder bronzefarbenem Gewürzfenchel (*Foeniculum vulgare*)
Besonderheiten: 'Laura Ford' gehört wie 'Warm Welcome' (→ Seite 167) zu den Mini-Climbern des Züchters Warner, die sich besonders gut für Topfbepflanzung und kleine Gärten eignen.

Léontine Gervais

Barbier 1903

HÖHE: 6–8 m
BLÜTEZEIT: Juni
Rambler

➤ *mit Apfelduft* ✿

Blüte: reichblühend, in wärmeren Gegenden remontierend; Blüte mittelgroß, locker gefüllt, flach, in kleinen Büscheln; Farbe zartes Lachsrosa, in der Mitte gelblich, später aufhellend; gelbe Staubgefäße
Duft: fruchtig, mit Teerosennote
Wuchs: kräftig, breit wachsend und überhängend; auch als Bodendecker; Laub hellgrün; spitze Stacheln
Gesundheit: robust und gesund; bedingt frosthart
Boden und Standort: für raue Lagen nicht geeignet
Pflege und Schnitt: benötigt keinen Schnitt; ab und zu altes Holz bis zum Boden entfernen
Gestaltung: für Säule, Spalier, Pergola und für Bäume; auch als Bodendecker
Besonderheiten: Mit der von dem Deutschen Wichura in Japan gefundenen *Rosa wichuraiana* var. *luciae* züchtete Barbier in Frankreich um 1900 insgesamt 23 Rambler. Dazu gehören auch 'Albéric Barbier', 'Albertine' und 'Alexandre Girault' (→ Seite 156 f.).

Lykkefund

Olsen 1930

HÖHE: bis 8 m
BLÜTEZEIT: Juni
Rambler

➤ *traumhaft schön* ✿

Blüte: sehr reichblühend; Blüte klein, einfach bis halb gefüllt; in großen Dolden; Farbe rahmweiß mit gelber Mitte, verblasst im Verblühen; gelbe Staubgefäße; Knospe aprikosengelb
Duft: stark; verströmend
Wuchs: stark; lange, biegsame Triebe, gut verzweigt; Blätter klein, mittelgrün und glänzend; keine Stacheln; Hagebutten klein, orange, in Büscheln
Gesundheit: sehr gesund und frosthart
Boden und Standort: für Halbschatten mit 4–5 Stunden Sonne geeignet
Pflege und Schnitt: kein Schnitt nötig; nach einigen Jahren altes Holz bodennah entfernen
Gestaltung: für große Pergolen und für Bäume ideal; schön in der Kombination mit 'Buff Beauty' (→ Seite 121), die ein ähnliches Farbspiel zeigt
Besonderheiten: *Helenae*-Hybride; *Rosa helenae* wurde Anfang des 20. Jahrhunderts aus Zentralchina eingeführt. 'Lykkefund' ist ein Abkömmling dieser Wildrose und einer der schönsten weiß blühenden Rambler.

Madame Alfred Carrière

Schwartz 1879

HÖHE: bis 6 m
BLÜTEZEIT: Juni bis Oktober
Rambler

➤ *wuchskräftig und gesund*

Blüte: blüht während des ganzen Sommers; Blüte groß, locker gefüllt, einzeln und in Büscheln; Farbe rahmweiß, innen rosa getönt, verblasst beim Aufblühen zu reinem Weiß
Duft: intensiv, herb-süß
Wuchs: kraftvoll, zahlreiche dünne Triebe; braucht viel Platz; wenig Stacheln
Gesundheit: vital, robust und gesund; bedingt winterhart
Pflege und Schnitt: Seitentriebe nach der Blüte im Juni auf 5 bis 10 Augen zurückschneiden, wird sonst blühfaul; im Frühjahr wie öfterblühende Kletterrosen schneiden; nicht zu stark düngen, sonst wächst sie nur und blüht weniger
Gestaltung: Für Wände, Pergolen und Gartenlauben; auch für Nordlagen, dort blüht sie allerdings weniger. Lässt sich gut mit Clematis oder Geißblatt (*Lonicera*) kombinieren.
Besonderheiten: Sehr wuchskräftig, in warmen Lagen fast dauerblühend. Eine der frosthärtesten Noisetterosen, sie sollte aber dennoch einen geschützten Platz erhalten.

Maréchal Niel

Pradel 1864

HÖHE: 3–4 m
BLÜTEZEIT: ab Februar
Climber

➤ *berühmte Rose mit Teerosenduft*

Blüte: früh blühend mit mehreren Blühperioden pro Jahr; Blüte groß, gefüllt, glockenförmig; Blütenblätter leicht zurückgerollt, an dünnen Stielen hängend; elegante Knospe; Farbe schwefelgelb; Blüten halten lange in der Vase
Duft: stark, nach Teerose; verströmend
Wuchs: sehr starkwüchsig; Laub hellgrün; Stacheln mit Widerhaken
Gesundheit: sehr empfindlich, nicht winterhart; Mehltau kann vorkommen
Boden und Standort: nur für Weinanbaugebiete, Wintergarten und Gewächshaus
Pflege und Schnitt: im Topf regelmäßig düngen und gießen
Gestaltung: als Solitär, braucht viel Platz
Besonderheiten: 'Maréchal Niel' wurde nach dem französischen Marschall benannt, der zur Zeit Napoléons III. lebte. Schon vor 150 Jahren wurde sie in Gewächshäusern gezogen. Sie galt als Liebhaberrose, wie heute auch: Keine andere Rose lässt so anmutig ihre Blüten herabhängen.

Maria Lisa

Brümmer/Liebau 1936

HÖHE: 2–3 m
BLÜTEZEIT: Juni
Rambler

➤ *lange Blütezeit*

Blüte: sehr reich- und lange blühend; Blüte klein, einfach, in großen Dolden; Farbe rosarot mit weißer Mitte; gelbe Staubgefäße; Blüten halten sehr lange
Duft: duftet leider nicht
Wuchs: kräftig, dichtbuschig, sehr breit; lange, biegsame Triebe, überhängend; Laub mittelgrün, glänzend; fast stachellos; Hagebutten birnenförmig, rot
Gesundheit: resistent gegen Sternrußtau; Mehltau kann vorkommen
Boden und Standort: luftig pflanzen, um Mehltau vorzubeugen, d. h. nicht an einer Hauswand; für raue Lagen nicht geeignet; kann in sehr kalten Wintern zurückfrieren, treibt aber schnell wieder aus; verträgt halbschattige Lagen, blüht dann aber nicht so reich
Pflege und Schnitt: alte Zweige regelmäßig bis zum Boden zurückschneiden
Gestaltung: für Pergola und Rosenbogen, auch als Hecke; braucht frei wachsend viel Platz
Besonderheiten: robuster Multiflora-Rambler (→ Seite 155)

Momo

Noack 1994

HÖHE: bis 2,5 m
BLÜTEZEIT: Juli bis Oktober
Rambler

➤ *sehr gesund und reichblühend* ✿

Blüte: spät blühend; Blüte klein, gefüllt, flach, in Dolden; Farbe dunkles Karminrot
Duft: duftet kaum
Wuchs: aufrecht, breitbuschig, Zweige bogig überhängend; Laub glänzend, dunkelgrün und ledrig; lange haftend
Gesundheit: sehr robust und gesund; hitzeverträglich und regenfest
Pflege und Schnitt: nur altes Holz entfernen; wenn aus Platzgründen geschnitten werden muss, erst nach der Blüte schneiden; muss aufgebunden werden
Gestaltung: für Spaliere, Wände und Pergola, auch als Bodendecker; als Kaskadenstämmchen besonders reizvoll, für Töpfe geeignet; lässt sich gut mit weißen und rosa Rosen kombinieren, z. B. mit der gleichzeitig blühenden Bodendecker-/Kletterrose 'Heidekönigin' (→ Seite 104) in reinem Rosa
Besonderheiten: Wie die Bodendecker- bzw. Kletterrose 'Heidekönigin' beginnt sie erst im Juli mit der Blüte und füllt so die Rosenblühpause.

Naheglut

Poulsen 1997

HÖHE: 2–3 m
BLÜTEZEIT: Juni bis Oktober
Climber

➤ *robust und romantisch*

Synonym: 'That's Jazz'
Blüte: reichblühend; Blüte groß, stark gefüllt und schön geformt, rosettenartig; meist 5–7 in Dolden; Knospe groß, oval; Farbe samtiges Dunkelrot
Duft: duftet nur leicht
Wuchs: aufrecht, gut verzweigt; Blätter groß, dunkelgrün und glänzend
Gesundheit: robust, frosthart und regenfest
Pflege und Schnitt: wie öfterblühende Kletterrosen schneiden; Verblühtes regelmäßig ausschneiden
Gestaltung: als kleine Kletterrose vielseitig einsetzbar: für Obelisken, Spalier, Säule und Wand, auch für Kübel; passt farblich gut zu 'New Dawn' (→ rechts) oder 'Penny Lane' (→ Seite 165) und zu anderen zartrosa oder weißen Kletterrosen
Besonderheiten: eine romantische Kletterrose in der begehrten samtig roten Farbe, leider mit wenig Duft; wegen ihrer geringen Höhe auch gut für kleine Gärten geeignet; wird von Winzern an der Nahe oft an Reben gepflanzt

Nahéma

Delbard 1998

HÖHE: 2,5 m und mehr
BLÜTEZEIT: Juni bis zum Frost
Climber

➤ *reichblühend und gesund*

Blüte: dauerblühend bis zum Frost; Blüte groß, kugelig, dicht gefüllt, nostalgische Form; Farbe changierend von reinrosa zu zartrosa; als Schnittrose lange halbar
Duft: stark, fruchtig-aromatisch mit einem Hauch von Zitrone und Birne
Wuchs: sehr wüchsig; Laub dunkelgrün, nicht sehr dicht
Gesundheit: sehr gesund und gut winterfest; hitzeverträglich
Pflege und Schnitt: im Frühjahr und im Juni düngen; Verblühtes regelmäßig ausschneiden; nach 4–5 Jahren ältere Äste entfernen
Gestaltung: für Spaliere und Hauswände; schön mit blau blühender Clematis, die das etwas lichte Blattwerk gut ergänzt; reizvolle Begleiterin ist auch die Clematis 'Nelly Moser' mit karminroten Streifen
Besonderheiten: 'Nahéma' wurde nach dem gleichnamigen Parfüm von Guerlain benannt. Sie ähnelt der Englischen Rose 'Constance Spry' (→ Seite 125), die nur einmal blüht.

New Dawn

Somerset Nursery 1930

HÖHE: 3–5 m
BLÜTEZEIT: Juni bis Oktober
Climber

➤ *üppig und lange blühend*

Blüte: reich- und dauerblühend; Blüte groß, gefüllt, Knospe edel; in Büscheln; Farbe zartes weißliches Hellrosa
Duft: fruchtig frisch, nach Gravensteiner Äpfeln
Wuchs: buschig, gut verzweigt; Neutriebe lang und biegsam wie bei Ramblern; Laub dunkelgrün und dicht, glänzend; Stacheln mit Widerhaken; Hagebutten groß und orangefarben
Gesundheit: robust, regenfest und sehr frosthart; leichte Anfälligkeit für Sternrußtau
Boden und Standort: auch für ärmere Böden geeignet
Pflege und Schnitt: wie öfterblühende Kletterrosen schneiden; nach der ersten Blüte noch einmal düngen
Gestaltung: für Wände, Pergolen; auch als Strauch, braucht dann aber viel Platz
Besonderheiten: 'New Dawn' ist die Stammmutter vieler Kletterrosen. 'White New Dawn', 'Awakening' und 'Red New Dawn' sind Sports von ihr, werden aber selten angeboten.

Parade

Boerner/Jackson & Perkins 1953

HÖHE: 3–4 m
BLÜTEZEIT: Juni bis zum Frost
Climber

➤ *reich- und lange blühend*

Blüte: sehr groß, stark gefüllt, schön geformt; zunächst becherförmig, später rosettenartig; Farbe leuchtendes Karminrosa
Duft: duftet nur leicht
Wuchs: starkwüchsig; Laub mittelgrün und glänzend
Gesundheit: robust und gesund, relativ frosthart
Boden und Standort: auch für arme Böden sowie für Halbschatten bei mindestens 4–5 Stunden Sonne
Pflege und Schnitt: Verblühtes regelmäßig herausschneiden; nach der Blüte nochmals düngen; im Frühjahr wie öfterblühende Kletterrosen schneiden
Gestaltung: für Spaliere und Rosenbögen, auch als Strauch; passt mit ihren nostalgisch geformten Blüten gut zu alten Rosen; schön kombiniert mit blauen Clematis, z. B. 'Prince Charles' oder 'The President'
Besonderheiten: 'Parade' ist ein Sämling der beliebten Kletterrose 'New Dawn' (→ Seite 163), von der sie die Fähigkeit zur Dauerblüte geerbt hat.

Paul Noël

Tanne 1913

HÖHE: 3–4 m
BLÜTEZEIT: Juni
Rambler

➤ *gesund, reichblühend* ✿

Blüte: sehr reich, manchmal mit geringer Nachblüte; Blüte flach, dicht gefüllt, etwas unregelmäßige Form, altmodisch gewirbelt, in Büscheln; Farbe apricotrosa
Duft: intensiv, fruchtig-frisch
Wuchs: wüchsig, lange überhängende Triebe; Laub glänzend, dunkelgrün, junge Triebe bronzefarben; stachelig
Gesundheit: an luftigen Standorten sehr gesund, in eingeschlossener Lage ist Mehltau möglich; in rauen Lagen vorsichtshalber Winterschutz geben
Pflege und Schnitt: kein Schnitt nötig; nur trockenes Holz ausschneiden und nach einigen Jahren die ältesten Äste bis zum Boden entfernen
Gestaltung: für Pergola und Rosenbögen und für Zäune; ohne Kletterhilfe als Bodendecker; auch als Kaskadenrose sehr schön
Besonderheiten: *Wichuraiana*-Hybride (→ Seite 155 und 161); *Rosa wichuraiana* wurde in Amerika und Frankreich Stammmutter einer Reihe von Kletterrosen, die damals weit verbreitet waren.

Paul's Himalayan Musk Rambler

unbekannt

HÖHE: bis 10 m
BLÜTEZEIT: Juni
Rambler

➤ *für große Gärten* ✿

Blüte: sehr reichblühend; Blüte klein, leicht gefüllt, rosettenförmig, in Büscheln; Farbe helles Lilarosa, später aufhellend; schönes Farbspiel
Duft: sehr gut; verströmend
Wuchs: lange dünne Triebe, bis zu 8 m lang; Laub mattgrün; Stacheln mit Widerhaken; Hagebutten klein, rot, in Büscheln
Gesundheit: gesund, gute Frosthärte
Boden und Standort: auch für Halbschatten geeignet bei mindestens 4–5 Stunden Sonne
Pflege und Schnitt: benötigt keinen Schnitt
Gestaltung: braucht viel Platz, nur für starke Bäume und kräftige Pergolen geeignet; nicht zu nah an einen Weg pflanzen; für kleine Gärten weniger gut
Besonderheiten: Die langen Triebe fallen kaskadenartig aus einem Baum herunter – ein Traum zur Blütezeit im Juni. Die zarten Blüten erinnern an Kirschblüten. Diese Rose ist unglaublich wuchskräftig und kann andere Rosen regelrecht unter sich »begraben«.

Penny Lane

Harkness 2000

HÖHE: 3–4 m
BLÜTEZEIT: Juni bis Oktober
Climber

➤ *ausgesprochen blühfreudig*

Blüte: reichblühend; Blüte mittelgroß, gut gefüllt, etwas geviertelt, edelrosenartig; Farbe creme, apricot-rosa überhaucht, zu weiß verblassend; gute, haltbare Schnittrose
Duft: leicht, angenehm
Wuchs: schnell wachsend, aufrecht, buschig verzweigt; Laub frischgrün und glänzend
Gesundheit: robust und normal gesund; regenfest und hitzeverträglich
Pflege und Schnitt: nach der ersten Blüte nochmals düngen; wie öfterblühende Kletterrosen schneiden; Verblühtes regelmäßig herausschneiden
Gestaltung: für Rosenbögen, Wände und Zäune, als Hochstamm; schön zusammen mit der violett blühenden Clematis 'Jackmanii Superba', die zu den robustesten Clematissorten zählt
Besonderheiten: ein Abkömmling der berühmten dauerblühenden 'New Dawn' (→ Seite 163) mit schön geformten und lange haltbaren Blüten; benannt wurde sie nach dem gleichnamigen Beatles-Song

Pink Cloud

Boerner/Jackson 1952

HÖHE: 2,5–3 m
BLÜTEZEIT: Juni bis Oktober
Climber

➤ *üppig und unermüdlich blühend*

Blüte: groß, gefüllt, in Büscheln; Farbe leuchtend rosarot
Duft: intensiv
Wuchs: kräftig, aufrecht; Laub dunkelgrün, glänzend; Stacheln stark
Gesundheit: normal, Sternrußtau kann vorkommen; frosthart
Boden und Standort: braucht humosen Boden, um volle Blühleistung zu bringen
Pflege und Schnitt: im Frühjahr und im Juni düngen; Verblühtes regelmäßig herausschneiden; wie öfterblühende Kletterrosen schneiden
Gestaltung: für Pergola, Rosenbogen und Wände; wirkt gut vor einem rotlaubigen Perückenstrauch (*Cotinus cogygria*); mit Clematis aus der robusten Viticella-Gruppe kombinieren
Besonderheiten: Eine sehr schöne Kletterrose, die wegen ihrer überreichen, unermüdlichen Blüte, der schönen, altmodischen Form der Blüten und ihres guten Dufts bezaubert. In Holland wird sie bisher häufiger gepflanzt als hier bei uns.

Rotfassade

Noack 1997 / ADR-Rose 1999

HÖHE: 1,8–3 m
BLÜTEZEIT: Juni bis Oktober
Climber

➤ *sauber verblühend*

Blüte: spät blühend, in mehreren Schüben; Blüte mittelgroß, halb gefüllt, flach, meist in Dolden; Farbe leuchtend rot, verblaut im Verblühen; gelbe Staubgefäße; Knospe edelrosenartig
Duft: duftet kaum
Wuchs: aufrecht, biegsame Triebe; Laub glänzend, dekorativ, fast immergrün, nimmt im Winter einen bronzefarbenen Ton an; stachelig; große Hagebutten
Gesundheit: resistent gegen Krankheiten; frosthart und regenfest
Boden und Standort: auch für Halbschatten geeignet bei mindestens 4–5 Stunden Sonne
Pflege und Schnitt: Hagebutten entfernen, um weiteren Blütenflor anzuregen
Gestaltung: für Pergolen und Mauern; Kombinationen mit weiß blühenden Rosen oder Clematis hellen die dunkle Wirkung von Farbe und Laubwerk auf
Besonderheiten: treibt kräftig aus der Basis aus, verkahlt daher unten nicht, wie sonst bei Kletterrosen häufig

WEITERE KLETTERROSEN

Name	Blüte, Höhe, Hinweise
Climber	
Alessa Sivers/Jensen 1988	Blüte rosarot, dicht gefüllt, edel, starker Duft, öfterblühend; Höhe 3,5–4,5 m; widerstandsfähig
Awakening Syn. Probuzeni Böhm 1935	Blüte seidenrosa, dicht gefüllt, Apfelduft, öfterblühend; Höhe 2–3 m; normal gesund
Gloire de Dijon Jacotot 1853	Blüte orangegelb, gefüllt, starker Duft, öfterblühend; Höhe bis 5 m; etwas anfällig; bevorzugt Westlage
Golden Showers Lammerts 1956	Blüte goldgelb, verblassend, einfach, leichter Duft, öfterblühend; Höhe 2–3 m; auch als Strauchrose; widerstandsfähig
Ina an Mona Jensen 1992	Blüte apricot bis fliederrosa, mittelgroß, dicht gefüllt, würziger Duft, öfterblühend; Höhe 2,5–3,5 m; gesund
Laguna Kordes 2004	Blüte pinkfarben, sehr stark gefüllt, starker fruchtiger Duft, öfterblühend; Höhe bis 2 m, widerstandsfähig
Rambler	
American Pillar Van Veet 1902	Blüte karminrosa, einfach, einmal- und sehr reichblühend, kein Duft; mehltauanfällig
Aristide Briand Penny 1928	Blüte rosalila bis weiß, gefüllt, klein, in Büscheln, leichter Duft; gut remontierend; Höhe 2–3 m; gesund
Bolero Poulsen 2001	Blüte rahmweiß bis zartrosa, leicht gefüllt, fruchtiger Duft, öfterblühend; Höhe 2,5 m; widerstandsfähig
Hermann Schmidt Hetzel 1986	Blüte lila-karminrot, klein, leicht gefüllt, starker Duft nach Vanille, öfterblühend; Höhe 2–3 m; gesund
Raubritter Kordes 1936	Blüte purpurrosa, gefüllt, ballförmig, in Dolden, leichter Duft, einmalblühend; Höhe bis 3 m; normal gesund

Summerwine

Kordes 1985

HÖHE: bis 2,5 m
BLÜTEZEIT: Juni bis Oktober
Climber

➤ *fruchtiger Duft*

Blüte: mittelgroß, halb gefüllt, schalenförmig, meist in Dolden; Farbe lachsrosa mit hellgelber Mitte; weinrote Staubgefäße
Duft: angenehm, fruchtig
Wuchs: stark, buschig, aufrecht; Laub dunkelgrün, ledrig und stark glänzend
Gesundheit: gute Widerstandsfähigkeit gegen Pilzkrankheiten; hitzeverträglich und regenfest
Pflege und Schnitt: wie öfterblühende Kletterrosen schneiden; Verblühtes regelmäßig ausschneiden; nach der ersten Blüte nochmals düngen
Gestaltung: für Rankgerüste, Pergolen, Torbögen, Spaliere und Wände, auch für Töpfe; reizvoll in einer Kombination mit rotblättrigen Pflanzen, wie Wolfsmilch (*Euphorbia amygdaloides*) 'Purpurea', Chinaschilf (*Miscanthus sinensis*) 'Malepartus' oder der Dahlie 'Bishop of Llandaff'
Besonderheiten: schöner Kontrast zwischen Laub und Blüten, mit attraktiven Staubgefäßen; eine Kletterrose mit Charme und einer besonderen Farbe

Super Excelsa

Hetzel 1986 / ADR-Rose 1991

HÖHE: bis 2,5 m
BLÜTEZEIT: Juni bis Oktober
Rambler

➤ *zierlicher Wuchs*

Blüte: reichblühend; Blüte klein, locker gefüllt, rosettenförmig, in großen Büscheln; Farbe leuchtendes Karminrosa, mit kleinen weißen Streifen, im Verblühen purpurviolett
Duft: duftet nicht
Wuchs: feintriebig, nicht sehr stark; biegsame Triebe, flach wachsend; Laub zierlich, hellgrün und glänzend; kleine Stacheln
Gesundheit: etwas anfällig gegen Sternrußtau; sehr frosthart, regenfest, hitzeverträglich
Boden und Standort: auch für Halbschatten mit mindestens 4–5 Stunden Sonne
Pflege und Schnitt: wie öfterblühende Kletterrosen schneiden; muss aufgebunden werden
Gestaltung: für kleine Spaliere, Bögen und Obelisken; auch für Töpfe und als Kaskadenrose sowie als Bodendecker
Besonderheiten: Ersatz für die mehltauanfällige 'Excelsa'; 'Super Dorothy' hat bis auf die rosa Farbe die gleichen Wuchs- und Blüheigenschaften.

Sympathie

Kordes 1964

HÖHE: bis 5 m
BLÜTEZEIT: Juni bis Oktober
Climber

➤ *intensiv duftend*

Blüte: groß, leicht gefüllt, schön geformt, in Büscheln; Farbe samtiges Dunkelrot
Duft: mittel bis stark, nach Wildrosen
Wuchs: aufrecht, buschig, überhängend; Blätter groß, dunkelgrün und glänzend
Gesundheit: robust; anfällig für Sternrußtau; regenfest und hitzeverträglich
Boden und Standort: liebt Sonne, gedeiht gut an einer warmen Wand
Pflege und Schnitt: regelmäßig alles Verblühte herausschneiden; wie öfterblühende Kletterrosen schneiden; gut düngen
Gestaltung: für Wände, Rosenbögen und Pergolen; mit weißen Clematis kombinieren, z. B. *Clematis viticella* 'Alba Luxurians'
Besonderheiten: Das 1966 verliehene ADR-Prädikat wurde ihr wieder aberkannt, weil sie inzwischen krankheitsanfälliger ist. Trotzdem ist sie mit ihrer wundervollen Farbe und dem guten Duft immer noch eine sehr beliebte, ausdauernd blühende Sorte.

Veilchenblau

Schmidt 1909

HÖHE: bis 5 m
BLÜTEZEIT: Juni
Rambler

➤ *ungewöhnliche Farbe*

Blüte: sehr reichblühend; Blüte klein, einfach bis leicht gefüllt, in großen Büscheln; Farbe purpurviolett mit weißem Auge, im Verblühen lilagrau; gelbe Staubgefäße
Duft: süß, fruchtig, nach Lindenblüten; verströmend
Wuchs: starke, lange Triebe, gut verzweigt; Laub hellgrün, Blätter länglich zugespitzt; stachellos
Gesundheit: sehr gesund und frosthart; an trockenen Standorten kann Mehltau vorkommen
Boden und Standort: verträgt Halbschatten bei mindestens 4–5 Stunden Sonne
Pflege und Schnitt: nur einmal im Frühjahr düngen; benötigt keinen Schnitt; störende Zweige nach der Blüte zurückschneiden
Gestaltung: für Rosenbögen, Pergolen und Bäume; wunderschön zusammen mit 'New Dawn' (→ Seite 163), oder, die Farbe der gelben Staubgefäße aufgreifend, mit der Englischen Rose 'The Pilgrim' (→ Seite 149)

Warm Welcome

Warner 1994

HÖHE: 2–2,5 m
BLÜTEZEIT: Juni bis Oktober
Mini-Climber

➤ *brillante Farbe*

Blüte: reich- und lange blühend; Blüte klein, halb gefüllt, in Büscheln; Farbe leuchtend orange mit gelber Mitte; bräunliche Staubgefäße
Duft: duftet kaum
Wuchs: kräftig, gut verzweigt; Blätter klein, dunkelgrün, mit einem Hauch karmesinrot; neue Triebe rötlich, glänzend
Gesundheit: normal gesund; regenfest, frosthart
Pflege und Schnitt: nach der Blüte nochmals düngen; Schnitt wie bei öfterblühenden Kletterrosen
Gestaltung: Für Obelisken, Rankgitter und Zäune, auch für Töpfe. Zusammen mit tiefviolett blühenden Stauden wird ein reizvoller Komplementärkontrast erzielt. Mit gelben Rosen oder gelben Stauden entsteht ein harmonischer Farbdreiklang. Für kleine Gärten gut geeignet.
Besonderheiten: Wirkt weniger kompakt als gefüllte Rosen in diesem Farbton. 'Warm Welcome' gehört wie 'Laura Ford' (→ Seite 160) zu den so genannten Mini-Climbern.

Wildrosen und Wildrosen-Hybriden

Wildrosen haben einen ganz eigenen Charme. Ihr Reiz liegt in der schlichten Blütenform und in einer ursprünglichen Zartheit der Blütenblätter. Die kurze Blütezeit wird oft durch schöne Herbstfärbung und reichen Fruchtbehang mehr als aufgewogen.

SIE SIND DIE URAHNEN aller Gartenrosen. Immer öfter wird ihr Reiz für den Garten entdeckt. Die schlichten Blüten, die Schönheit der Staubgefäße und die anmutig aufgebauten Sträucher mit weit überhängenden Zweigen, die dicht an dicht mit Blüten besetzt sind, haben etwas Anrührendes. Offene Blüten bieten Pollen und Nektar für Schmetterlinge, Wildbienen und Hummeln und für weitere rund 100 Insektenarten, dicht bestachelte Zweige geben Vögeln Nistmöglichkeiten und wirken wie ein undurchdringlicher Schutzzaun um den Garten. Wurzelechte Rosen sind veredelten Sorten vorzuziehen, denn das Wuchsbild wird durch die Unterlage verändert.
Die farbenprächtigen, sehr formenreichen Hagebutten (→ Seite 178 f.) enthalten reichlich Vitamin C. Sie sind nicht nur leckeres Vogelfutter, sondern schmecken auch uns Menschen als Tee und Marmelade.

Blütenpracht mit eigenem Charme

Wildrosen kommen nur auf der nördlichen Halbkugel vor und werden nach ihrer europäischen, asiatischen oder nordamerikanischen Herkunft unterschieden. Sie wachsen auch an Standorten, die für Gartenrosen weniger geeignet sind, und eignen sich für raue Lagen.

Mit der wildhaften Anmut ihrer einfachen Blütenschalen und überreicher Blütenfülle bereichern Wildrosen und ihre Abkömmlinge naturnahe Gartenbereiche, ob als Solitär oder in Hecken.

Schon im Mai beginnen sie mit der Blüte, wie die heimische Zimtrose *Rosa majalis* und die Chinesische Wildrose, *Rosa hugonis*. Als einzige Wildrose blüht *Rosa rugosa*, die Kartoffelrose, bis spät in den Herbst. Auch ihre zahlreichen Hybriden, die teilweise dicht gefüllte Blüten haben und wunderbar duften, sind hier aufgeführt. Sie haben das typische robuste Rugosalaub geerbt und eignen sich daher besser für Hecken und Kombinationen mit anderen Wildrosen in naturhaften Rabatten als für Beete.

Die Pflegeleichten unter den Rosen

Wenn sie an den richtigen Standort gesetzt werden, sind Wildrosen robust und absolut pflegeleicht. Sie brauchen keinen Schnitt, kaum Dünger und keinen Winterschutz und sind nicht krankheitsanfällig. Lediglich *Rosa rugosa* und ihre Abkömmlinge bilden beim Schnitt eine Ausnahme, denn sie vergreisen leicht und verkahlen im unteren Bereich. Nach einem starken Rückschnitt alle zwei bis drei Jahre regenerieren sie sich gut.
Je nach Herkunft bevorzugen Wildrosen kalkhaltige, saure oder magere Böden; Hinweise dazu finden Sie in den Porträts.
Einige Wildrosen, wie z. B. die Bibernell- und Rugosarosen, bilden Ausläufer. Das hat den Vorteil, dass Hecken schön dicht werden, und sogar Hänge und Böschungen lassen sich damit gut befestigen. Störend ist dieser »Wildwuchs« hingegen in Beeten und Rabatten. Achten Sie daher auf die entsprechenden Angaben, wenn Sie Wildrosen für diese Standorte aussuchen. Am Rand von Wiesen und Rasen sind Ausläufer kein Problem, sie können einfach mit weggemäht werden.

Die Zimtrose (*Rosa majalis*) wurde schon im Mittelalter in Gärten gepflanzt. Sie blüht schon ab Mitte Mai; auch die scharlachroten Hagebutten erscheinen früh.

Rosa glauca
Hechtrose
Mitteleuropa

HÖHE: 2–3 m
BLÜTEZEIT: Ende Juni
Wildrose

› *attraktives Laub*

Synonyme: *Rosa rubrifolia*, Bereifte Rose, Rotblättrige Rose
Blüte: einfach, einzeln und in Büscheln; Farbe karminrosa mit weißer Mitte; gelbe Staubgefäße
Duft: duftet nur leicht
Wuchs: aufrecht, überhängend; Blätter klein, bläulich bereift; rötliche Triebe; Laub verfärbt sich im Herbst orangerot; wenige gerade oder hakenförmige Stacheln; Hagebutten kugelförmig, dunkelrot, früh reifend
Gesundheit: sehr gesund, hitzeverträglich und regenfest, relativ frosthart; Rost kann vorkommen
Boden und Standort: anspruchslos; wächst gut auf ärmeren, trockenen Standorten; liebt sonnige Lagen, im Halbschatten blütenarm
Pflege und Schnitt: nach einigen Jahren bis auf 10 cm zurückschneiden – ausgenommen junge Triebe –, um ein Vergreisen zu verhindern
Gestaltung: als Solitär, für Rosenhecken; schön zusammen mit weiß blühenden Rosen

Rosa hugonis
Chinesische Goldrose
Mittelchina

HÖHE: 1,8–2,4 m
BLÜTEZEIT: Mai
Wildrose

› *sehr früh und reichblühend*

Blüte: klein, schalenförmig; rundliche Knospen; Farbe zartes Hellgelb
Duft: duftet nicht
Wuchs: aufrecht, bogig überhängend; Blätter sehr klein, farnartig, hellgrün, Laub verfärbt sich im Herbst bronzefarben; braune Rinde; vereinzelte Stacheln mit Widerhaken; Hagebutten
Gesundheit: sehr gesund; nicht immer frosthart
Boden und Standort: braucht einen sonnigen Standort; nicht geeignet für feuchte, kalte Lagen
Pflege und Schnitt: altes Holz regelmäßig entfernen, um ein Vergreisen zu verhindern
Gestaltung: als Solitär, in Wildhecken; zusammen mit anderen früh blühenden Rosen
Besonderheiten: *Rosa hugonis* gedeiht am besten auf der eigenen Wurzel; ebenfalls empfehlenswert sind die Sorten 'Golden Chersonese' mit intensiverer Blütenfarbe und aufrechtem Wuchs sowie 'Canary Bird' mit größeren, duftenden Blüten

Rosa majalis
Mairose
Nord- und Osteuropa

HÖHE: 1,5–2 m
BLÜTEZEIT: Mai/Juni
Wildrose

› *früh blühend und vitaminreich*

Synonyme: *Rosa cinnamona*, Zimtrose
Blüte: einfach, Knospe spitz; einzeln; Farbe purpur-karminrot mit dunkleren Adern
Duft: duftet nur leicht
Wuchs: aufrecht, dicht; Laub mattgrün, unterseits heller; vereinzelte Stacheln; Zweige dünn, Rinde braunrot (zimtfarben); früh reifende Hagebutten, klein, kugelig, scharlachrot, Vitamin-C- und karotinreich
Gesundheit: sehr robust und sehr frosthart
Boden und Standort: für feuchte und für trockenere Standorte; auch für Halbschatten
Pflege und Schnitt: benötigt keinen Schnitt
Vermehren: durch Ausläufer
Gestaltung: für Hecken und Böschungen; besonders schön in naturnahen Gärten
Besonderheiten: seit dem Mittelalter wegen der frühen Blüte und der vitaminreichen Hagebutten in Gärten angepflanzt

Rosa moyesii 'Geranium'
Mandarinrose
Wisley Garden 1938

HÖHE: 2,5–3 m
BLÜTEZEIT: Juni
Wildrosen-Hybride

➤ *flaschenförmige Hagebutten*

Blüte: mittelgroß, einfach, meist einzeln; Farbe scharlachrot mit hellerer Mitte und auffallenden, gelben Staubgefäßen
Duft: wildrosentypisch
Wuchs: locker, im oberen Bereich stärker verzweigt, überhängend; Laub hell- bis mittelgrün und glänzend; Stacheln hakenförmig; große, flaschenförmige Hagebutten, zuerst orange, später leuchtend rot
Gesundheit: robust und gesund, sehr frosthart
Boden und Standort: toleriert auch ärmere und trockenere Böden; auch für Halbschatten geeignet bei 4–5 Stunden Sonne
Pflege und Schnitt: braucht keinen Schnitt, ab und zu ältere Äste entfernen
Gestaltung: als Solitär und in Hecken; wird in England wegen der auffälligen Hagebutten gern in den Hintergrund von Staudenrabatten gepflanzt
Besonderheiten: eine sehr schöne Auslese von *Rosa moyesii*, mit dichterer Belaubung

Rosa nitida
Glanzrose
Nordamerika 1807

HÖHE: 60–80 cm
BLÜTEZEIT: Ende Juni
Wildrose

➤ *schöne Herbstfärbung*

Synonym: Glanzblättrige Rose
Blüte: spät blühend; Blüte klein, einfach; Farbe leuchtendes Rosa; goldgelbe Staubgefäße
Duft: leicht, nach Maiglöckchen
Wuchs: aufrecht, ausläuferbildend; Blätter klein, leicht flaumig auf der Unterseite, Laub dunkelgrün, färbt sich im Herbst leuchtend orangerot; rotbraune Rinde; viele nadelförmige, verschieden lange Stacheln; kleine Hagebutten, rot und rund, etwas behaart
Gesundheit: robust und gesund; frosthart
Boden und Standort: stellt keine Ansprüche
Pflege und Schnitt: kein Schnitt nötig
Gestaltung: in Hecken, für Böschungen, als Vorpflanzung, für naturnahe Gärten; für Beete nicht geeignet, da stark ausläuferbildend; wertvoll wegen der intensiven Herbstfärbung
Besonderheiten: wird häufig als Straßenbegleitgrün eingesetzt; schöner Kontrast zwischen rötlichen Zweigen, zarten Blüten und sattgrünen Blättern

Rosa pendulina 'Bourgogne'
Alpenheckenrose
Interplant 1983

HÖHE: 1–2 m
BLÜTEZEIT: Ende Mai/Juni
Wildrose

➤ *attraktive Hagebutten*

Blüte: sehr reichblühend; Blüte mittelgroß, einfach, in kleinen Büscheln; Farbe zartrosa; schöne Staubgefäße
Duft: duftet nur leicht
Wuchs: buschig, breit, malerisch überhängend; Laub dunkelgrün, Triebe rötlich braun; im Blütenbereich ohne Stacheln; Hagebutten flaschenförmig, groß, rot und glänzend, pendelnd hängend, reicher Fruchtbehang, Reife ab September
Gesundheit: normal gesund und frosthart
Boden und Standort: toleriert Halbschatten bei mindestens 4–5 Stunden Sonne; bevorzugt eher leichtere Böden
Pflege und Schnitt: braucht keinen Schnitt
Gestaltung: als Solitär, in Wildrosenhecken, auch mit Wildstauden und Gräsern; schön für naturnahe Gärten
Besonderheiten: eine der schönsten Früchte tragenden Rosen; sehr hoher Vitamin-C-Gehalt; aus einer Kreuzung mit *Rosa vosagiaca* entstand »PiRo 3« mit noch höherem Vitamingehalt

Rosa pimpinellifolia
Bibernellrose
Europa

HÖHE: bis 1,2 m
BLÜTEZEIT: Mai
Wildrose

➤ *besonders anspruchslos*

Synonyme: *Rosa spinosissima*, Dünenrose
Blüte: einmalblühend, früh; Blüte mittelgroß, einfach, einzeln; Farbe milchweiß; gelbe Staubgefäße
Duft: frisch, nach Wildrosen
Wuchs: aufrecht, sparrig, sehr feine Triebe; Blätter sehr zierlich, färben sich im Herbst rötlich; Triebe borstig, dicht bestachelt, treibt Ausläufer; Hagebutten purpurn bis braunschwarz, flachkugelig, mittelgroß, schon ab Juli
Gesundheit: robust und gesund, sehr frosthart
Boden und Standort: gedeiht auch auf armen und sandigen Böden; feuchte, undurchlässige Böden sind weniger geeignet
Pflege und Schnitt: kein Schnitt nötig; nach 6–7 Jahre radikal bis 10 cm über dem Boden zurückschneiden, um einer Vergreisung vorzubeugen
Gestaltung: für dichte Hecken, in Gruppen für Böschungen; wenn Ausläufer nicht erwünscht sind, sollte die Veredelungsstelle oberhalb der Erde liegen

Rosa pimpinellifolia 'Red Nelly'
Bibernellrose
unbekannt, von Kordes eingeführt

HÖHE: bis 1 m
BLÜTEZEIT: Mai/Juni
Pimpinellifolia-Hybride

➤ *süß duftend*

Blüte: sehr reich- und früh blühend; Blüte mittelgroß, einfach; Farbe samtiges Kirschrot mit gelber Mitte, hellere Rückseite; goldgelbe Staubgefäße
Duft: süß, typischer Wildrosenduft
Wuchs: aufrecht; Blätter klein, mittelgrün, verfärben sich im Herbst orangerot; schwarze Hagebutten
Gesundheit: sehr gesund und robust, sehr frosthart; regenfest
Boden und Standort: auch für ärmere Böden und für raue Lagen geeignet
Pflege und Schnitt: kein Schnitt notwendig; von Zeit zu Zeit ältere Äste entfernen
Gestaltung: in Gruppen zusammen mit anderen *Pimpinellifolia*-Hybriden, als Vorpflanzung vor höheren Wildrosenhecken; reizvoll mit einem zu gleicher Zeit blühenden Goldregen in der Nachbarschaft, der die Farbe der gelben Staubgefäße wiederholt
Besonderheiten: 'Red Nelly' ist fast identisch mit 'Single Red' (Synonym: 'Single Sherry'), die aber mit 1,5 m höher wird.

Rosa roxburghii
Igelrose
China vor 1814

HÖHE: bis 2 m
BLÜTEZEIT: Juni
Wildrose

➤ *interessante Hagebutten*

Synonyme: *Rosa microphylla*, Kastanienrose
Blüte: reichblühend; Blüte groß, einfach, meist einzeln; Farbe zartrosa bis weiß; goldfarbene Staubgefäße
Duft: leicht, nach Wildrosen
Wuchs: buschig, aufrecht, bogenförmig überhängend; Blätter klein gefiedert, hellgrün, im Herbst gelbbraun; ältere Triebe mit reizvoll abblätternder Rinde; hakenförmige Stacheln; Hagebutten flachkugelig, bis 3 cm groß, grün, bestachelt, bald abfallend
Gesundheit: sehr resistent und gut frosthart
Boden und Standort: auch für ärmere Böden und Halbschatten geeignet
Pflege und Schnitt: benötigt keinen Schnitt
Gestaltung: für Hecken und für naturnahe Gärten
Besonderheiten: Die sich bei Reife gelb färbenden Hagebutten der Varietät *Rosa roxburghii* var. *hirtula* werden in der chinesischen Medizin verwendet; ihr Fruchtfleisch schmeckt nach Ananas.

Rosa rubiginosa

Weinrose

Europa/Westasien

HÖHE: 2–3 m
BLÜTEZEIT: Mai/Juni
Wildrose

➤ *duftendes Laub*

Synonym: Schottische Zaunrose
Blüte: mittelgroß, einfach; Farbe frisches Rosa mit weißer Mitte; gelbe Staubgefäße
Duft: Blüten duften nur leicht; die Blätter duften bei feuchtwarmer Witterung intensiv nach reifen Äpfeln; verströmend, erfüllt den ganzen Garten
Wuchs: aufrecht, leicht überhängend; Laub dunkelgrün; stark bestachelt; fast alle Teile sind mit duftenden Drüsen besetzt; Hagebutten mittelgroß, oval und leuchtend rot, reifen spät, bis in den Winter hinein haltbar
Gesundheit: robust und gesund, relativ frosthart
Boden und Standort: wächst gut auf kalkhaltigen und steinigen Lehmböden
Pflege und Schnitt: kein Schnitt nötig; ältere Äste regelmäßig bodennah entfernen
Gestaltung: für undurchdringliche Hecken; braucht viel Platz; schön für naturnahe Gärten, lässt sich wie am Naturstandort mit Liguster, Schlehen und Weißdorn kombinieren

Rosa rugosa

'Blanc Double de Coubert'

Cochet-Cochet 1892

HÖHE: bis 1,5 m
BLÜTEZEIT: Juni bis Oktober
Rosa-Rugosa-Hybride (Kartoffelrose)

➤ *wunderbar duftend*

Blüte: lange blühend; Blüte mittelgroß, halb gefüllt, wie aus Seidenpapier; Farbe reinweiß; goldgelbe Staubgefäße
Duft: intensiv, würzig
Wuchs: stark, aufrecht, Ausläufer möglich; Laub dunkelgrün, rugosa-typisch, verfärbt sich im Herbst goldgelb; stark borstig bestachelt; gelegentlich orangerote Hagebutten
Gesundheit: robust und gesund, frosthart; Blüte etwas regenempfindlich
Boden und Standort: für sandige und arme Böden geeignet; pH-Wert sollte unter 6 liegen, höhere Werte führen zu Chlorose
Pflege und Schnitt: regelmäßig ältere Zweige bodennah zurückschneiden; kann im Frühjahr um die Hälfte eingekürzt werden
Gestaltung: in Gruppen; in der Höhe gestaffelt für pflegeleichte Dufthecken zusammen mit anderen Rugosarosen wie 'Dagmar Hastrup' (→ rechts), 'Foxi', 'Rotes Meer', 'Schneekoppe' (→ Seite 174 und 175), 'Schneeeule' und 'White Roadrunner' (→ Seite 175)

Rosa rugosa

'Dagmar Hastrup'

Hastrup 1914

HÖHE: 0,6–0,8 m
BLÜTEZEIT: Juni bis Oktober
Rosa-Rugosa-Hybride (Kartoffelrose)

➤ *sehr gesund und frosthart*

Blüte: reichblühend mit schwächerer Nachblüte; Blüte einfach, schalenförmig; Farbe pastellrosa, goldgelbe Staubgefäße
Duft: duftet nur leicht
Wuchs: breitbuschig, kompakt; Blätter groß, runzlig; Triebe sehr fein bestachelt; große, orangerote, apfelförmige Hagebutten
Gesundheit: sehr gesund, frosthart; für raue Lagen geeignet; regenfest
Boden und Standort: wächst gut auf ärmeren, auch sandigen Böden; pH-Wert sollte nicht über 6 liegen, denn sie reagiert auf kalkhaltigen Boden mit Chlorose
Pflege und Schnitt: 3–4 Jahre alte und zu dünne Triebe regelmäßig entfernen; Rückschnitt auf 10 cm Höhe bei Vergreisung; keine kalkhaltigen Dünger verwenden
Gestaltung: in kleinen Gruppen, als niedrige Hecken; als Vorpflanzung vor höheren Wildrosenhecken
Besonderheiten: die Hagebutten eignen sich gut für kulinarische Zwecke

Rosa rugosa 'Foxi'

Uhl 1989 / ADR-Rose 1993

HÖHE: : 0,6–1 m
BLÜTEZEIT: Mai/Juni bis Oktober
Rosa-Rugosa-Hybride (Kartoffelrose)

➤ *stark duftend*

Blüte: starker erster Flor, schwächere Nachblüte bis zum Frost; Blüte mittelgroß, halb gefüllt; Farbe karminrosa bis hellrosa; goldgelbe Staubgefäße
Duft: intensiv und würzig
Wuchs: buschig, sehr breit wachsend; Laub mittel- bis dunkelgrün, rugosatypisch, dicht und stark borstig bestachelt; reichlich große, orangerote Hagebutten
Gesundheit: sehr widerstandsfähig, robust und sehr gesund; winterhart; etwas regenanfällig
Boden und Standort: wächst gut auf sandigen und auf ärmeren Böden; pH-Wert sollte unter 6 liegen, Blätter färben sich sonst gelb (Chlorose); auch für Halbschatten geeignet bei mindestens 4–5 Stunden Sonne
Pflege und Schnitt: kann im Frühjahr um die Hälte zurückgeschnitten werden; alle 3–4 Jahre alte Äste entfernen
Gestaltung: flächendeckend als Bodendecker, in kleinen Gruppen oder als Vorpflanzung vor höheren Wildrosenhecken

Rosa rugosa 'Hansa'

Schaum & Van Tol 1905

HÖHE: 1,5–2 m
BLÜTEZEIT: Mai bis Oktober
Rosa-Rugosa-Hybride (Kartoffelrose)

➤ *stark duftend*

Blüte: reichblühend; Blüte groß, locker gefüllt; spitze lange Knospe; in Büscheln; Farbe dunkles Karmesin-Purpur, verblaut beim Verblühen
Duft: intensiv und würzig
Wuchs: stark, aufrecht, breitbuschig; Laub dunkelgrün und glänzend, dicht, typisches Rugosa-Laub; goldgelbe Herbstfärbung; große, leuchtend rote Hagebutten
Gesundheit: sehr robust und gesund; sehr winterhart; nicht regenfest
Boden und Standort: wächst gut auf ärmeren Böden und Sandböden, der pH-Wert sollte nicht über 6 liegen
Pflege und Schnitt: im Frühjahr alte Triebe regelmäßig entfernen; durch Regen verklebte Blüten nicht abschneiden, nur die Blütenblätter abstreifen, damit sich Hagebutten ausbilden können
Gestaltung: für höhere Wildrosenhecken und für Gruppen, zusammen mit weiß und rosa blühenden Wildrosen; auch mit anderen, niedriger bleibenden *Rosa-Rugosa*-Hybriden

Rosa rugosa 'Roseraie de l' Haÿ'

Cochet-Cochet 1901

HÖHE: bis 1,8 m
BLÜTEZEIT: Juni bis Oktober
Rosa-Rugosa-Hybride (Kartoffelrose)

➤ *intensiv duftend*

Blüte: sommerlang blühend; Blüte groß, locker gefüllt; Farbe karmesin- bis purpurrot; gelbe Staubgefäße
Duft: stark, nach Gewürznelken
Wuchs: aufrecht; Laub dunkelgrün, rugosatypisch, färbt sich im Herbst bronzegelb; bildet keine Hagebutten
Gesundheit: robust und gesund; winterhart
Boden und Standort: auch für ärmere Böden geeignet; pH-Wert sollte unter 6 liegen, um einer Chlorose vorzubeugen; verträgt Halbschatten
Pflege und Schnitt: das Einkürzen der Triebe im Frühjahr fördert die Blütenfülle; ältere Triebe regelmäßig entfernen
Gestaltung: für dichte Schutzhecken, zusammen mit höher wachsenden Wildrosen und anderen *Rugosa*-Sorten wie 'Hansa' (→ Seite 174); einen schönen Kontrast zur dunklen Blütenfarbe bildet die weiß blühende 'Blanc Double de Coubert' (→ Seite 173)
Besonderheiten: benannt nach dem berühmten Rosengarten in Paris, wie die sehr ähnliche 'Rose à Parfume de l'Haÿ'

Rosa rugosa 'Rotes Meer'

Baum 1985 / ADR-Rose 1994

HÖHE: 1–1,2 m
BLÜTEZEIT: Mai bis zum Frost
Rosa-Rugosa-Hybride (Kartoffelrose)

› *wundervoll duftend*

Blüte: mittelgroß, halb gefüllt; in Büscheln; Farbe violettrot, mit gelben Staubgefäßen
Duft: überragend, würzig
Wuchs: breitbuschig, kompakt; Laub hellgrün, weich; zahlreiche Stacheln; zahlreiche Hagebutten, rugosatypisch
Gesundheit: sehr robust und gesund, sehr frosthart; regenfest
Boden und Standort: für raue Lagen geeignet; auch für Halbschatten bei mindestens 4–5 Stunden Sonne; gedeiht besser in Böden mit einem pH-Wert unter 6
Pflege und Schnitt: alle 2–3 Jahre stark zurückschneiden; altes Holz regelmäßig bodennah entfernen
Gestaltung: für niedrige Hecken, als Vorpflanzung vor höheren Hecken; auch für Kübel
Besonderheiten: Im gleichen Jahr wie 'Rotes Meer' erhielt auch 'Baums Rokoko' (→ Seite 176) das ADR-Prädikat. Alle *Rugosa*-Hybriden von Baum duften gut bis überragend; sie sind sehr pflegeleicht und empfehlenswert.

Rosa rugosa 'Schneekoppe'

Baum 1983

HÖHE: 60–80 cm
BLÜTEZEIT: Juni bis zum Frost
Rosa-Rugosa-Hybride (Kartoffelrose)

› *stark duftend*

Blüte: reich- und dauerblühend; Blüte mittelgroß, gut gefüllt, in kleinen Büscheln; Farbe weiß, zartrosa, lila überhaucht; gelbe Staubgefäße
Duft: stark und würzig
Wuchs: breitbuschig; Blätter mittelgroß, tiefgrün, matt, färben sich im Herbst goldgelb; Hagebutten groß, rot und fleischig
Gesundheit: sehr robust und gesund, sehr winterhart
Boden und Standort: auch für ärmere Standorte und für Halbschatten geeignet bei mindestens 4–5 Stunden Sonne; der pH-Wert sollte unter 6 liegen
Pflege und Schnitt: ein jährlicher Rückschnitt fördert die Blütenfülle
Gestaltung: für kleine Gruppen und Flächen, als niedrige Hecke; auch für Kübel und als Hochstamm geeignet; als Vorpflanzung vor höheren Wildrosen; zusammen mit anderen *Rugosa*-Sorten in einer Dufthecke
Besonderheiten: eine sehr empfehlenswerte Rose; benannt nach dem höchsten Gipfel des Riesengebirges

Rosa rugosa 'White Roadrunner'

Uhl/Kordes 2001

HÖHE: 50–60 cm
BLÜTEZEIT: Juni bis Oktober
Rosa-Rugosa-Hybride (Kartoffelrose)

› *zierlicher Wuchs*

Blüte: nach der üppigen Hauptblüte schwächer nachblühend; Blüte groß, halb gefüllt, leicht zerknittert; Farbe reinweiß; gelbe Staubgefäße
Duft: stark, rugosatypisch
Wuchs: buschig, kompakt, gut verzweigt; Laub dunkelgrün, ledrig; Hagebutten rugosatypisch, apfelförmig, orangerot
Gesundheit: robust und gesund, frosthart
Boden und Standort: auch für ärmere Böden; der pH-Wert sollte nicht über 6 liegen, führt zu gelb gefärbten Blättern (Chlorose); auch für Halbschatten geeignet bei mindestens 4–5 Stunden Sonne
Pflege und Schnitt: alle 3–4 Jahre im Frühjahr stärker zurückschneiden
Gestaltung: für flächige Pflanzungen; in Kombination mit anderen *Rugosa*-Sorten, als Vorpflanzung; eignet sich auch für Pflanzgefäße
Besonderheiten: Reizvoll ist auch die Schwesterrose 'Pink Roadrunner' mit Blüten in Rosalila, sie wird etwas höher.

WEITERE WILDROSEN UND -HYBRIDEN

Name	Blüte, Höhe, Hinweise
Beetrosen	
Rosa gallica Essigrose Europa	Blüte rosarot, einfach, zarter Duft, einmalblühend; Höhe 50 cm; Ausläufer; rote Hagebutten; mehltauanfällig
Rosa jundzillii Raublättrige Rose Europa	Blüte karmin bis hellrosa, einfach, leichter Duft, einmalblühend; 0,5–2 m; Ausläufer; Hagebutten kugelig, rot
Rosa primula Weihrauchrose China	Blüte hellgelb, klein, Blätter mit Weihrauchduft, einmalblühend; Höhe bis 2 m; Hagebutten braunrot; gesund
Rosa tomentella Flaumrose Europa	Blüte weiß, einfach, einmalblühend; Blätter mit Apfelduft; Höhe bis 2 m; Hagebutten scharlachrot; gesund
Rosa virginiana Virginische Heckenrose Nordamerika	Blüte hellrosa, leichter, süßer Duft einmalblühend; Höhe 1,5–1,8 m; rote Hagebutten; Herbstfärbung; gesund
Rosa vosagiaca Vogesenrose Europa	Blüte rosarot, einfach, guter Duft, einmalblühend; Höhe 1–2 m; kugelige, große, rote Hagebutten; gesund
Rosa woodsii var. *fendleri* Nordamerika	Blüte rosa, Wildrosenduft; einmalblühend; Höhe bis 2 m; rote Hagebutten; rote Zweige; rötliches Herbstlaub; gesund
Wildrosen-Hybriden	
Rosa davidii 'Fenja' Petersen 1966	Blüte rosa, einfach, Wildrosenduft, einmalblühend; Höhe 2,5 m; flaschenförmige Hagebutten; gesund
Rosa rugosa 'Baum's Rokoko' Baum 1987/ ADR-Rose 1994	Blüte fliederrosa, halb gefüllt, überragender Duft; Höhe 1,2–1,5 m; rote Hagebutten, Herbstfärbung; gesund
Rosa rugosa 'Lac Majeao' Bugnet	Blüte reinweiß, halb gefüllt, Knospe rötlich, Rugosaduft; Höhe bis 1,5 m; Hagebutten; Herbstfärbung; gesund
Rosa rugosa 'Rotes Phänomen' Baum 2000	Blüte dunkelpurpurn, gefüllt, Rugosaduft, öfterblühend; Höhe 1 m; rote Hagebutten; Herbstfärbung; gesund

Rosa sericea fo. pteracantha
Stacheldrahtrose
China, vor 1890

HÖHE: 2–2,5 m
BLÜTEZEIT: Mai/Juni
Wildrose

➤ *auffällige, rubinrote Stacheln*

Synonym: *Rosa omeiensis* fo. *pteracantha*
Blüte: früh blühend; Blüte einfach, mit nur vier Blütenblättern, in Rispen; Farbe reinweiß; üppige gelbe Staubgefäße
Duft: duftet kaum
Wuchs: kräftig, aufrecht, später fast waagerecht liegende Zweige; Blätter klein, mattgrün; Triebe dicht an dicht mit blutroten, bis 4 cm großen, flügelartigen Stacheln besetzt; Hagebutten klein, rund und rot, orangerot mit gelb
Gesundheit: robust und gesund, sehr frosthart; Mehltau und Sternrußtau können vorkommen
Pflege und Schnitt: alte Zweige ab und zu entfernen, denn die Stacheln vergrauen an alten Trieben, nur an jungen Trieben leuchten sie rubinrot
Gestaltung: für Schutzhecken, für naturnahe Gärten
Besonderheiten: einzige Wildrose, die nur vier statt fünf Blütenblätter hat; die Triebe eignen sich wegen der dekorativen Stacheln sehr gut für floristische Zwecke

Rosa sweginzowii 'Macrocarpa'
Sweginzows Rose
China, Auslese Vogel, 1945

HÖHE: bis 3 m
BLÜTEZEIT: Mai/Juni
Wildrose

➤ *attraktive Hagebutten*

Blüte: reichblühend; Blüte mittelgroß, einfach, einzeln und in lockeren Büscheln; Farbe reines Rosarot, Mitte weißlich; gelbe Staubgefäße
Duft: zart, nach Wildrose
Wuchs: stark, breit ausladend, Zweige bogig überhängend; Laub mittel- bis dunkelgrün, junge Triebe rötlich; große Stacheln; dekorative Hagebutten, bis 5 cm groß, hängend, flaschenförmig, orangerot und glänzend, borstig
Gesundheit: sehr gesund und frosthart
Boden und Standort: auch für raue Lagen und ärmere Böden geeignet
Pflege und Schnitt: benötigt keinen Schnitt; ältere Äste von Zeit zu Zeit entfernen
Gestaltung: als Solitär, für Sichtschutzhecken; für naturnahe Gärten geeignet; braucht viel Platz
Besonderheiten: Der Name 'Macrocarpa' bedeutet großfrüchtig. Die Hagebutten bleiben lange am Strauch hängen, werden aber schon im September weich. Sie sind gut für die Verwendung in der Küche geeignet.

Rosa villosa 'Duplex'
Apfelrose
England, 18. Jahrhundert

HÖHE: 1,5–2 m
BLÜTEZEIT: Juni bis Juli
Wildrosen-Hybride

➤ *schöne Hagebutten*

Synonyme: *Rosa pomifera* 'Duplex', Wolley-Dod's Rose
Blüte: sehr reichblühend; Blüte mittelgroß, halb gefüllt; Farbe reinrosa
Duft: zart, Laub duftet etwas harzig
Wuchs: aufrecht, kräftig, dicht; Laub dunkelgrün, weich, behaart; Triebe anfangs rötlich; dünne gerade Stacheln; Hagebutten apfelförmig, groß, dunkelrot und glänzend, mit drüsigen Borsten besetzt, reifen schon im August
Gesundheit: sehr robust und sehr frosthart
Boden und Standort: wärmeliebend; auch für steinige Böden
Pflege und Schnitt: kein Schnitt notwendig
Gestaltung: am schönsten als Solitär; auch für Wildhecken
Besonderheiten: 'Duplex' wurde in einem englischen Garten im 18. Jahrhundert aufgefunden; vermutlich eine Kreuzung mit *Rosa villosa* und einer Gartenrose; die Art wurde früher häufig in Gärten für die Verwendung in der Küche angebaut

Rosa × dupontii
Duponts-Rose
Europa vor 1817

HÖHE: bis 2 m
BLÜTEZEIT: Juni/Juli
Wildrosen-Hybride

➤ *anmutige Blüten*

Synonym: 'Dupontii'
Blüte: spät blühend; Blüte groß, einfach, in Büscheln; Farbe weiß, manchmal mit rosa Hauch; auffällige gelbe Staubgefäße; Knospe rosa
Duft: leicht, nach Bananen
Wuchs: kräftig, offen, Zweige bogig überhängend, fast so breit wie hoch; Laub sehr attraktiv, graugrün; wenig Stacheln; Hagebutten rundlich, rot und glänzend, ab Oktober
Gesundheit: sehr frosthart, gesund; wetterbeständig
Boden und Standort: toleriert auch Halbschatten bei 4–5 Stunden Sonne sowie ärmere Böden
Pflege und Schnitt: kein Schnitt nötig
Gestaltung: für Gruppen, als Hecke; für naturnahe Gärten gut geeignet; besonders reizvoll ist eine Kombination mit dem rötlich-blaugrünen Laub von *Rosa glauca* (→ Seite 170)
Besonderheiten: Wurde angeblich 1817 in einer Hecke in Angers (Frankreich) entdeckt. Man vermutet, dass *Rosa moschata* zu ihren Vorfahren gehörte.

Rosa × micrugosa
Igelrose-Hybride
vor 1905

HÖHE: 1,5–2 m
BLÜTEZEIT: Juni
Wildrose

➤ *schöne Herbstfärbung*

Blüte: mittelgroß, einfach, seidige Struktur; Farbe blassrosa, zu weiß verblassend; gelbe Staubgefäße
Duft: leicht, frisch
Wuchs: aufrecht, buschig; Laub dunkelgrün, rugosa-ähnlich (→ ab Seite 173), verfärbt sich im Herbst gelb; viele starke Stacheln; große, kugelige, orangerote Hagebutten, dicht bestachelt, ähnlich wie Mini-Kastanienhüllen
Gesundheit: gesund und robust, sehr frosthart
Boden und Standort: auch für ärmere Böden geeignet sowie für Halbschatten bei mindestens 4–5 Stunden Sonne
Pflege und Schnitt: braucht keinen Schnitt; ältere Äste von Zeit zu Zeit entfernen
Gestaltung: in Gruppen, für Hecken; für naturnahe Gärten gut geeignet
Besonderheiten: *Rosa* x *micrugosa* ist ein Zufallssämling von *Rosa roxburghii* (→ Seite 172) und *Rosa rugosa* (→ Seite 173 ff.), entstanden im Botanischen Garten in Straßburg. Sie braucht Zeit, um sich zu etablieren.

Fruchtig und stachelig

Vielfältig in Farbe und Form sind Hagebutten und Stacheln. Die farbenfrohen Früchte der Rosen sind ein häufig unterschätztes Highlight im Herbst. Aber auch die wehrhaften Stacheln können faszinieren.

SPITZE NADELN
... in Rot: Erst auf den zweiten Blick entdeckt man die Schönheit der Stacheln der Bibernellrose 'Red Nelly'.

HAGEBUTTEN
... in bräunlichem Schwarz: Die ungewöhnlich gefärbten Früchte der Bibernellrose *Rosa pimpinellifolia* schmecken süß.

HAGEBUTTEN
... in leuchtendem Rot: Die kugeligen Früchte der Virginischen Heckenrose *Rosa virginiana* sind lange haltbar.

STACHELIG
... sind die grünen Hagebutten von *Rosa roxburghii*, der Igelrose, die auch als Kastanienrose bekannt ist.

ZWEIFARBIG
... und wie kleine Äpfelchen sehen die orangerot überlaufenen Hagebutten von *Rosa sericea* fo. *pteracantha* aus.

FLASCHENFÖRMIG
... sind die Hagebutten von 'Fenja', einer Kreuzung der Chinesischen Wildrose *Rosa davidii* × *Rosa pimpinellifolia*.

Arbeitskalender

Januar – April: Start ins Rosenjahr

JANUAR

- **Anfang bis Mitte Januar** Winterschutz anbringen. Damit wird die Rose vor frühzeitigem Austrieb und vor Frost geschützt.
- Pilzbefallene Blätter von den Rosen und vom Boden absammeln und vernichten.
- Wenn notwendig, Kalkstickstoff ausbringen (nur nach einer Bodenprobe).
- Zeit zum Stöbern in Katalogen und Rosenbüchern. Bestellen Sie möglichst früh.

FEBRUAR

- **Planen Sie in Ruhe** farblich passende Kompositionen mit Begleitpflanzen.
- Winterschutz kontrollieren, eventuell vor starken Frösten verstärken.
- An frostfreien Tagen Topfrosen gießen.
- Kompost und Mist um die Rosen verteilen, wenn Sie dies nicht schon im Dezember gemacht haben.
- Kalkgaben sind jetzt noch möglich.

Mai – August: Rosen pflegen und genießen

MAI

- **In Rosengärten und Rosarien** auf früh blühende Rosen achten und für eine spätere Bestellung notieren.
- Wildtriebe entfernen.
- Unkraut entfernen und Boden lockern.
- Frisch gepflanzte Rosen bei Trockenheit gießen.
- Auf Schädlinge und Pilzbefall achten, Pflanzenstärkungsmittel spritzen.

JUNI

- **Blühende Containerrosen pflanzen.** Vorteil: Sie können ausprobieren, ob die Blütenfarbe zu den schon vorhandenen Rosen passt.
- Verblühtes regelmäßig ausschneiden.
- Rosengärten und Gartenmessen besuchen. Auf Rosenfesten können Sie Kontakte zu Gleichgesinnten knüpfen und sich beraten lassen.

September – Oktober: Winterruhe und Neuplanung

SEPTEMBER

- **Die neuen Rosenkataloge** sind da. Bestellen Sie frühzeitig, wenn Sie besondere Sorten möchten. Raritäten oder sehr beliebte Rosen sind schnell ausverkauft. Im Herbst ist die beste Pflanzzeit.
- Wurzelausläufer abtrennen, verpflanzen oder verschenken.
- Boden nicht mehr bearbeiten, damit das Wachstum nicht weiter angeregt wird.

OKTOBER

- **Falllaub abharken** und in die Biotonne geben, denn Pilzsporen überwintern sonst im Laub und infizieren die neuen Blätter im Frühjahr.
- Ende des Monats beginnt die Pflanzzeit. Bereiten Sie dafür gesiebten, reifen Kompost zum Einpflanzen vor.
- Rosen vor dem Winter nicht schneiden, der Frost könnte in die Wundflächen eindringen und zu Schäden führen. Nur störende und zu lange Triebe entfernen.

MÄRZ

- **Die Pflanzzeit beginnt.** Bereiten Sie neue Pflanzplätze vor, bevor die Rosen geliefert werden.
- Ende des Monats kann mit dem Frühjahrsschnitt begonnen werden.
- Rosendünger und Kalimagnesium ausbringen.
- Ende des Monats Winterschutz entfernen und die Rosen abhäufeln. Die Erde um die Rosen verteilen, ggf. vorher Rosendünger ausbringen.

APRIL

- **Rosen zurückschneiden,** Schnittgut aufsammeln und entsorgen.
- Unkraut entfernen, Boden mit der Grabegabel oder der zweizinkigen Rosengabel lockern.
- Auf Schädlinge und Pilzbefall achten, vorbeugend Stärkungsmittel spritzen.
- Bei anhaltender Trockenheit Rosen ausreichend wässern. Vergessen Sie vor allem nicht die frisch gepflanzten Rosen.

JULI

- **Einmalblühende Rosen** in Form schneiden, Hagebutten tragende Rosen nicht zurückschneiden.
- Öfterblühende Rosen bis Mitte des Monats ein zweites Mal düngen.
- Denken Sie weiterhin an das regelmäßige Ausschneiden verblühter Triebe.
- Stecklinge schneiden und stecken.

AUGUST

- **Anfang des Monats** bis spätestens Anfang September Kalidüngung (ca. 30 g pro Quadratmeter) ausbringen, verbessert die Winterhärte. Besonders bei frostgefährdeten Rosen wichtig.
- Rosengärten besuchen, um zu sehen, welche Rosen in der allgemeinen Blühpause blühen.
- Stecklinge schneiden und stecken.

NOVEMBER

- **Bei frostfreiem Boden** können Sie bis in den Dezember hinein Rosen pflanzen.
- Beginnen Sie erst Ende des Monats mit dem Anhäufeln, dazu die vorhandene Erde verwenden. Torf ist nicht nur aus ökologischen Gründen nicht empfehlenswert: Er bindet viel Feuchtigkeit und gefriert bei Frost.
- Kübelpflanzen an einen geschützten Standort bringen und mit Noppenfolie oder Vlies umhüllen.

DEZEMBER

- **Reifen Kompost** oder abgelagerten Mist ausbringen, damit den Rosen im Frühjahr ausreichend Nährstoffe zur Verfügung stehen. Mist sollten Sie nur alle drei Jahre geben. Um eine einseitige Düngung zu vermeiden, können Sie jährlich zwischen Kompost, Mist und Rosendünger abwechseln.
- Sortieren Sie Fotos und Notizen und genießen Sie die Vorfreude auf die neue Rosensaison.

A

ADR-Rose: ADR bedeutet »Allgemeine Deutsche Rosenneuheiten-Prüfung«. Das Prüfverfahren wurde 1959 von Kordes gegründet. Bei der Bewertung ist die Widerstandskraft der Rosen ein wichtiges Kriterium.

Alte Rosen: Nach einer Definition der Amerikanischen Rosengesellschaft von 1966 wird eine Rose als Alte Rose bezeichnet, wenn sie zu einer Klasse gehört, die vor der Einführung der ersten Teehybride 'La France' 1867 bestand.

altes Holz: mehrjährige Triebe, im Gegensatz zu ein- und zweijährigen, dem jungen Holz

anhäufeln: Abdecken der Basis einer Rose in Höhe von 20–30 cm mit Erde als Winterschutz. Vor allem die empfindliche Veredelungsstelle soll dabei bedeckt sein.

Art: Systematische Einheit in der Botanik, die sich deutlich von anderen unterscheidet. Eine Gruppe von Arten wird zu einer → Gattung zusammengefasst. Beispiel *Rosa alba* (deutsch: Albarose): *Rosa* wird vorangestellt und bezeichnet die Gattung, der zweite Name *alba* die Art. Typisch für Albarosen ist das graugrüne Laub und zartrosa oder weiße Blüten. Gattungs- und Artnamen werden immer kursiv geschrieben.

Auge: Wachstumspunkt an den Blattachseln der Triebe, aus dem sich die Blattknospe entwickelt

B

Bodenmüdigkeit: Rosen neigen zu Kümmerwuchs, wenn sie an einen Platz gepflanzt werden, auf dem schon jahrelang Rosen kultiviert wurden. Abhilfe bringt ein Bodenaktivator oder Bodenaustausch.

C

Climber: Kletterrosen, die in der Regel öfter blühen, mit starren, steifen Trieben und großen Blüten; ähneln vom Wuchs her hohen Strauchrosen. Sie eignen sich für Wände, Spaliere, Rosenbögen und Pergolen.

Climbingrosen: Das Wort »Climbing« wird Rosen vorangestellt, die kletternde Mutationen (→ Sport) von Beet- und Strauchrosen sind.

D

dauerblühend: Rosen, die nach einer Hauptblüte während der ganzen Saison Blüten hervorbringen, manchmal mit kleineren Pausen

E

einmalblühend: Rosen, die nur einmal in der Saison blühen, meist im Juni/Juli. Ihre überreiche Blütenfülle entschädigt für den kurzen Auftritt.

G

Gattung: Oberbegriff in der botanischen Gliederung, die eine Gruppe von → Arten mit bestimmten gemeinsamen Merkmalen zusammenfasst

H

Halbstamm: Stammrose mit 60 cm Höhe. Für die → Veredelung werden meist Beet- oder Bodendeckerrosen verwendet.

Historische Rosen: Andere Bezeichnung für → Alte Rosen. Wird oft auch für ältere Rosen verwendet, die nach Einführung der ersten Teehybride 1867 gezüchtet wurden. Dazu gehören z. B. die älteren Polyantharosen, Moschatarosen und späte Remontantrosen.

Hochstamm: Stammrose mit einer Höhe von 90 cm. Für die → Veredelung werden meist Bodendecker-, Beet- oder Edelrosen verwendet.

Hybride: Kreuzungsprodukt zwischen zwei → Arten, z. B. zwischen einer Wildrose und einer Damaszenerrose wie bei 'Stanwell Perpetual' (*Rosa damascena* × *Rosa pimpinellifolia*). Das Zeichen × steht im botanischen Namen für die Verbindung der unterschiedlichen Eltern (Arten).

K

Kaskadenrose: Auf Stämme mit 140 cm Höhe werden Ramblerrosen oder Kletterrosen veredelt. Früher als Trauerrosen bezeichnet.

L

Langzeitdünger: Auch Depotdünger genannt, besteht aus mineralischen Düngerkörnern, die in einer halbdurchlässigen Hülle stecken. Die Nährstoffe werden langsam abgegeben, eine Auswaschung wird vermieden.

M

moderne Rosen: Nach 1867 entstandene Rosen. Als erste moderne Rose gilt die Teehybride 'La France'.

Mutation: eine spontan auftretende Veränderung im Erbgut (→ Sport)

O

öfterblühend: Rosen, die mehrmals in der Saison blühen, meist mit kleinen oder größeren Pausen

P

pH-Wert: Wert für den Säuregehalt des Bodens. Ein pH-Wert von 7 ist neutral, darunter liegende Werte zeigen saures, darüber liegende basisches Milieu an. Für viele Rosen ist ein leicht saurer pH-Wert von 6,5 ideal.

pinzieren: Eine Schnitttechnik, die auch Entspitzen genannt wird. Hierbei werden ab Mitte Mai Jungtriebe eingekürzt, um eine bessere Verzweigung anzuregen. Die Blüte verzögert sich um 6 Wochen. Wird auch als Methode zur Verschiebung der Blütezeit genutzt.

R

Rambler: Kletterrosen mit weichen, biegsamen Trieben und meist kleinen Blüten, die in der Regel nur einmal blühen. Sie eignen sich für Bäume, Gartenhäuser und große Pergolen. Inzwischen gibt es einige neuere Züchtungen, die öfter blühen.

remontieren: nach einer Hauptblüte und einer längeren Pause blühen die Rosen noch einmal schwächer nach

Rosengrabegabel: Eine Grabegabel, die nur zwei Zinken hat. Sie lockert den Boden, ohne den Wurzeln zu schaden.

S

Sorte: Besondere Züchtung einer Pflanzenart. Sie wird mit einfachen Anführungszeichen markiert, wie z. B. *Rosa alba* 'Maxima'. In Sortenlisten wird die botanische Bezeichnung in der Regel nicht mit aufgeführt.

Sport: Die Rose unterscheidet sich durch eine oder mehrere Eigenschaften (z. B. Blütenfarbe) von der Mutterrose. Die Veränderung wird durch eine zufällige → Mutation verursacht.

Stacheln: Auswüchse der oberen Rindenschicht. Im Gegensatz zu den mit der Rinde verwachsenen Dornen können sie abgestreift werden. Rosen haben ausschließlich Stacheln, keine Dornen.

Steckling: weiche bis halb verholzte Triebstücke, die zur Vermehrung verwendet werden

T

Totholz: abgestorbene braune Triebe, die nicht mehr austreiben

U

Unterlage: Bei der Veredelung verwendete Wildrose, die hauptsächlich die Wuchsstärke bestimmt. Rosen können sich von der Unterlage »freimachen«, wenn die Veredelungsstelle ca. 10 cm tief in die Erde gesetzt wird. Dann besteht die Möglichkeit, dass die Edelsorte eigene Wurzeln (→ wurzelechte Rosen) ausbildet.

V

Veredelung: Häufigste Vermehrungsmethode bei Rosen, bei der das → Auge einer Edelsorte am Wurzelhals einer Wildrose eingesetzt wird. Beide Pflanzen verbinden sich zu einer Einheit. Dabei bildet die Wildrose, die auch als → Unterlage bezeichnet wird, das Wurzelwerk; die darauf veredelte Rose prägt das äußere Erscheinungsbild.

Veredelungsstelle: Knotenartige Verdickung am Wurzelhals oder bei Stammrosen in Kronenhöhe. An dieser Stelle wurde bei der → Veredelung das → Auge einer anderen Rose in die Wildlingsunterlage eingesetzt.

W

Wildtrieb, Wildling: Austrieb unterhalb der Veredelungsstelle aus der Unterlage, die anders aussieht als die oberirdischen Triebe. Wildtriebe nehmen der Rose die Kraft und müssen deshalb entfernt werden.

wurzelechte Rosen: Rosen, die auf eigener Wurzel wachsen, d. h. sie sind nicht veredelt, sondern werden durch Stecklinge oder Ausläufer vermehrt.

Wurzelsperre: Vermeidet die Ausbreitung von Wurzeln, z. B. von Heckenpflanzen, die an ein Rosenbeet grenzen. Als Schutz können Reste von Teichfolie, Betonplatten, Stahlbleche oder eine flexible Hi-Tec-Matte (Fachhandel) senkrecht in die Erde eingelassen werden.

Rosenschulen, Rosenhändler und Züchter

Bioland-Rosenschule Ruf
Zum Sauerbrunnen 35
61231 Bad Nauheim-Steinfurth
(Alte, Englische, Romantische u. Wildrosen, Rosenseminare)
www.rosenschule-ruf.de

W. Kordes' Söhne
Rosenstraße 54
25365 Kleinoffenset-Sparrieshoop
(eigene Züchtungen, Schaugarten)
www.kordes-rosen.com

Lacon GmbH
J.-S.-Piazolostraße 4
68759 Hockenheim
(Alte Rosen, Nostalgierosen, Rosen von Delbard und Guillot)
www.lacon-rosen.de

Landhaus Ettenbühl
Hof Ettenbühl
79415 Bad Bellingen-Hertingen
(Alte Rosen, eigene Züchtungen von John Scarman, Schaugarten)
www. landhaus-ettenbuel.de

Lens Roses
Redinnestraat 11
B-8469 Oudenberg
Belgien
(Alte Rosen, viele eigene Züchtungen, u. a. Moschatarosen)
www.lens-roses.com

Noack Rosen
Im Fenne 54
33334 Gütersloh
www.noack-rosen.de

ROSAROT Gert Hartung
Pflanzenversand
Besenbek 4b
25335 Raa-Besenbek
(Moderne Rosen, Rosen von Meilland/Strobel: u. a. Romanticarosen, Duftrosen der Provence)
www.rosarot-pflanzenversand.de

Rosen Hammer
Bei der Schleuse
74394 Heisigheim
www.rosen-hammer.de

Rosen Jensen
Am Schlosspark 2b
24960 Glücksburg
(Alte Rosen, seltene Rosen, Schaugarten)
www. Rosen-Jensen.de

Rosengärtnerei Kalbus
90518 Altdorf/Hagenhausen
(Alte Rosen, Rosen von Delbard und Guillot, Englische Rosen, Rosenseminare, Rosentage)
www.rosen-kalbus.de

Karl-Otto Schütt
Vorder-Neuendorf 16
25554 Neuendorf-Wilster
(Alte Rosen, Schaugarten)
www.historische-rosen-schuett.de

Schmidt-Gartenpflanzen
Allgäuer Straße 15
87700 Memmingen
www.schmidt-gartenpflanzen.de

Rosenhof Schultheis
Bad Nauheimer Straße 3–7
61231 Bad Nauheim-Steinfurth
(vielseitige Auswahl, Alte Rosen, Ramblerrosen)
www.rosenhof-schultheis.de

RosenWelt Tantau
Tornescher Weg 13
25436 Uetersen
(eigene Züchtungen, Wildrosen, Nostalgierosen)
www.rosen-tantau.com

Rosenschule Weingart
Hirtengasse 16
99947 Bad Langensalza/Ufhoven
(Alte Rosen, seltene Rosen, Raritäten aus Rosarium Sangerhausen)
www.frost-burgwedel.de

Rosen-Shop der Rosendatenbank
(Auswahl aus 4000 Sorten, Vermittlung von Rosen, die bei verschiedenen Anbietern bestellt werden, Vermittlungsgebühr)
www.rdb-verlag.de

Rosen-Union
Steinfurther Hauptstraße 27
61231 Bad-Nauheim-Steinfurth
(Verbindung verschiedener Rosenanbauer aus Steinfurth, Schaugarten)
www.rosen-union.de

ÖSTERREICH

Waldviertler Biobaumschulbetrieb Artner
Reichenau am Freiwald 9
A-3972 Bad Großpertholz
www. artner.biobaumschule.at

SCHWEIZ

Richard Huber AG
Rothenbühl 8
CH-56605 Dottikon AG
(hauptsächlich Alte Rosen, Schaugarten)
www.rosen-huber.ch

Rosengärten, Rosarien

DEUTSCHLAND

Deutsches Rosarium VDR
Westfalenpark, Am Kaiserhain 25
44139 Dortmund
www.westfalenpark.de

Europa-Rosarium Sangerhausen
Steinberger Weg 3
06526 Sangerhausen
www.sangerhausen.de/sangerhausen/rosarium

Europa-Rosengarten und Wildrosengarten Zweibrücken
66482 Zweibrücken
www. europas-rosengarten.de

Karben-Strauchrosenhang
Ralf Berster
Lindenweg 8
61184 Karben
(700 Alte Rosen und Wildrosen)

Lehr- und Sichtungsgarten der Sächsischen Landesanstalt für Landwirtschaft
Lohmener Straße 12
01326 Dresden-Pillnitz
(Gesunde Rosen, Pillnitzer Sortiment)
www.rosengarten-dresden.de

Rosenanlagen
78465 Insel Mainau
www.mainau.de

Rosengarten im Palmengarten
Siesmeyerstraße 61
60323 Frankfurt
www.palmengarten-frankfurt.de

Rosen im Sichtungsgarten Weihenstephan
Blumenstraße 10
85354 Freising-Weihenstephan

Strauchrosenpflanzung Park Wilhelmshöhe
Wilhelmshöher Weg 37
34131 Kassel

ÖSTERREICH

Rosarium Baden
Doblhoffpark
(Rosensammlung des Züchters Rudolf Geschwind)
A-2500 Baden bei Wien

Rosarium im Bot. Garten Linz
Rossegerstraße 20
A-4020 Linz
www.linz.at

SCHWEIZ

Barockgarten Schloss Heidegg
Rosenseminare
CH-6284 Gelfingen bei Luzern
www.heidegg.ch

Zubehör/Diverses

Gartenbedarf-Versand
Richard Ward
Günztalstraße 22
87733 Markt Rettenbach
(Rosengabel, Rosenscheren, Obelisken, Wurzelsperre)
www. gartenbedarf-versand.de

W. Neudorff GmbH KG
An der Mühle 3
31860 Emmerthal
www.neudorff.de
(umweltfreundliches Zubehör, torffreie Substrate, Dünger, Pflanzenschutz)

Liebhabervereine / Infos

DEUTSCHLAND

ADR-Rosen
komplette Liste aller ADR-Rosen
www.adr-rose.de

Verein Deutscher Rosenfreunde
Waldseestraße 14
76532 Baden-Baden
(40 regionale Freundeskreise, interessante Vorträge)
www. rosenfreunde.de

ÖSTERREICH

Österreichische Rosenfreunde
Parkring 12
A-1010 Wien
(keine Website)

SCHWEIZ

Gesellschaft schweizerischer Rosenfreunde GSRF
Bahnhofstraße 11
CH-8640 Rapperswil
www. rosenfreunde.ch

Weiterführende Literatur

Beales, Peter: **Rosen, meine Leidenschaft.** Christian Verlag, München

Jacob, Anny / Grimm, Hedi und Wernt / Müller, Bruno: **Alte Rosen und Wildrosen.** Ulmer Verlag, Stuttgart

Leute, Alois: **Rosengarten für Einsteiger.** Gräfe und Unzer Verlag, München

Leute, Alois: **Rosen von A – Z, Der große GU Kompass.** Gräfe und Unzer Verlag, München

Rau, Heide: **Rosen schnell & einfach.** Gräfe und Unzer Verlag, München

Rau, Heide: **Romantische Rosen.** Ellert & Richter Verlag, Hamburg

Scarman, John: **Gärtnern mit Alten Rosen.** Christian Verlag, München

Zeitschriften

DEUTSCHLAND

Flora
Gruner & Jahr AG & Co
Postfach 11 00 11
20444 Hamburg
www.livingathome.de

Gartenpraxis
Eugen Ulmer Verlag
Wollgrasweg 41
70599 Stuttgart
www.ulmer.de

GartenZeitung
Deutscher Bauernverlag GmbH
Brunnenstraße 128
13355 Berlin
www.gartenzeitung.de

Kraut & Rüben
DLV Verlagsgsellschaft mbH
Lothstraße 29
80797 München
www.kraut-und-rueben.de

Mein schöner Garten
Burda Senator Verlag GmbH
Hauptstraße 130
77652 Offenburg
www.mein-schoener-garten.de

ÖSTERREICH

Gartenmagazin
Zeitschrift der österreichischen Gartenbaugesellschaft
Parkring 12
A-1010 Wien
www.vsm.at

SCHWEIZ

SchweizerGarten
Zeitschrift der deutsch-schweizerischen Gartenbauvereine
CH-3110 Münsingen
www.schweizergarten.ch

Auf den mit * gekennzeichneten Seiten finden Sie eine ausführliche Beschreibung der jeweiligen Pflanze mit Pflege- und Gestaltungshinweisen. **Halbfett** gesetzte Seitenzahlen verweisen auf Abbildungen. **Hinweis:** Aus Gründen der besseren Lesbarkeit wurden die hochgestellten einfachen Anführungszeichen bei den Rosen-Sortennamen weggelassen.

A

B

C

D

E

F

G

H

I

Bildnachweis

Alle Fotos von Nickig mit Ausnahme von: Adams: 52 u. li., 150 re., 168, 172 li., 176 li.; Beck: U1 u.; Bieker: 4, 6, 18 li., 37, 43 re. o., 97, 109 li., 110 re., 182 re., 187, 190; BKN/Strobel/Meilland: 90 re. , 108 li.; Borstell: 5 o., 10 u. re., 11, 17, 21 li., 21 o. re., 23, 41, 43 re. o., 43 re. u., 44, 94 li., 98 mi., 98 re., 102 li., 105 mi., 111 li., 115 re., 117, 118 li., 119 li., 128 re., 130 li., 130 mi., 131 mi., 138 re., 141 re., 142 li., 149 li., 149 mi., 151 li., 161 li., 162 mi., 170 li., 172 mi., 175 mi., 176 re., 178 li., 179 o. li., U4 re.; Cordes: 92 li., 143 li., 162 re., 163 re.; David Austin Roses: 153 li.; GBA/Didillon: 115 o.; GBA/GPL: 70 o.re.; GBA/Nichols: 20 li., 35; GBA/ Noun: 56, 83 o. li., 83 o. re., 83 u. li., 83 u. re., 129 li., 136 re.; GBA/ Perder: 5 u., 84; Haas: 75 mi., 121 li., 164 mi.; Henseler: 70 u. li., 71 u. re.; Hilscher: 93 li., 131 re., 134 li., 146 li., 166 li.; Keim: 12, 102 mi., 102 re., 122 re., 133 re., 139 li., 150 li., 151 re., 163 li., 165 mi.; Kordes: 99 li., 99 re., 107 mi., 121 mi., 122 li., 174 mi., 175 re.; Krohme: 62 re., 63 li., 76 li., 76 re., 77 li., 77 mi., 77 re., 78 li.; Kuttig: 70 o. li.; Leute: 109 re., 112 li., 118 mi., 139 re., 151 mi., 157 mi., 161 mi.; Meile: 109 mi., 119 re., 142 re.; Noack Rosen: 100 li.; Papouscheck & Thinschmidt: 93 re.; Pforr: 38 o. re., 70 o. mi., 71 o. li., 71 o. mi., 71 o. re., 71 u. li., 71 u. mi., 93 mi., 100 mi., 141 li., 146 mi., 156 li., 169, 171 mi., 173 li., 179 li. u.; Redeleit: 2/3, 49 li., 49 mi., 49 re., 60 o., 60 u., 61 o., 61 mi., 61 u., 62 li., 63 re., 65 mi., 66, 68, 69, 70 u. re., 78 re., 79 o., 79 u., 80 li., 80 re., 180, 181, U4 mi.; Reinhard: 8 u. li., 15, 18 re., 32 li., 32 re. u., 32 re. O., 39, 42 re., 42 li., 43 li. u., 55, 74 u, 100 re., 101 li., 104 li., 105 li., 106 li., 108 mi., 114 li., 114 re., 121 re., 126 li., 126 re., 127 li., 129 mi., 135 li., 136 li., 137 mi., 139 mi., 140 li., 140 mi., 144 mi., 145 re., 147 li., 151 Tab., 152 re., 153 re., 156 mi., 158 mi., 159 re., 161 re., 167 li., 167 mi., 167 re., 170 mi., 171 li., 173 re., 174 re.; Rosen Tantau: 91 re., 99 mi.; Schneider/Will: 10 o. re., 10 u. li., 21 u. re., 21 mi. u., 26, 27, 95 re.,98 li., 103 mi., 104 mi., 107 re., 111 mi., 112 Tab., 123 mi., 124 re., 129 re., 143 mi., 146 re., 152 li., 157 li.,158 li., 159 mi., 160 mi., 166 Tab., U1 o.; Seidl: 90 li., 107 li., 108 re., 126 mi.,128 li., 145 li., 159 li., 164 li., 164 re.; Stork: 67, 74 o.; Strauß: 22, 24, 28, 29, 46, 52 o. re., 57, 59, 65 li., 65 re., 72, 75 u, 81 li., 81 re., 91 li., 101 re., 116, 120 li., 192.
Fotos auf dem Umschlag und im Innenteil: Fotos auf dem Umschlag und dem Innentitel: Umschlagvorderseite: Rose 'Liebeslied' 01/05 (u.); Rosen mit Katzenminze (o.); S.2/3: Bonica; Umschlagrückseite: Strauchrose 'Rosika' und Kletterrose 'Parade', Frauenmantel, Glockenblume (li.), Container aus verrottendem Material (mi.), Edelrose 'Focus' (re.).
Illustrationen: Janiçek: 19

Autorin

Heide Rau schreibt als freie Autorin regelmäßig für Gartenzeitschriften und hat bereits zahlreiche Bücher zu verschiedenen Gartenthemen veröffentlicht. Ihre besondere Liebe gilt den Rosen, mit denen sie sich – nicht zuletzt im eigenen Garten – seit 25 Jahren intensiv beschäftigt. Sie ist seit vielen Jahren Mitglied im Verein Deutscher Rosenfreunde und lebt in der Nähe des Dortmunder Rosariums mit der Möglichkeit, eine Vielzahl der Rosen »live« zu erleben. Ihr Anliegen bei allen Gartenthemen ist es, Ästhetik und Ökologie miteinander zu verbinden.

Dank

Wir danken der Gartengalerie Wössingen (S. 33 li. o.).
Verlag und Fotografen danken der W. Neudorff GmbH in Emmerthal.
Verlag und Autorin danken besonders Klaus Krohme, Kreislehrgarten Steinfurt, 48565 Steinfurt-Burgsteinfurt für die Fotoproduktion.

Impressum

Redaktion und Konzeption:
Dr. Michael Eppinger
Lektorat: Eva Wagner
Bildredaktion: Renate Wiener
Umschlaggestaltung und Layout:
Sabine Krohberger, independent Medien Design
Herstellung: Susanne Mühldorfer
Satz: Cordula Schaaf
Reproduktion: Fotolito Longo, Bozen
Druck: Appl, Wemding
Bindung: Conzella, Pfarrkirchen

Printed in Germany
ISBN (10) 3-8338-0045-3
ISBN (13) 978-3-8338-0045-0

Auflage: 4. 3. 2. 1.
Jahr: 2009 08 07 06

GRÄFE UND UNZER

Ein Unternehmen der
GANSKE VERLAGSGRUPPE

Besondere Hinweise

- ➤ Einige der hier beschriebenen Pflanzen sind giftig oder hautreizend. Sie dürfen nicht verzehrt werden.
- ➤ Bewahren Sie Dünge- und Pflanzenschutzmittel für Kinder und Haustiere unerreichbar auf.
- ➤ Tragen Sie bei der Arbeit mit Rosen Handschuhe.
- ➤ Tragen Sie bei der Arbeit mit Scheren oder Sägen Handschuhe.
- ➤ Arbeiten Sie nicht mit rostigen, unscharfen Schneidegeräten – Verletzungsgefahr!
- ➤ Halten Sie Kinder bei Schneidearbeiten fern.
- ➤ Schneidgeräte für Kinder unzugänglich aufbewahren.
- ➤ Wenn Sie sich bei der Arbeit verletzen, sollten Sie umgehend einen Arzt aufsuchen. Eventuell ist eine Impfung gegen Tetanus erforderlich.

DAS ORIGINAL · MIT GARANTIE · GU

Das Original mit Garantie

Ihre Meinung ist uns wichtig. Deshalb möchten wir Ihre Kritik, gern aber auch Ihr Lob erfahren. Um als führender Ratgeberverlag für Sie noch besser zu werden. Darum: Schreiben Sie uns! Wir freuen uns auf Ihre Post und wünschen Ihnen viel Spaß mit Ihrem GU-Ratgeber. Unsere Garantie: Sollte ein GU-Ratgeber einmal einen Fehler enthalten, schicken Sie uns das Buch mit einem kleinen Hinweis und der Quittung innerhalb von sechs Monaten nach dem Kauf zurück. Wir tauschen Ihnen den GU-Ratgeber gegen einen anderen zum gleichen oder ähnlichen Thema um.

Ihr Gräfe und Unzer Verlag
Redaktion Haus & Garten
Stichwort »Rosen«
Postfach 860325
81630 München
Fax: 089/4 19 81-113
E-Mail:
leserservice@graefe-und-unzer.de